Computer-Supported Cooperative Work

von
Tom Gross und Michael Koch

Lehrbuchreihe Interaktive Medien
Herausgegeben von Prof. Dr. Michael Herczeg

Oldenbourg Verlag München Wien

Prof. Dr. Tom Gross ist seit 2003 Professor an der Bauhaus Universität Weimar.

PD. Dr. Michael Koch ist Privatdozent an der Technischen Universität München und leitet dort die Fachgruppe CSCW.

Prof. Dr. Michael Herczeg ist Leiter des Instituts für Multimediale und Interaktive Systeme der Universität Lübeck.

Bibliografische Information der Deutschen Nationalbibliothek

Die Deutsche Nationalbibliothek verzeichnet diese Publikation in der Deutschen Nationalbibliografie; detaillierte bibliografische Daten sind im Internet über <http://dnb.d-nb.de> abrufbar.

© 2007 Oldenbourg Wissenschaftsverlag GmbH
Rosenheimer Straße 145, D-81671 München
Telefon: (089) 45051-0
oldenbourg.de

Lektorat: Margit Roth
Herstellung: Anna Grosser
Coverentwurf: Kochan & Partner, München
Gedruckt auf säure- und chlorfreiem Papier
Druck: Grafik + Druck, München
Bindung: Thomas Buchbinderei GmbH, Augsburg

ISBN 978-3-486-58000-6

Inhalt

Vorwort   **IX**

Aufbau des Buches X

Zielgruppen und Nutzungsempfehlungen XI

1   **Einleitung**   **1**

1.1   Ursprung von CSCW 1

1.2   Aktueller Stand und Begrifflichkeiten 4

1.3   Anforderungen für Groupware 7

1.4   Zusammenfassung 10

2   **Soziotechnische Systeme**   **13**

2.1   Groupware als soziotechnische Systeme 13

2.2   Soziale Entitäten 16

2.3   Soziale Interaktion 20

2.4   Awareness bei CSCW 25

2.5   Zusammenfassung 28

3   **Gestaltung von Groupware**   **31**

3.1   Softwaretechnik 31

3.2   Entwicklungsprozesse für CSCW-Systeme 32

3.3   Benutzerorientierte Gestaltung 32

3.4   Anforderungsanalyse 34

3.5   Gestaltung von Aufgaben und Interaktion 40

3.6   Evaluation 46

3.7   Zusammenfassung 46

4   Klassifikation von Groupware   49

4.1   Raum-Zeit-Taxonomie..49

4.2   Das Personen-Artefakt-Rahmenwerk...51

4.3   Das 3-K-Modell...53

4.4   Anwendungsklassen..54

4.5   Zusammenfassung...57

5   Awareness-Unterstützung   59

5.1   Grundlagen der Awareness-Unterstützung...59

5.2   Awareness-Modelle...61

5.3   Proprietäre Systeme..63

5.4   Präsenz-Awareness Systeme..66

5.5   Ambient Interfaces und periphere Awareness...70

5.6   Awareness-Informationsumgebungen...71

5.7   Zusammenfassung...77

6   Kommunikationsunterstützung   79

6.1   Grundlagen der Kommunikationsunterstützung...79

6.2   Asynchrone Nachrichtensysteme...81

6.3   Instant Messaging Systeme..82

6.4   Synchrone Text-basierte Systeme..83

6.5   Zusammenfassung...85

7   Koordinationsunterstützung   87

7.1   Koordinationstheorie...87

7.2   Workflow Management und Konversationsunterstützung.............................92

7.3   Koordination über gemeinsame Ressourcen..97

7.4   Zusammenfassung...100

8   Teamunterstützung   103

8.1   Asynchrone Teamunterstützung...104

8.2   Synchrone Teamunterstützung...111

8.3   Zusammenfassung...113

9   Community-Unterstützung   115

9.1   Grundlagen der Community-Unterstützung 115

9.2   Gemeinsame Informationsräume und Wissensmanagement 119

9.3   Social Software 122

9.4   Suche von Kommunikationspartnern 125

9.5   Social Proxies 126

9.6   Community Management 128

9.7   Zusammenfassung 129

10   Technische Integration   131

10.1   Integration und Interoperabilität 131

10.2   Portale 133

10.3   CSCW-Dienste 139

10.4   Softwareagenten 142

10.5   Zusammenfassung 148

11   Neue Benutzungsschnittstellen   149

11.1   Mobile und Ubiquitous Computing 149

11.2   Mobile und ubiquitäre Unterstützung für Teams 153

11.3   Mobile und ubiquitäre Unterstützung für Communities 157

11.4   Zusammenfassung 159

Abbildungsverzeichnis   161

Tabellenverzeichnis   163

Literatur   165

Abkürzungen   191

Glossar   193

Index   199

Vorwort

Dieses Buch bietet eine breit gefächerte Einführung in Computer-Supported Cooperative Work (CSCW, Rechnergestützte Gruppenarbeit) und Groupware und wendet sich dabei an Leser aus der Wissenschaft und Praktiker in unterschiedlichen Bereichen wie Informatik, Soziologie und Psychologie.

CSCW beschäftigt sich grundsätzlich damit, soziale Interaktion zu verstehen und (technische) Systeme zur Unterstützung der sozialen Interaktion zwischen Benutzerinnen und Benutzern zu entwerfen, zu entwickeln und zu evaluieren. Unter *Groupware* versteht man die technischen Systeme, die zur Unterstützung dieser sozialen Interaktion zwischen Benutzern entwickelt worden sind, wobei die Interaktion räumlich oder zeitlich verteilt sein kann. Obwohl der Name CSCW ein Feld suggeriert, das sich hauptsächlich mit Forschung und Entwicklung rund um die Unterstützung kooperativer Arbeit beschäftigt, ist die Bandbreite von CSCW über das letzte Jahrzehnt viel breiter geworden und erstreckt sich inzwischen auf die verschiedenen Arten sozialer Interaktion, inklusive kooperatives Lernen und Spielen.

Die Arbeit an CSCW-Systemen wurde neben der (Angewandten) Informatik und der Wirtschaftsinformatik auch von der (Arbeits-)Psychologie geprägt. Forschung und Entwicklung im Zusammenhang mit CSCW findet nicht nur unter dem Namen CSCW statt, sondern auch in anderen Bereichen der angewandten Informatik wie Community-Unterstützung, Wissensmanagement, Mensch-Computer-Interaktion sowie Ubiquitous und Pervasive Computing.

Während die Akzeptanz von CSCW-Lösungen in der Praxis am Anfang eher gering war, finden in den letzten Jahren entsprechende Werkzeuge eine immer größere Verbreitung. Diese größere Verbreitung hat einige neue Herausforderungen mit sich gebracht – vor allem die Forderung nach Integration in und mit anderen technischen Systemen.

Eine unserer Erfahrung aus CSCW-Projekten in den letzten Jahren war, dass ein guter Überblick über die Kern-Charakteristiken von CSCW von einer technischen und einer sozialen Perspektive – die ganze Breite soziotechnischer Systeme abdeckend – eine wichtige Voraussetzung für die erfolgreiche Konzeption und Einführung von CSCW-Systemen ist.

Diesen Überblick wollten wir in diesem Buch herstellen – und dabei auch gleich den zweigleisigen Austausch zwischen CSCW-Forschung in der Wissenschaft und Forschung und Entwicklung in der Praxis unterstützen.

Grundlage des Buches sind viele Anregungen in Diskussionen und Austausch der beiden Autoren mit Wissenschaftlern und Praktikern auf Workshops und Tutorien, Erfahrungen mit der Vermittlung des Themas in Lehrveranstaltungen an verschiedenen Universitäten und

Erfahrungen aus Beratungsprojekten mit der Industrie bei der Auswahl und dem Einsatz von CSCW-Lösungen.

Die speziellen Stärken des Buches sind dabei:

- es stützt sich auf eine soziotechnische Perspektive und verbindet dabei Erfahrungen und Ergebnisse aus Sozialwissenschaften und Informatik;
- es stellt einen konsistenten Überblick zum Thema dar, der von zwei Autoren in enger Kooperation zusammengestellt worden ist;
- Es wird begleitet von einer Sammlung von Lehr- und Lernmaterial für Dozenten, Studenten und Praktiker (siehe http://www.cscwbook.org/).

Trotz der realtiv knapp gehaltenen Darstellung des Themas bietet das Buch deshalb sowohl für die Lehre als auch für die Praxis eine vollständige und aktuelle Abhandlung des Bereiches Rechnergestützter Gruppenarbeit (CSCW).

Aufbau des Buches

Das Buch ist modular aufgebaut und in vier Teile gegliedert:

Teil I (Kapitel 1) stellt den Bereich CSCW vor, geht auf die wichtigsten Definitionen ein und diskutiert die Charakteristika von CSCW-Anwendungen.

Teil II (Kapitel 2 | 3) widmet sich den sozialwissenschaftlichen Grundlagen von CSCW, die in anderen technischen Büchern häufig unterschlagen werden. Zuerst gehen wir darauf ein, dass es sich bei CSCW-Systemen um soziotechnische Systeme handelt, d.h. dass das technische System nur ein soziales System unterstützt, welches den Erfolg oder Misserfolg des technischen Systems entscheidend mitbestimmt. Wir stellen den sozialwissenschaftlichen Hintergrund verschiedener Gruppentypen und der Kommunikation zwischen den Gruppenmitgliedern vor. Weiterhin gehen wir auf die Beteiligung von Benutzern ein – die Beteiligung beim Entwurf und bei der Einführung von CSCW-Systemen. Viele Misserfolge der letzten Jahre im CSCW-Bereich können auf Unterlassungen in diesem Bereich zurückgeführt werden.

Mit den Grundlagen aus Teil II stellen wir in Teil III (Kapitel 4-9) zuerst eine Klassifikation der uns wichtigsten Grundtypen von CSCW-Werkzeugen vor. Für jeden Typ bieten wir in separaten Kapiteln jeweils eine tiefer gehende Diskussion und die Vorstellung von konkreten Lösungen und Technologien aus dem entsprechenden Bereich.

In Teil IV (Kapitel 10+11) gehen wir schließlich noch auf technische Integration und neuartige (mobile, ubiquitäre) Benutzerschnittstellen für CSCW-Systeme ein. Diese beiden Themen stellen unserer Ansicht nach die wichtigsten aktuellen (technischen) Trends im Bereich CSCW dar.

Zielgruppen und Nutzungsempfehlungen

Dieses Buch wendet sich an Leserinnen und Leser aus der Wissenschaft und Praxis mit Interesse an CSCW. Grundkenntnisse in Informatik sind vorteilhaft, aber zum Verständnis nicht unbedingt notwendig.

- *Leser aus dem Wissenschaftsbereich*: Studenten und Dozenten werden vor allem von der breiten Einführung in Teil I, den sozialwissenschaftlichen Grundlagen in Teil II sowie der klaren Strukturierung und Fundierung der technischen Systemklassen und Funktionalitäten in Teil III profitieren.
- *Leser aus der Praxis*: Praktiker, die einen aktuellen Überblick über mögliche Lösungstypen im Bereich Kooperationsunterstützung wünschen, werden vor allem von der praxisorientierten Klassifikation und Strukturierung der Systeme und Funktionalitäten sowie der Diskussion der Klassen und dazu passender Beispiele in Teil III profitieren.

Nachfolgend finden Sie eine detaillierte Diskussion dessen, was wir für die beiden Zielgruppen bieten und wie das Buch konkret genutzt werden kann.

CSCW-Dozenten

Dozenten, die einen CSCW-Kurs anbieten wollen, müssen beachten, dass aufgrund der Breite und Multidiziplinarität von CSCW kein klarer Lehrplan angegeben werden kann, der überall passt. Abhängig von der Zielgruppe sind CSCW-Kurse für Informatiker häufig grundlegend verschieden von CSCW-Kursen für Sozialwissenschaftler. Trotzdem haben wir in unseren Gesprächen mit Dozenten aus verschiedenen Disziplinen immer wieder gemeinsame Themen identifizieren können, die jede CSCW-Einführung enthalten sollte. Dabei handelt es sich vor allem um die Diskussion von *Koexistenz und Awareness* als Basiskonzepte und die Einordnung von *CSCW-Systemen als soziotechnische Systeme*.

Die modulare Struktur des Buches erlaubt es Dozenten das Buch als Basis für verschiedene Typen von Kursen zu nutzen – beginnend mit einem vollem 2+2 Stunden Kurs (zwei Stunden Vorlesung und zwei Stunden Übung über ein volles Semester von 15 Wochen), über einen 1+1 Stunden Kurs (beginnend mit Teil I und dann entweder Fokus auf Konzepte aus Teil II oder auf Systeme und Prototypen aus Teil III) bis hin zur Verwendung einzelner Abschnitte (z.B. zur Koordinationsunterstützung), wenn es nur darum geht, einzelne Abschnitte in einem Kurs zu einem anderen Hauptthema zu füllen.

Unabhängig vom Format des Kurses können Dozenten Zusatzmaterial zum Buch und zur CSCW-Lehre allgemein nutzen, das online unter http://www.cscwbook.org/ zur Verfügung gestellt wird. Dabei handelt es sich um Foliensätze, Fallstudien, Hinweise auf Systeme zur praktischen Vorführung, Vorschläge für praktische Übungen sowie Vorschläge zur Präsentation der Inhalte. Dazu bietet die Web-Seite Möglichkeiten zum Austausch zwischen Dozenten und zur Ergänzung des Materials.

CSCW-Praktiker

Unsere Erfahrung hat gezeigt, dass es zwei Hauptszenarien gibt, in denen Praktiker Wissen zu CSCW benötigen:

- Auswahl und Einführung von CSCW-Systemen
- Entwicklung von CSCW-Systemen (oder allgemeiner: Systemen, die Kooperation zwischen Mitgliedern eines Teams oder einer Community unterstützen)

Für Praktiker, die CSCW-Systeme auswählen und in Organisationen einführen wollen, stellen wir in Kapitel 4 verschiedene Klassen von Groupware vor. Diese Klassen sind aus Praxisprojekten abgeleitet und helfen unserer Erfahrung nach über konkrete Unterstützungsfunktionalitäten nachzudenken. Zu jeder Funktionalitätsklasse stellen wir in den separaten Kapiteln 5 bis 9 weitere Details und vor allem konkrete Beispiele vor (sowohl von Anwendungstypen als auch von konkreten Anwendungen). Dies soll einen Eindruck über die Möglichkeiten der Unterstützungsklassen und damit eine Grundlage für die Auswahl bieten.

Praktiker, die selbst CSCW-Systeme bauen wollen, seien vor allem auf die Diskussion der Kerncharakteristika von CSCW-Systemen in den Teilen I und II verwiesen – speziell auf die Diskussion von Koexistenz und Awareness. Die Kapitel in Teil III können ihnen weiterhin Inspiration zur Realisierung bestimmter Unterstützungsfunktionalitäten liefern und Teil IV kann ihre Aufmerksamkeit auf einige Trends und zukünftige Anforderungen an CSCW-Systeme lenken.

Danksagung

Zur Entstehung dieses Buches haben viele einen Beitrag geleistet. Dank gilt zuerst den Mitgliedern des Leitungsgremiums der Fachgruppe CSCW der Gesellschaft für Informatik und anderen CSCW-Lehrenden für viele Anregungen im Rahmen unserer Diskussionen und Umfragen zu einem CSCW-Curriculum – insbesondere Wolfgang Prinz, der diesen Prozess maßgeblich vorangetrieben hat.

Dank gilt natürlich auch unseren anderen Kollegen, Mitarbeitern und Projektpartnern für die fruchtbaren Diskussionen und Anregungen zu den Themen, die wir in diesem Buch besprechen.

Und schließlich danken wir natürlich auch unserem Herausgeber Michael Herczeg sowie Frau Margit Roth vom Oldenbourg Verlag dafür, dass sie uns alle Steine aus dem Weg geräumt haben und die Realisierung dieses Werkes ermöglicht haben.

Tom Gross (Weimar)/ Michael Koch (München), Oktober 2006

1   Einleitung

Dieser Abschnitt führt in den Bereich der Rechnergestützten Gruppenarbeit (Computer-Supported Cooperative Work, CSCW) ein. Insbesondere wird eine Motivation gegeben, die Ziele und die Entstehung des Gebietes beschrieben, Grundcharakteristika von CSCW-Anwendungen herausgearbeitet und es werden die Grundlagen für die weiteren Kapitel gelegt.

1.1   Ursprung von CSCW

Grundsätzlich gibt es zwei Ausgangspunkte für CSCW: zum einen die Entstehung des Forschungsgebietes CSCW, zum anderen die zunehmende Entwicklung von Groupware-Systemen.

1.1.1   Der Ursprung des Forschungsgebietes CSCW

In den letzten beiden Jahrzehnten konnten wir zum einen enorme technische Fortschritte in Basistechnologien für Computer-Hardware, -Software sowie -Netzwerkinfrastrukturen beobachten. Darüber hinaus gab es große soziale Veränderungen im Arbeitsumfeld und neue Herausforderungen durch gestiegene Komplexität und Dynamik, welche für den einzelnen nur mehr schwer zu beherrschen sind und Gruppenarbeit nahe legen.

Computer-Systeme haben sich in sehr kurzer Zeit von Großrechnern zu vernetzten Personal-Computern entwickelt. Noch in den 1960er Jahren (in manchen Branchen bis vor wenigen Jahren) herrschten Großrechner – so genannte Mainframes – vor: Terminals ohne eigene Prozessoren und ohne eigene Festplatte waren dabei mit einem zentralen Rechner verbunden. Die Möglichkeiten zur Kommunikation zwischen Menschen über Computer waren dabei eher gering. Eine Ausnahme war das System PROFS von IBM, welches auf Großrechnern lief und es den Benutzerinnen und Benutzern ermöglichte, von einem Rechner zum anderen Nachrichten zu versenden sowie gemeinsame Online-Kalender zu verwalten.

Das ARPANet-Projekt in den späten 1960er Jahren brachte dann eine allmählich zunehmende Vernetzung der Großrechner und damit beispielsweise die Möglichkeit zum Versenden von E-Mails mit sich (Hafner & Lyon, 1996). In den 1980er Jahren dann verbreiteten sich Personal-Computer immer stärker und wurden zu lokalen Netzwerken (Local Area Networks, LANs) bzw. großräumigen Netzwerken (Wide Area Networks, WANs) zusammengeschlossen. Diese Entwicklung war eine wesentliche Voraussetzung für CSCW und für Groupware-Systeme.

Die sozialen Veränderungen umfassen die zunehmende Öffnung und Globalisierung der wirtschaftlichen Märkte, die Ausdifferenzierung von wissensintensiven Dienstleistungen, zunehmende Flexibilisierung und Innovation sowie die Entwicklung neuer Organisations-formen wie beispielsweise Virtuelle Organisationen, Tele-Arbeit und Outsourcing.

Die Diffusion vernetzter Computer und damit verbundene elektronische Datenverarbeitung stimulierte die Nachfrage nach einer stärkeren Integration von Computer und Arbeit bzw. Zusammenarbeit via Computer. Damit einher entstanden neue Forschungsbereiche wie Büro-Automatisierung (Office Automation) sowie Rechnergestützte Gruppenarbeit (Computer-Supported Cooperative Work, CSCW). Neue Forschungsfragen bezüglich der Unterstützung der Interaktion in Gruppen mittels Computer wurden aufgeworfen und neue Konzepte wie beispielsweise Situated Action, gemeinsamer Arbeitsbereiche und Transparenzunterstützung wurden entwickelt. Johansen (1991) hat diese Entwicklungen in der folgenden Abbildung zusammengefasst (siehe Abbildung 1.1).

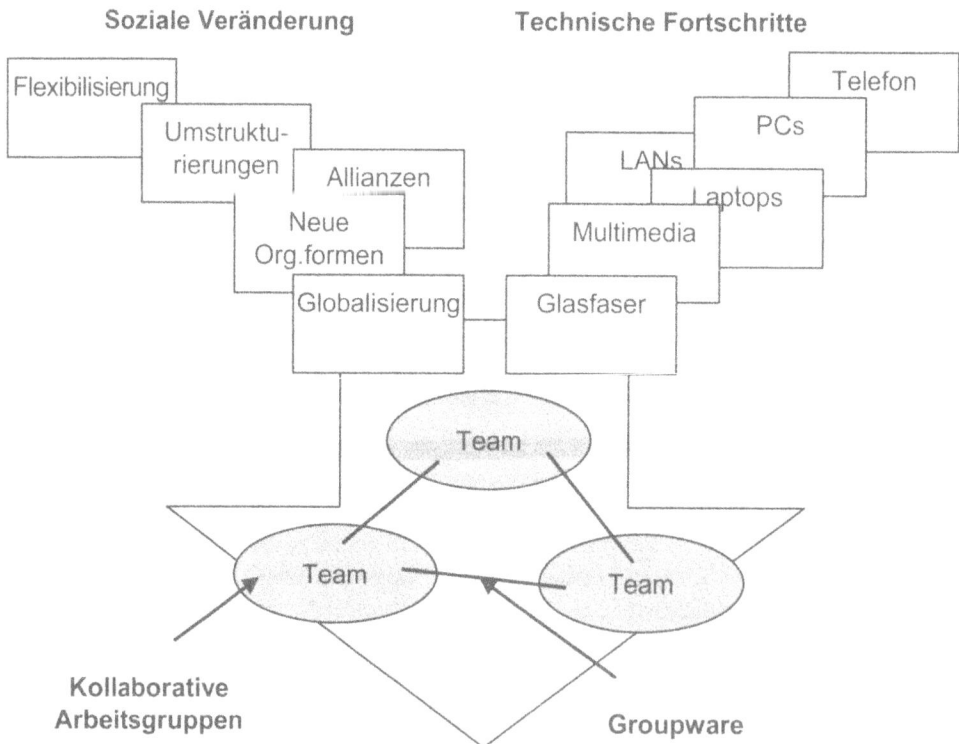

Abb. 1.1   *Technische und soziale Stimuli für CSCW. Nach: (Johansen, 1991).*

Die konkreten Ursprünge von CSCW als Forschungsgebiet gehen zurück auf einen Work-shop, welcher 1984 von Irene Greif und Paul Cashman organisiert wurde. Bei der Ankündi-gung dieser Veranstaltung wurde der Begriff Computer-Supported Cooperative Work zum ersten Mal verwendet.

Verschiedenste andere Forschungsgebiete hatten und haben Einfluss auf CSCW. In Abbildung 1.2 werden einige von ihnen dargestellt. Dabei werden die Arbeitsbereiche (obere Achse) von den Systemen (untere Achse) sowie den Forschungsbereichen (rechte Achse) unterschieden.

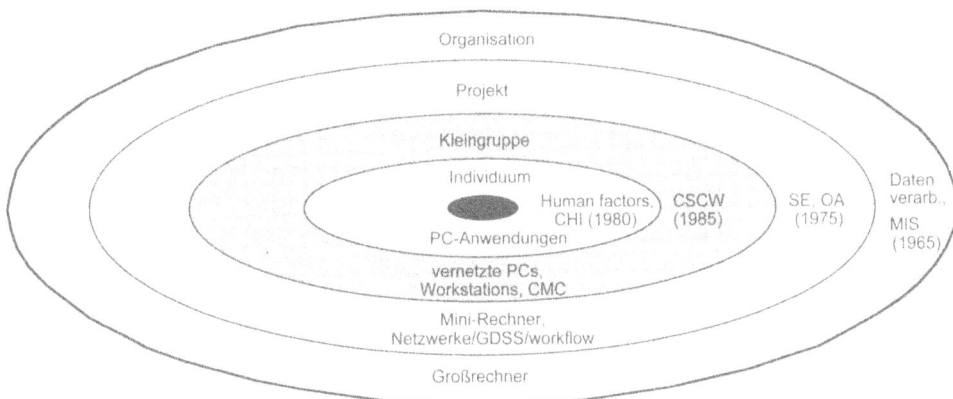

Abb. 1.2   *Forschungskontext von CSCW (CMC: Computer-Mediated Communication; CHI: Computer-Human Interaction; SE: Software Engineering; OA: Office Automation; MIS: Management Information System). Nach: (Grudin, 1994, S. 21).*

In den 1960er Jahren gab es eine starke Vorherrschaft der allgemeinen Datenverarbeitung und von Management-Informationssystemen. In den 1970er Jahren und zu Beginn der 1980er Jahre kamen dann Softwaretechnik (Software Engineering, SE) und Büro-Automatisierung (Office Automation, OA) stark auf. Seit den 1980er Jahren trat Benutzer-orientierung (Mensch-Computer-Interaktion, Computer-Human Interaction, CHI) und Gebrauchstauglichkeit in den Vordergrund. Ab Mitte der 1980er Jahre schließlich kam im-mer mehr eine Fokussierung auf Gruppen und die Unterstützung von Gruppenarbeit auf (CSCW). Während es sich bei diesen Gruppen anfangs hauptsächlich um (kleine) Teams handelte, weitet sich der Fokus inzwischen auch auf Communities und Netzwerke mit einer großen Zahl von Mitgliedern aus.

1.1.2   Der Ursprung von Groupware-Systemen

Groupware kam allmählich auf, als immer mehr Systeme und Prototypen zur Unterstützung von sozialer Interaktion entwickelt wurden. Groupware kann dabei im engeren Sinn als die Systeme und Prototypen verstanden werden. Groupware im weiteren Sinne bedeutet auch eine Veränderung der Wahrnehmung. Marca und Bock (1992, S. 60) schreiben:

„Groupware is a conceptual shift; a shift in our understanding. The traditional computing paradigm sees the computer as a tool for manipulating and exchanging data. The groupware paradigm, on the other hand, views the computer as a shared space in which people collaborate; a clear shift in the relationship between people and information".

Diese Veränderung hat weit reichende Konsequenzen. Die obigen Aussagen implizieren, dass Groupware nicht allein durch isolierte Einzelanwendungen charakterisiert werden kann und dass es nicht nur um Informationsverarbeitung geht. Viel mehr sollten Computer als Werkzeuge zur Kommunikation und Zusammenarbeit gesehen werden.

Diese zentralen Gedanken wurden von Visionären wie Vannevar Bush und Douglas Engelbart bereits vor längerer Zeit erkannt. Vannevar Bush hat bereits 1945 ein System namens Memex beschrieben (Bush, 1945), welches das assoziative Speichern von großen Datenmengen unterstützt. Er schlug vor, gemeinsame Pfade durch die Daten zu erzeugen und zu nutzen. Douglas Engelbart forderte schon in den 1960er Jahren, dass Computer-Technologie den Menschen intellektuell weiterbringen solle (Engelbart & English, 1968). Er schlug vor, dass Mensch und Computer sich nicht ersetzen, sondern gemeinsam und miteinander entwickeln sollen. Mit seinem Team entwickelte er das oNLine System NLS, welches er 1968 vorstellt und welches u.a. einen sehr komfortablen Texteditor und eine Tabellenkalkulation sowie die Möglichkeit spontan Kollegen per Video-Konferenz zuzuschalten umfasste. Des Weiteren schlug er ein neuartiges Eingabegerät vor, welches heute nach wie vor sehr verbreitet ist, die Maus.

1.2   Aktueller Stand und Begrifflichkeiten

Im Verlaufe der letzten Jahre haben sich CSCW als Forschungsgebiet und Groupware als Systeme und Prototypen weiterentwickelt und sind gereift. In diesem Abschnitt stellen wir den aktuellen Stand der Konzeptualisierung des Gebietes vor.

1.2.1   CSCW

Grundsätzlich geht es bei CSCW immer um die Beschäftigung mit dem Einsatz von Technologie zur Unterstützung von Zusammenarbeit. Es wird soziale Interaktion mit dem Ziel analysiert, durch die daraus abgeleitet Konzeption, Entwicklung und Evaluierung von Technologie diese effektiver, effizienter und angenehmer zu gestalten. Wir möchten nachfolgend ein paar der zentralen Definitionen von CSCW anführen.

Bowers und Benford (1991, S. V) nutzen eine Definition, welche primär auf die Analyse abzielt: *„In its most general form, CSCW examines the possibilities and effects of technological support for humans involved in collaborative group communication and work processes".*

Andere Autoren betonen stärker die Aktivitäten, welche unterstützt werden sollen. Greif beispielsweise definiert CSCW als (Greif, 1988, S. XI) *„computer-assisted coordinated* *activity such as communication and problem solving carried out by a group of collaborating individuals".*

Ellis et al. machen deutlich, dass es nicht nur um Computer, sondern um technologische Unterstützung ganz allgemein geht. Sie schreiben dass CSCW *„looks at how groups work and seeks to discover how technology (especially computers) can help them work"* (Ellis et al., 1991, S. 39),

CSCW ist ein multidisziplinäres Gebiet und es gilt zu beachten, dass dabei die Akteure aus den einzelnen Disziplinen ihre spezifische Perspektive und Methodologie mitbringen. Beispielsweise bringen Informatiker Wissen um Computer-Netzwerke und allgemeine verteilte Systeme ein, während Sozialwissenschaftler Wissen aus Soziologie und Anthropologie beisteuern (Gross & Traunmüller, 1996). Andere Gebiete, die für CSCW von Bedeutung sind, sind etwa die Psychologie und insbesondere die Sozialpsychologie, die Wirtschaftsinformatik sowie die Organisations- und die Managementlehre.

Diese unterschiedlichen Herangehensweisen führen zu sehr unterschiedlichen Sichten auf CSCW bzw. unterschiedlichen Schwerpunktsetzungen. Borghoff und Schlichter (2000, S. 107f) verdeutlichen dies mit einer Unterscheidung zwischen Vorwärts- und Rückwärtsinterpretation des Akronyms CSCW (siehe auch Möslein, 1993). In der Vorwärtsinterpretation wird C: der Computer als Ausgangspunkt gesehen, welcher S: als Unterstützungsmedium verwendet, um C: neue Formen der Kooperation zu unterstützten welche W: zur Erfüllung der Aufgabe (Arbeit) dient. Dabei hat die Aufgabe eine geringere Bedeutung als die Technologie. In Rückwärtsinterpretation rückt W: die Aufgabe ins Zentrum der Betrachtung, welche C: kooperativ und oftmals arbeitsteilig durchgeführt wird und welche S: unterstützt wird durch C: die Technologie. Hier spielt die Technologie eine untergeordnete Rolle.

Seit dem ersten Workshop zu CSCW im Jahre 1984 gibt es verschiedene regelmäßig stattfindende Tagungen zu diesem Thema:

- in den USA gibt es die ACM Conference on Computer-Supported Cooperative Work (CSCW), welche seit 1986 zweijährig stattfindet
- in Europa gibt es die European Conference on Computer-Supported Cooperative Work (ECSCW), welche seit 1989 zweijährig stattfindet

Zusätzlich ist CSCW ein wichtiges Thema bei verschiedenen Konferenzen zur Mensch-Computer-Interaktion und zur Wirtschaftsinformatik, z.B. der amerikanischen CHI-Konferenzreihe oder der deutschen Konferenzreihe Mensch & Computer bzw. der Konferenzreihe Wirtschaftsinformatik.

In der Literatur gibt es mehrere Begriffe, die teilweise synonym zu CSCW und mit anderer Bedeutung verwendet werden. Wir möchten darauf an dieser Stelle nicht näher eingehen, sondern lediglich ein paar Beispiele nennen (siehe auch Borghoff & Schlichter, 2000):

- Workgroup Computing,
- Collaborative Computing,
- Interpersonal Computing,
- Computer Conferencing,

- Computer Mediated Communication,
- Computer Supported Groups,
- Group Decision Support Systems,
- Computer Assisted Communication und
- Collaborative Working Environments.

Im Folgenden soll vor allem mit der Abkürzung CSCW und dem Begriff Groupware gearbeitet werden.

1.2.2   Groupware

Der Begriff Groupware wurde von Johnson-Lenz (1982, S. 47) mit folgender Bedeutung geprägt: *„computer-based system plus the social group processes".* Auch für den Begriff Groupware können in der Literatur verschiedene Definitionen gefunden werden.

Eine zentrale Definition stammt von Ellis et al. (1991, S. 40), die schreiben, Groupware sei: *„computer-based systems that support groups of people engaged in a common task (or goal) and that provide an interface to a shared environment".*

Groupware umfasst also Software, Hardware und Services zur Unterstützung von Gruppen. Allerdings gibt es verschiedene Ansichten bis zu welcher Ebene von verteilten Systemen bzw. ab welcher Ebene von Groupware zu sprechen ist. Abbildung 1.3 fasst verschiedene Autoren und deren Sichtweise zusammen. Dabei bedeuten die Pfeile, dass die jeweiligen Autoren die Ebene unter dem jeweiligen Pfeil als Basistechnologie und über dem Pfeil als Groupware sehen.

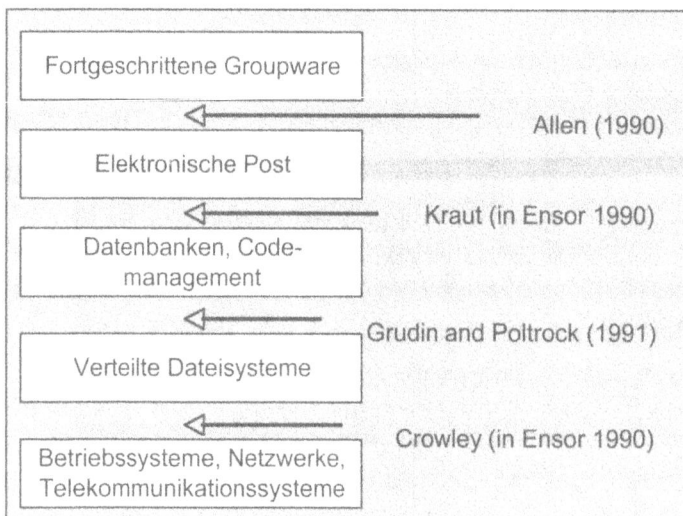

Abb. 1.3   *Die verschiedenen Ebenen von Groupware. Nach: (Grudin, 1991, S. 96).*

Obgleich die Graphik bereits aus dem Jahre 1991 stammt, so macht sie doch deutlich, dass die Meinungen über Groupware und relevante Fragestellungen zu Groupware in der Literatur auseinander gehen. Um die beiden Extrembeispiele zu nennen: während Allen (1990) meint, dass nur fortgeschrittene Systeme (d.h. Systeme die explizit die nachfolgend diskutierte Koexistenz bzw. gegenseitige Awareness der Benutzer unterstützen) unter den Begriff Groupware fallen, meinten Crowley et al. (1990), dass darüber hinaus auch elektronische Post (E-Mail), Datenbanken und Code-Versionierungssysteme sowie verteilte Dateisysteme als Groupware bezeichnet werden sollten.

Vergleicht man Groupware mit Einzelbenutzeranwendungen so kann festgestellt werden, dass man Groupware nicht nur als Systeme, sondern vielmehr als Veränderung in der Perspektive sehen kann. Lynch et al. (1990, S. 160) schreiben: *„groupware is distinguished from normal software by the basic assumption it makes: groupware makes the user aware that he is part of a group, while most other software seeks to hide and protect users from each other."* Diese Nicht-Trennung der Benutzer stellt auch gleichzeitig das wichtigste Kriterium zur Unterscheidung von Groupware und Nicht-Groupware dar (die zur schon angesprochenen Eigenschaft „fortgeschrittener Systeme").

Schließlich lässt sich zu Groupware noch sagen, dass die Grenzen zwischen Groupware und Einzelbenutzeranwendungen möglicherweise immer mehr verschwimmen, weil immer mehr Anwendungen auch Kooperationsunterstützung bieten. Wobei dies nicht zu einer rückläufigen Bedeutung führen sollte, da die grundlegenden Forschungsfragen zur Gestaltung von technischer Unterstützung für Gruppenarbeit weiter bestehen werden (Greif, 1988).

1.3   Anforderungen für Groupware

Im vorigen Abschnitt haben wir CSCW und Groupware als große und heterogene Gebiete charakterisiert. In diesem Abschnitt möchten wir der Frage nachgehen, welche gemeinsamen Eigenschaften und insbesondere welche gemeinsamen Herausforderungen es für Groupware gibt. Eine grundlegende Eigenschaft bzw. Anforderung wurde bereits genannt: die Eigenschaft, Benutzerinnen und Benutzer nicht von einander zu isolieren, sondern gegenseitig über einander zu informieren. In diesem Abschnitt möchten wir über diesen und andere Anforderungen sprechen und zeigen, welchen komplexen und sehr spannenden Herausforderungen sich CSCW stellt.

Erfolgreiche Gruppeninteraktion hat einige spezifische Anforderungen. Um diese besser zu verstehen, ist es hilfreich zunächst das Wesen der Gruppeninteraktion zu charakterisieren und dann daraus Anforderungen abzuleiten. In der traditionellen sozialwissenschaftlichen Literatur zu Gruppen wird oft die direkte Interaktion, die räumliche Nähe und die begrenzte Anzahl der Teilnehmer als wesentliche Eigenschaften genannt (Rosenstiel, 1978, S. 240) (siehe auch Abschnitt 2.2).

Jede kooperative Umgebung kann dabei ihre spezifischen Anforderungen an die Form und Ausprägung der Kooperation haben. Die folgenden Formen der Interaktion von Individuen in Gruppen werden in der Literatur häufig genannt:

- Koexistenz,
- Kommunikation, Koordination,
- Konsensfindung und
- Kooperation.

Koexistenz bedeutet die gleichzeitige Präsenz und gegenseitige Information von Benutzerinnen und Benutzern und ist die Vorbedingung für kooperatives Arbeiten. Diese Informationen können wertvolle spontane Kontakte und zufällige Treffen hervorrufen. Traditionell gab es in Computer-Systemen bereits sehr früh Unterstützung für Koexistenz: in Mehrbenutzersystemen und Zeitscheibensystemen wurde diese seit Jahrzehnten unterstützt.

Kommunikation erlaubt es den Benutzerinnen und Benutzern, Ideen auszutauschen und Informationen zu verbreiten. Darüber hinaus können Zustände und Veränderungen mitgeteilt werden, Informationen von einem Arbeitsschritt zum nächsten weitergegeben oder Resultate diskutiert werden. Kommunikation ist ein zentraler Bestandteil von Kooperationsunterstützung.

Koordination ist immer dann notwendig, wenn die Benutzerinnen und Benutzer wechselseitige Abhängigkeiten haben. Malone und Crowston (1992) haben die Koordinationsprozesse analysiert und verschiedene Komponenten identifiziert wie beispielsweise Ziele, Aktivitäten, Akteure sowie Abhängigkeiten zwischen Aktivitäten. Generell, so die Autoren, werden Aufgaben zielorientiert durchgeführt. Akteure sollen Ziele definieren, sich über Teilziele verständigen und Teilaktivitäten zur Erreichung der Teilziele planen. Ressourcen und persönliche Verantwortungen müssen dann für jede Teilaktivität festgelegt werden. Des Weiteren sollen Teilaktivitäten chronologisch sortiert und synchronisiert werden. Koordination kann dabei als der Akt der Organisation von Abhängigkeiten zwischen Aktivitäten, Akteuren und Teilzielen gesehen werden.

Konsensfindung bedeutet Entscheidungsfindung in der Gruppe. Sie kann durch explizite Kommunikation und Aushandlung oder durch implizite Annahme von Vorschlägen anderer herbeigeführt werden (letzteres kann oft in gemeinsamen Arbeitsbereichen beobachtet werden, wenn ein Akteur eine bestimmt Aktivität durchführt und andere Benutzer dies beobachten und gegebenenfalls dem Akteur Rückmeldung geben). Groupware-Anwendungen unterstützen die Konsensfindung oft durch Beschleunigung oder durch Verbesserung der Resultate indem sie es erlauben, Fragen zu strukturieren, Abstimmungen durchzuführen und auszuwerten sowie Ideen zu generieren und zu analysieren (Ellis et al., 1991).

Kooperation stellt schließlich die Zusammenarbeit im engeren Sinne dar. Effektive Zusammenarbeit bedarf oft der gemeinsamen Haltung von Daten mehrerer Akteure. Zu diesem Zweck kann Kooperation als die gemeinsame Haltung und Bearbeitung von Daten gesehen werden. Die meisten Groupware-Systeme unterstützen spezifische Formen der Kooperation; nur wenige Systeme bieten generische Unterstützung (Ellis et al., 1991).

Um erfolgreich zu sein, sollten Groupware-Systeme mehrere Benutzerinnen und Benutzer gleichzeitig unterstützen und diese mit gegenseitiger Information über die Präsenz ausstatten. Sie sollten auch explizite Kommunikation mittels des Verbreitens von Nachrichten sowie implizite Kommunikation durch die Weiterleitung von Veränderungen ermöglichen. Sie sollten den Gruppenmitgliedern bei der Koordination ihrer Aufgaben durch Wahrnehmung gemeinsamer Artefakte, Kommunikation und Gruppenentscheidungen dienen. Sie sollten die Strukturierung von Fragen, Abstimmungen und Auswertungen sowie das Generieren von Ideen und die Analyse von Aussagen ermöglichen. Und sie sollten die gemeinsame Haltung und Bearbeitung von Daten in verschiedenen Situationen unterstützen. Schließlich sollen nahtlose Übergänge zwischen diesen verschiedenen Formen der Interaktion gewährleistet werden.

Abbildung 1.4 zeigt eine Übersicht über die verschiedenen Konzepte, die bei der Betrachtung von CSCW eine Rolle spielen: von oben nach unten beginnend mit verschiedenen sozialen Entitäten, die verschiedenen Typen sozialer Interaktion, welche zwischen ihnen auftreten kann sowie CSCW-Unterstützungsklassen und schließlich konkrete Werkzeugtypen.

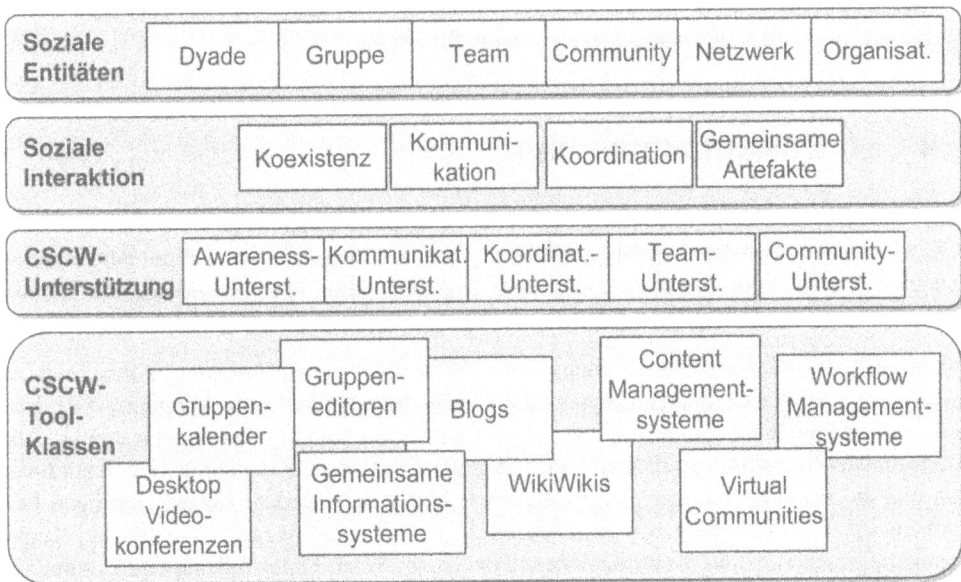

Abb. 1.4 *Übersicht der für CSCW relevanten Konzepte.*

Die einzelnen Teile der Konzeptübersicht werden wir in den nachfolgenden Kapiteln beschreiben. Daher wollen wir sie an dieser Stelle nur kurz erklären:

- *Soziale Entitäten* sind Konstellationen, welche sich zwischen Benutzerinnen und Benutzern ergeben können: Dyaden umfassen zwei Personen; Gruppen umfassen drei bis fünfzehn Personen; Teams sind Gruppen mit einem gemeinsamen Ziel; Gemeinschaften sind typischerweise größer als Gruppen und können bis zu mehreren Hunderten Personen umspannen; Netzwerke sind lose gekoppelte Arrangements, welche manchmal nur informell existieren.

- *Soziale Interaktion* beinhaltet Koexistenz, Kommunikation und Koordination wie oben beschrieben und darüber hinaus gemeinsame Datenhaltung, welche die obige Kooperation beinhaltet (an dieser Stelle sei angemerkt, dass die obige Konsensfindung hier als Teilbereich der Koordination gesehen wird).
- *CSCW-Unterstützungstypen* sind grundlegende Formen der Unterstützung, welche von Benutzerinnen und Benutzern benötigt werden können, wenn diese effektiv und effizient sozial interagieren möchten; sie beinhaltet Unterstützung für Awareness via gegenseitiger Information der Benutzer über einander, für Kommunikation via den Austausch von Nachrichten, für Koordination via die Abstimmung gemeinsamer Ressourcen, für Teams via die gemeinsame Haltung und Bearbeitung von Artefakten und für Gemeinschaften via Online-Dienste.
- *CSCW-Werkzeuge* sind Typen von Software-Anwendungen, die typischerweise spezifische Hilfe für Teilbereiche der Unterstützung bieten; Beispiele sind Video-Konferenzsysteme, Gruppeneditoren und gemeinsame Arbeitsbereiche für Gruppen und Teams; Blogs, WikiWikis und Content-Management-Systeme für Gemeinschaften von Benutzern; Workflow-Management-Systeme für Teams.

1.4   Zusammenfassung

Unter Rechnergestützter Gruppenarbeit oder Computer-Supported Cooperative Work (CSCW) versteht man einen multidisziplinären Forschungsbereich, der sich mit dem Verstehen sozialer Interaktion sowie der Gestaltung, Implementation und Evaluierung von technischen Systemen zur Unterstützung sozialer Interaktion beschäftigt.

Wichtige Konzepte für die Behandlung von CSCW sind soziale Entitäten, Arten sozialer Interaktion, CSCW-Unterstützungstypen und CSCW-Werkzeuge (siehe Abbildung 1.4). Bei den sozialen Entitäten betrachten wir vor allen Teams, Communities und Organisationen. Als Arten sozialer Interaktion werden von uns vor allem Koexistenz, Kommunikation, Koordination und die Kooperation über gemeinsame Artefakte unterschieden. Dementsprechend betrachten wir in diesem Buch bei den Unterstützungstypen Awareness-Unterstützung, Kommunikationsunterstützung, Koordinationsunterstützung, Team-Unterstützung und Community-Unterstützung (siehe auch Abschnitt 4.5).

Das Ergebnis von Gestaltungsaktivitäten im Bereich CSCW ist häufig der Entwurf und die Realisierung von sogenannter Groupware. Hierunter versteht man Software, Hardware und Dienste zur Unterstützung von Gruppen.

Entsprechend der sehr generischen Definition wird der Begriff Groupware in der Praxis für sehr viele Typen von Software benutzt – von Betriebssystemen und verteilten Dateisystemen über E-Mail-Infrastrukturen bis hin zu speziellen Gruppeneditoren oder Teamraum-Lösungen, sogenannter „fortgeschrittener Groupware". Das wichtigste Charakteristikum von

Groupware ist dabei die Eigenschaft, Benutzerinnen und Benutzer nicht von einander zu isolieren, sondern gegenseitig über einander zu informieren (Koexistenz, Awareness). Dieses Charakteristikum kann zur Unterscheidung von Groupware und Nicht-Groupware benutzt werden, weist aber auch auf eine wichtige Grundfunktionalität hin, die Entwickler von Software zur Unterstützung von Gruppen unbedingt berücksichten sollten.

2 Soziotechnische Systeme

In diesem Kapitel besprechen wir die Behandlung von CSCW wichtige Grundlagen aus den Sozialwissenschaften. Wir beginnen mit einer Beschreibung des Konzepts soziotechnischer Systeme. Danach gehen wir auf die verschiedenen sozialen Entitäten, welche in einem solchen System vorkommen können, ein und beschäftigen uns schließlich noch mit den verschiedenen Formen der sozialen Interaktion.

2.1 Groupware als soziotechnische Systeme

Der Begriff soziotechnisches System wurde in den 1950er Jahren von Trist und Bamforth (1951) am Tavostock Institute London geprägt. Die Wissenschaftler dort fanden in verschiedenen Studien zur Einführung identischer Technologie sehr unterschiedliche Ergebnisse. Die zentrale Erkenntnis der Analyse war, dass es wichtig ist, soziale und technische Systeme gemeinsam und gegenseitig zu optimieren, um ein effektives und effizientes Gesamtergebnis zu erzielen. Dasselbe technische System kann in unterschiedlichen sozialen Umgebungen zu komplett unterschiedlichen Ergebnissen führen. Die Berücksichtigung des sozialen Umfeldes bei der Konzeption oder Einführung einer Technologie, welche die Interaktion in Gruppen beeinflusst oder unterstützt, ist auch und gerade im Bereich CSCW relevant (Mumford, 1987).

2.1.1 Systemtheorie

Die Systemtheorie ist ein multidisziplinärer Wissenschaftsbereich, der sich mit dem Konzept des Systems beschäftigt. Erste Arbeiten gehen zurück auf Ludwig von Bertanlanffy, William Ross Ashby und andere (siehe z.B. Bertanlanffy, 1968), eine für Ingenieure und Informatiker gut geeignete Einführung bietet (Ropohl, 1979).

Grundsätzlich ist ein System eine „*Gesamtheit, aus mehreren Einzelteilen bestehende funktionale Einheit, die zur Ausführung einer bestimmten Aufgabe oder einer Reihe von Aufgaben dient ...*" (Langenscheidt, 2006). Systeme haben grundsätzlich ein Ziel und Zweck. Dabei kann kein Einzelteil unabhängig von den anderen funktionieren und jedes Einzelteil kann Einfluss auf die anderen Einzelteile haben.

Ein System zeichnet sich des Weiteren durch die Existenz von einem oder mehreren Eingängen und Ausgängen aus. Informationen oder Reize, die das System über die Eingänge erreichen, werden in Prozessen verarbeitet und führen zu Ergebnissen auf den Ausgängen. gebnisse können dabei einfache Ausgabegrößen oder auch komplexe Produkte oder Dienstleistungen sein.

2.1.2   Technische Systeme

In der Informatik werden unter dem allgemeinen Begriff System meist technische Systeme verstanden. Technische Systeme sind dadurch gekennzeichnet, dass ihre Prozesse von der Umwelt, d.h. umgebenden technischen Systemen oder bedienenden Menschen, beeinflusst werden. Für die jeweilige Eingabe ist ein entsprechendes Resultat vorhersagbar. Zur Erzielung dieser Resultate folgen die Systeme allgemeinen Prinzipien der Informationsverarbeitung (z.B. geschlossene Regelschleifen). Eingaben und Ausgaben haben klare und eindeutige Ursache-Wirkungsbeziehungen. Des Weiteren können technische Systeme zwischen einem dynamischen und einem statischen Zustand wechseln – d.h. sie können im Gegensatz zu sozialen Systemen ausgeschaltet werden.

Im Bereich CSCW wurden Groupware-Systeme und deren Einführung zunächst vor allem aus einer technischen Perspektive betrachtet, was, wie wir noch sehen werden, oft zu Schwierigkeiten bei der Einführung geführt hat (vgl. Vorwärtsinterpretation von CSCW in Abschnitt 1.1.1).

2.1.3   Soziale Systeme

In der allgemeinen Systemtheorie wird angenommen, dass alle Systeme eine vergleichbare Struktur haben und entsprechend einer klaren Ursache-Wirkungsbeziehung funktionieren. Da diese Annahme für Systeme mit sozialen Akteuren nur bedingt zutrifft, musste eine alternative Beschreibung der Kopplung gefunden werden. Für solche Systeme wurde das Konzept der strukturellen Kopplung entwickelt (Maturana, 1975, 1981).

Diese Unterscheidung zwischen einerseits einer klaren Ursachen-Wirkungsbeziehung in durch die Umwelt gesteuerten Systemen und andererseits autonomen durch die Umwelt beeinflussten und veränderten Systemen ist die grundlegende Unterscheidung zwischen technischen Systemen und sozialen Systemen.

Soziale Systeme und deren Subsysteme sind also im Vergleich zu technischen Systemen nicht im engen Sinne des Wortes steuerbar oder vorhersehbar. Sie funktionieren als informationell geschlossene Systeme, welche Veränderungen in der Umgebung wahrnehmen, aber autonom agieren. An die Stelle einer strengen technischen „Steuerung" tritt eine „Beeinflussung" des Systems.

Soziale Systeme formen dabei ein Kommunikations- und Handlungsnetzwerk zwischen den beteiligten Personen. Die beteiligten Personen wiederum bedürfen dazu einer gemeinsamen Sprache, die sie entweder bereits haben oder entwickeln. Grundsätzlich hat jede stattfindende Kommunikation Einfluss auf die gemeinsame Sprache. Und jede Kommunikation erzeugt weitere Möglichkeiten zur Kommunikation – wobei sich das System selbst erneuert (siehe Autopoiese, Maturana, 1981).

2.1.4   Soziotechnische Systeme

In der Praxis verwenden Personengruppen oft technische Systeme (wie beispielsweise Maschinen oder Software-Systeme) zur Kommunikation untereinander. Das technische System macht dabei das soziale System erst möglich und dieses bestimmt das technische System – beide Systeme zusammen bilden ein sogenanntes soziotechnisches System.

Das soziotechnische System umfasst dann den technischen Teil in Form der Maschinen und Informations- und Kommunikationstechnologie sowie den sozialen Teil in Form der Personen, welche das technische System verwenden und bedienen und durch das technische System und seine Teilsysteme kommunizieren und zusammenarbeiten. Entsprechend schreibt Herrmann, dass ein soziotechnisches System eine *„combination of organisational, technical, educational, and cultural structures and interaction"* sei (Herrmann, 2003, S. 60). Wir möchten entsprechend der allgemeinen Systemtheorie noch die Aufgabe bzw. das Ziel hinzufügen, sodass wir ein soziotechnisches System definieren als eine organisierte Menge von Personen und Technologie, welche zur Erreichung eines bestimmten Zieles (der primären Aufgabe) ausgerichtet und strukturiert sind.

In der Arbeits- und Organisationspsychologie wird der Begriff Arbeitssystem für soziotechnische Systeme verwendet, welche klar identifizierbare und trennbare Teilsysteme in einer Organisation darstellen (siehe hierzu auch Herczeg, 2005, Kapitel 2). Arbeitssysteme sind Systeme im Sinne der Systemtheorie – d.h. sie transformieren Eingaben zu Ausgaben. Gemäß der Arbeits- und Organisationspsychologie können sie die folgenden Bestandteile aufweisen (siehe beispielsweise Sydow, 1985 oder Ulich, 2001):

- Personen (mit Qualifikationen, Interessen und Wünschen)
- Technologie (Maschinen, Ressourcen, spezielle Bedingungen)
- Organisation und Struktur (Arbeitsabläufe, Entscheidungsfindungsstrukturen, Kommunikationsstrukturen)
- Primäraufgabe des Arbeitssystems

Die Primäraufgabe bzw. das Ziel ist von zentraler Bedeutung für soziotechnische Systeme, weil sie das System und seine Teilsysteme zusammenhält.

2.1.5   Erkenntnisse für CSCW

Insgesamt beleuchtet der soziotechnische Ansatz die wechselseitigen Abhängigkeiten zwischen sozialen und technischen Systemen sowie die sozialen Prozesse als Ausgangspunkt für die Entwicklung von technischen Systemen und umgekehrt die technischen Strukturen als Möglichkeit für Änderungen im sozialen System (Mumford, 2000).

Für CSCW bzw. die Gestaltung kooperativer Systeme lassen sich einige Schlüsse aus dem Gesagten ziehen. Insbesondere dass es gilt, beide Systeme – das soziale und das technische System – zu berücksichtigen und beide in Einklang zu bringen. Des Weiteren sollten mögliche Konsequenzen der Einführung oder Veränderung des technischen Systems für das soziale System antizipiert bzw. untersucht werden. Die Theorie soziotechnischer Systeme gibt dabei wertvolle Hinweise auf möglicherweise in Betracht zu ziehende Komponenten des soziotechnischen Systems sowie deren mögliche gegenseitige Beeinflussung. Wir werden im folgenden Kapitel darauf zurückkommen.

An dieser Stelle lassen sich die folgenden Erkenntnisse aus der obigen Diskussion soziotechnischer Systeme für CSCW zusammenfassen:

- Technische Systeme sind in der Regel höchst verwoben mit sozialen Systemen.
- Bei der Gestaltung und Einführung von technischen Systemen (insbesondere Groupware-Systemen) sollten auch die betroffenen sozialen Systeme berücksichtigt werden.
- Das soziale und das technische System sollten als Einheit behandelt und zu gestalten versucht werden.
- Das Primärziel sollte große Beachtung erhalten, weil es essenziell für die Kohärenz des Gesamtsystems ist.

Ausserdem lässt die Diskussion der soziotechnischen Dimension von CSCW-Systemen eine weitere Schärfung der Begriffe aus Kapitel 1 zu. Insbesondere muss unterschieden werden zwischen:

- einem Stück Software und/oder Hardware, das zur Unterstützung von Zusammenarbeit eingesetzt werden kann (Groupware)
- einer konkreten Lösung für die Unterstützung der Zusammenarbeit in einer bestimmten Gruppe (Software/Hardware und Gestaltung des sozialen Systems = soziotechnisches System)

Im weiteren Kapitel 2 und dem größten Teil des Kapitels 3 gehen wir auf die soziotechnische Dimension ein, d.h. die Gestaltung von konkreten soziotechnischen Systemen. Es geht dabei also nicht um den Entwurf von Standardsoftware für die Unterstützung von Gruppen. Trotzdem können natürlich aus der Analyse von Anforderungen für die Gestaltung von soziotechnischen Systemen Anforderungen an Standardsoftware abgeleitet werden, die in diesen Systemen und vielleicht auch in anderen Systemen zum Einsatz kommt. In Kapitel 4 und folgenden werden wir dann hauptsächlich solche Softwarekomponenten und Standardsoftware besprechen.

2.2   Soziale Entitäten

In diesem Abschnitt werden wir näher auf die sozialen Systeme eingehen und insbesondere betrachten, welche Ausprägungen es hier geben kann.

McGrath (1984) hat eine umfassende Analyse von Gruppenprozessen und sozialen Aggregaten durchgeführt und zählt die folgenden sozialen Aggregate auf:

- künstliche Aggregate: statistische Gruppen und soziale Kategorien;
- unorganisierte Aggregate: Publikum, Versammlungen, Öffentlichkeit;
- Einheiten mit Beziehungsmustern: Kulturen, Subkulturen, Blutsverwandte;
- strukturierte soziale Einheiten: Gesellschaft, Gemeinschaft, Familie;
- gezielt gestaltete soziale Einheiten: Organisationen, Teilorganisationen, Belegschaften;
- weniger gezielt gestaltete soziale Einheiten: Verbände, Freundeskreise.

Im Kontext von CSCW werden die folgenden Begrifflichkeiten am häufigsten verwendet: Dyade und Gruppe, Arbeitsgruppe bzw. Team, soziales Netzwerk, Gemeinschaft und Organisation. In diesem Abschnitt werden wir uns deshalb auf diese konzentrieren.

2.2.1 Dyaden und Gruppen

Dyaden sind soziale Entitäten, welche sich aus genau zwei Personen zusammensetzen. Auf sie wird an dieser Stelle nicht näher eingegangen – es sei nur kurz darauf hingewiesen, dass sie einige aber nicht alle Eigenschaften von Gruppen besitzen.

Für soziale Gruppen bietet Rosenstiel (1978, S. 240) eine sehr treffende Definition; für ihn ist eine Gruppe:

> *„Eine Mehrzahl von Personen ..., die in direkter Interaktion stehen, durch Rollendifferenzierung und gemeinsame Normen gekennzeichnet sind und die ein Wir-Gefühl verbindet."*

Wobei McGrath (1984, S. 7) für Gruppen auch schon die Möglichkeit der Interaktion ausreicht, wenn er schreibt: *„those social aggregates that involve mutual awareness and potential mutual interaction".*

Das Aufkommen von CSCW machen eine neue Sicht auf die Interaktion in Gruppen notwendig: die Interaktion kann dabei direkt oder indirekt via gemeinsamer Artefakte passieren und sich zwischen Akteuren am gleichen oder an verschiedenen Orten zutragen (siehe hierzu auch das Person-Artefakt-Rahmenwerk in Abschnitt 4.2). Nach wie vor bleibt die mögliche Größe einer Gruppe aber begrenzt. Allerdings können die Benutzerinnen und Benutzer über elektronische Kommunikation Gruppenkonstellation schneller ändern und auch leichter in mehreren Gruppen gleichzeitig mitwirken.

Was jedoch sehr wichtig erscheint, ist die Abgrenzung der Gruppe nach Außen, also die Frage nach Mitgliedschaft und Nichtmitgliedschaft. Die Mitgliedschaft kann von Außen kommen (beispielsweise durch Zugehörigkeit zu Stämmen) oder von Innen (als ein Resultat eines Prozesses der sozialen Identifikation und Selbstkategorisierung der Gruppenmitglieder) (Simon, 1999; Tajfel, 1978). Neben letzterem – eben diesem Wir-Gefühl in Gruppen – werden noch andere wichtige Eigenschaften von Gruppen genannt wie beispielsweise Rollen und Normen. Nach Newcomb (1943) ist eine Gruppennorm eine gemeinsame Erwartung, wie alle Gruppenmitglieder in bestimmten Situationen zu denken und sich zu verhalten haben. Der Nutzen von Gruppennormen liegt vor allem darin, den Abstimmungsaufwand zu reduzieren und dadurch die Koordination und Kooperation zu erleichtern.

Eine ausführliche Diskussion der Bedeutung von Rollen in soziotechnischen Systemen und speziell in Communities findet sich beispielsweise in (Jahnke, 2006).

2.2.2   Teams

Teams sind Gruppen, welche ein gemeinsames Ziel verfolgen. Sunderstrom et al. (1990, S. 120) definieren entsprechend Teams als: *„small groups of interdependent individuals who share responsibility for outcomes for their organisations".*

Diese gemeinsame Verantwortung der Team-Mitglieder impliziert auch Einverständnis bezüglich der von den einzelnen zu leistenden Beiträge. Teams bedürfen daher eines gemeinsamen Verständnisses von der gemeinsamen Arbeit, eine geteilte (oder zumindest überlappende) Definition von Zielen und Teilzielen und eine persönliche Zusage und Verpflichtung an der Zielerreichung mitzuwirken.

Zur Erreichung gemeinsamer Verantwortung ist es auch wichtig, dass die Team-Mitglieder sich gegenseitig kennen. Wenn das Ziel erreicht ist, könnte sich das Team prinzipiell auflösen. Darüber hinaus können Teams oft auch gemeinsame Artefakte (z.B. gemeinsam zu editierende Dokumente) haben.

2.2.3   Soziale Netzwerke

Bei Sozialen Netzwerken handelt es sich um Mengen von sozialen Entitäten mit Bindungen untereinander. Bindungen entstehen dabei beispielsweise durch direkte Kommunikation. Zu den Verbindungen zwischen den Mitgliedern des Netzwerkes werden meist Metainformation zur genaueren Charakterisierung erfasst. So wird oft die Häufigkeit der Kommunikation und des Austausches als Hauptindikator für die Stärke von sozialen Bindungen verwendet. Die Qualität der Kommunikation – so wird angenommen – ist von geringer Relevanz (Rohde & Shaffer, 2003).

Das Konzept der sozialen Netzwerke wurde beim Entwurf von CSCW-Systemen lange nicht besonders berücksichtigt. In Einklang mit der Idee, dass das komplette soziale Umfeld für den Erfolg oder Misserfolg eines Systems verantwortlich ist (soziotechnische Systeme), hat sich das aber in den letzten Jahren geändert. Wichtiger noch als die Betrachtung der konkret unterstützen Gruppen oder Teams erscheint die Betrachtung der unterstützen Individuen und ihrer sozialen Netzwerke (siehe beispielsweise Wellman, 1997, 2001; Nardi et al., 2002).

2.2.4   Gemeinschaften (Communities)

Das Konzept der Gemeinschaft oder Community ist eng verwandt mit dem Konzept des sozialen Netzwerkes. Ganz allgemein ist eine Community eine Anzahl von Personen, welche gemeinsame Interessen teilen, gemeinsame Ideen und Vorstellungen haben, oder einen ande-

ren gemeinsamen Kontext haben welcher im Vergleich zum sozialen Netzwerk gegenseitigen Bindungen entspricht oder von diesen herrührt.

Der Begriff Community wurde in der Literatur zum Teil sehr unterschiedlich definiert.
Beispielsweise Mynatt et al. (1997, S. 211) verstehen unter einer Community ein *„social
grouping, which exihibits in varying degrees: shared spatial relations, social conventions, a
sense of membership and boundaries, and an ongoing rhythm of social interaction"*. Für
Carotenuto et al. (1999, S. 2) ist die in Communities vorherrschende Freiwilligkeit und
Unabhängigkeit wichtig, wenn sie schreiben: *„a community is a voluntary association of
people who are not directly dependent on each other for success"*.

Preece (2000) nennt die folgenden Eigenschaften von Communities: Personen bzw. Mitglieder, welche miteinander interagieren, um ihre eigenen Bedürfnisse zu befriedigen oder spezielle Rollen auszuüben wie beispielsweise Führung oder Moderation; ein gemeinsames Ziel
und einen gemeinsamen Zweck wie beispielsweise Interesse, Bedürfnisse, Informationsaus-
tausch, oder andere Dienste, welche für die Community-Mitglieder Nutzen bringen; Regularien in der Form von stillschweigenden Annahmen, Ritualen, Protokollen, Regeln und Ge-
setzen, welche die Interaktionen leiten. Dies passt auch zur wörtlichen Bedeutung des Beg-
riffes Community, welcher vom lateinischen Verb „communicare" abstammt, welches nicht
nur die Bedeutung „sich austauschen", sondern auch „gemeinsam haben" und „gemeinsam
machen" hat.

In früheren sozialwissenschaftlichen Arbeiten wurde hervorgehoben, dass Communities
immer eine gemeinsame Örtlichkeit und soziale Interaktion benötigen (Hillery, 1955). Die
gemeinsame Örtlichkeit kann durch die Verbreitung von Informations- und Kommunikationstechnologie heutzutage auch virtuell sein. Die Interaktion allerdings bleibt als Anforderung bestehen. Dabei wird allerdings keine aktive direkte Interaktion gefordert, sondern viel
mehr die grundsätzliche Möglichkeit zur Interaktion zwischen den Mitgliedern der Community – das heißt, bei technischen Systemen benötigen die Mitglieder Wissen über einander,
ein gemeinsames Kommunikationsprotokoll und ein gemeinsames Kommunikationsmedium.

Zur Interaktion gehören in Communities neben der Kommunikation auch gemeinsame Aktivitäten wie beispielsweise Wissensaustausch oder gegenseitige Hilfe (Ishida, 1998). Daraus
entsteht dann sehr häufig gegenseitige Anerkennung (Figallo, 1998; Putnam, 2000).

Verglichen mit den anderen sozialen Entitäten lässt sich sagen, dass Communities – im Gegensatz zu sozialen Netzwerken – eine gemeinsame Kultur haben (z.B. durch gemeinsame
Normen, Konventionen) und dass Communities – im Gegensatz zu Teams – über eine größere Mitgliederanzahl verfügen, die sich in der Regel nur teilweise oder überhaupt nicht gegenseitig kennen.

2.2.5   Organisationen

Der Begriff Organisation wurde im Bereich der Management-Lehre geprägt. Für Barnard
(1938, S. 4) gilt: *„a formal orgnisation is that kind of cooperation among men that is conscious, deliberate, purposeful"*. Für March und Simon (1958) sind Organisationen durch

Struktur und Koordination charakterisiert. Und für Etzioni (1964) sind Organisationen soziale Einheiten, welche zur Zielerreichung konstruiert und rekonstruiert werden. Kieser und Kubicek (1992, S. 4) charakterisieren Organisationen als *„soziale Gebilde, die dauerhaft ein Ziel verfolgen und eine formale Struktur aufweisen, mit deren Hilfe Aktivitäten der Mitglieder auf das verfolgte Ziel ausgerichtet werden sollen"*.

In der Organisationstheorie gehen dabei neoklassische Definitionen des Begriffs Organisation in der Form einer Gruppe von Personen mit einem gemeinsamen Ziel auseinander von modernen Definitionen in der Form eines dynamischen sozialen Systems kooperativer Interaktionen mit dem Zweck der Erfüllung von Individualzielen (Barnard, 1938, S. 4).

Als System betrachtet haben Organisationen verschiedene Eingaben, welche verarbeitet werden, um bestimmte Ausgaben zu erzeugen. Durch Kommunikation und Rückkoppelungen zwischen den einzelnen Teilen einer Organisation wird gewährleistet, dass das Gesamtziel der Organisation erreicht wird.

Betrachtet man die Teile des Gesamtsystems Organisation, so lassen sich nach Mintzberg (1979) die folgenden Teile unterscheiden: die Geschäftsleitung (*Strategic Apex*), die mittlere Ebene (*Middle Line*), die ausführende Ebene (*Operating Core*), steuernde Einheiten (*Technostructure*) und unterstützende Einheiten (*Support Staff*). Die Geschäftsleitung, die mittlere Ebene und die ausführende Ebene bilden den Kern der Organisation. Die steuernden und unterstützenden Einheiten helfen dem Kern in der Zielerreichung.

An dieser Stelle gehen wir nicht auf virtuelle Teams (oder virtuelle Organisationen) ein. Interessierte Leser seien verwiesen auf (Konradt, Hertel & Herczeg, 2006).

2.3   Soziale Interaktion

Bei den verschiedenen Formen der sozialen Interaktion, die auch in der Konzeptübersicht in Kapitel 1 vorkamen, spielt Kommunikation eine herausragende Rolle – viele andere Formen der sozialen Interaktion sind entweder Vorbedingung für Kommunikation (z.B. Koexistenz) oder bedürfen wiederum Kommunikation als Vorbedingung (z.B. Koordination erfolgt oft durch kommunizierte Absprachen). Aus diesem Grund gehen wir hier primär auf Kommunikation und nur kurz auf Kooperation ein. Zusätzlich wird Koexistenz in der Form von Awareness betrachtet.

2.3.1   Kommunikation

Grundsätzlich interagieren Menschen in jeder Art von sozialer Entität miteinander. Soziale Interaktion findet dabei immer dann statt, wenn Menschen zielgerichtet und bedeutungsvoll mit anderen Menschen in Kontakt treten (Weber, 1964, 1997). Im Gegensatz zu technisch orientierten Kommunikationsmodellen ist hier wichtig, dass der Austausch zielgerichtet und bewusst stattfindet – was allerdings nicht-sprachliche Kommunikation nicht ausschließt.

Allgemein kann die menschliche Kommunikation als ein dynamischer und hochkomplexer Prozess betrachtet werden, in dem sprachliche und nicht-sprachliche Ausdrücke (Nachrichten) in einem Dialog von einem Sender zu einem Empfänger transferiert werden. Dabei kommt auf der Seite des Empfängers auch der Interpretation der Ausdrücke große Bedeutung zu. Viele Arbeiten haben deshalb den Einfluss der Kommunikationspartner auf die Interpretation der Nachricht thematisiert und analysiert (Watzlawick, 1990; Schulz von Thun, 1981) und die Relevanz des Kontexts auf die Kommunikation (Ungeheuer, 1982).

Maturana und Varela (1987) meinen dazu sogar, dass Sender und Empfänger als geschlossene Systeme zu betrachten sind, wo der Sender aus seinem Universum auswählt, was kommuniziert werden soll, und wo der Empfänger aus seinem Universum auswählt, was verstanden werden soll.

Misch (2001) stellt ein kontextbasiertes Kommunikationsmodell vor, das verschiedene Einflüsse auf die Interpretation der Nachrichten unterscheidet. Neben dem inneren Kontext beim Sender und beim Empfänger existiert insbesondere ein äußerer Kontext, der teilweise von beiden Kommunikationspartnern wahrgenommen werden kann, teilweise nur von einem der beiden. Der gemeinsam wahrnehmbare äußere Kontext kann dabei durch Bereitstellung von Awareness-Information oder sonstiger Meta-Kommunikation maßgeblich beeinflusst werden.

Eine Abstimmung des inneren Kontextes der beiden Kommunikationspartner zur Vermeidung von Missverständnissen entspricht der Entwicklung eines gemeinsamen Nenners. Clark und Brennan (1991, S. 130) schreiben dazu:

„In conversation, for example, participants try to establish that what has been said has been understood ... they try to ground what has been said–that is try to make it part of their common ground. [...] a basis agreed to by all parties for reaching a mutual understanding.“

Sprechakte

In seiner Theorie der Sprechakte geht Habermas (1984) davon aus, dass durch Äußerung einer Aussage eine Handlung mit einem konkreten Ziel vollzogen wird. Solche zielgerichteten Handlungen werden Sprechakte genannt. Sprechakte können nun mit Blick auf die Orientierung des Akteurs in Richtung Ziel der Aussage analysiert werden.

Die Sprechakte von Habermas gehen auf die traditionellen Sprechakte von Austin und Searle zurück (Austin, 1962; Searle, 1969). Sie unterteilen soziale Interaktion in eine Abfolge von einzeln analysierbaren Abschnitten. Jeder Sprechakt kann abgebildet werden als eine Menge von Wörtern. Austin (1962, S. 29) gibt ein Beispiel: die Aussage „Ja, ich will." während einer Hochzeitszeremonie ist keine Nachricht, sondern viel mehr eine Übereinkunft mit dem Ehepartner.

Searle (1969) benennt fünf Klassen von Sprechakten:

- *Assertiva*: Aussagen, wie etwas ist (z.B. „Die heutige CSCW-Vorlesung beginnt um 16.00 Uhr")
- *Direktiva*: Aufforderungen zur Handlung bzw. Unterlassung (z.B. „Bitte machen Sie das bis Morgen.")
- *Kommissiva*: Festlegung auf eigene Handlung bzw. Unterlassung (z.B. „Ich werde Ihnen das sofort schicken.")
- *Expressiva*: Ausdruck von eigenen Gefühlen (z.B. „Ich bin sehr froh über Ihre Beiträge.")
- *Deklarativa*: Erklärung mit Implikationen (z.B. „Ich erkläre Sie zum Sprecher der ...")

Die fünf Klassen von Sprechakten sind gegenseitig abhängig und bedingen sich zum Teil gegenseitig. Winograd und Flores (1986) erklären das metaphorisch so, dass die einzelnen Sprechakte wie einzelne Schritte in einem aus einer Abfolge von Schritten bestehenden Tanz sind. Wie wir später noch sehen werden, basieren einige Groupware-Systeme auf der Idee von Sprechakten bzw. konkret auf Konversationsnetzen, die aus Sprechakten aufgebaut sind.

Semiotik

Neben Sprechakten kommt auch der semiotischen Betrachtung von Kommunikation große Bedeutung zu (siehe z.B. Nöth, 2000; Eco, 1977). In der Semiotik geht man von drei verschiedenen Ebenen der Kommunikation aus: Syntaktik, Semantik und Pragmatik (Morris, 1988). Syntaktik bezieht sich auf die Analyse einzelner Signale und der Beziehung zwischen Signalen, während Semantik sich mit der Analyse der Beziehung zwischen Signalen und deren jeweiliger Bedeutung beschäftigt. Die Pragmatik bezieht sich auf die Analyse des Effekts von Signalen auf Personen.

Wir möchten diese Unterscheidung an einem kleinen Beispiel verdeutlichen: eine Professorin sagt zu einem Studenten: „Falls Ihre nächste Präsentation nicht deutlich besser ist als ihre letzte, habe ich meine Zweifel über Ihre Note." Auf der syntaktischen Ebene stellt sich jetzt die Frage nach der akkuraten Übertragung der Nachricht. Die Übertragung könnte unter Umständen durch Hintergrundgeräusche beeinträchtigt werden. Auf der semantischen Ebene stellt sich die Frage, ob der Student die Aussage und die Worte richtig deuten kann. Der Student muss beispielsweise verstehen, dass „meine Zweifel" bedeutet, dass er eine schlechte Note bekommen könnte. Auf der pragmatischen Ebene, schließlich, stellt sich die Frage nach der Absicht hinter der Aussage und nach der Reaktion des Empfängers darauf. Vermutlich war die Absicht der Professorin, den Studenten dazu zu bewegen, an der nächsten Präsentation intensiver zu arbeiten. Allerdings kann in Abhängigkeit der Interpretation der Aussage und der Absicht der Professorin seitens des Studenten die Reaktion sehr unterschiedlich ausfallen: der Student kann in der Tat mehr arbeiten, der Student könnte sich allerdings auch überfordert fühlen und aufgeben.

Das Beispiel macht deutlich, dass v.a. die pragmatische Ebene oft nicht einfach zu analysieren ist. Hier müssen persönliche, psychologische und Kontextfaktoren mit berücksichtigt werden.

Durch diese semiotische Einteilung kann Information von Daten getrennt werden. Ein wesentliches Merkmal für diese Unterscheidung ist die Relation zu Kontext und Zweck. Daten repräsentieren Bedeutungen, welche nicht unmittelbar zweckorientiert interpretiert werden können. Informationen sind in bestimmten Fällen und Kontexten zweckorientiert.

Die vier Seiten einer Nachricht
Schulz von Thun (1981) hat mit seinen als Quadrat dargestellten vier Seiten einer Nachricht eine wertvolle Unterscheidung eingeführt, die über die klassische Semiotik hinausgeht. In seinem Quadrat unterscheidet er vier Aspekte eines Kommunikationsaktes:

* *Sachaspekt*: die Informationen, die durch die Nachricht zum Ausdruck kommen bzw. vom Empfänger interpretiert wird
* *Appellaspekt*: die unausgesprochenen Wünsche des Senders bzw. die beim Empfänger wahrgenommenen Wünsche
* *Beziehungsaspekt*: die Relation des Senders zum Empfänger bzw. die beim Empfänger wahrgenommene Relation
* *Selbstoffenbarungsaspekt*: die Offenbarung der Gefühle des Senders bzw. die beim Empfänger wahrgenommenen Gefühle

Wichtig dabei ist zu beachten, dass die vier Aspekte auf beiden Seiten einer Kommunikation relevant sind: der Sender kann grundsätzlich alle vier Aspekte zum Ausdruck bringen und der Empfänger kann die Nachricht nach allen vier Aspekten analysieren.

Als Beispiel sei an dieser Stelle nur kurz skizziert, wie die Aussage des Beifahrers in einem an einer Ampelkreuzung stehenden PKW „Es ist grün.", gemeint bzw. interpretiert werden kann: als Kundgabe eines Faktums (Sachaspekt), als Aufforderung loszufahren (Appellaspekt), als Kritik am Fahrer (Beziehungsaspekt) oder als Hinweis auf verspürten Zeitdruck (Selbstoffenbarungsaspekt).

2.3.2   Kooperation

Über die Kommunikation hinaus sind bei CSCW verschiedene Besonderheiten der Kooperation zu berücksichtigen. Bannon und Schmidt (1989, S. 52) haben einige Besonderheiten von kooperativen Interaktionen herausgearbeitet, die bei der Gestaltung von Groupware-Systemen eine Rolle spielen: Absprachen, zweigleisige Kommunikation, gemeinsame Informationshaltung sowie situatives Handeln.

Fortlaufende Absprachen
Im heutigen Arbeitsalltag kann der gesamte Prozess des kooperativen Arbeitens nicht immer vollständig im Voraus geplant werden; viel mehr ist fortlaufende Absprache über die gemeinsame Arbeit nötig. Dies ist insbesondere nötig, um auf Änderungen reagieren zu können. Dabei werden Fragen bezüglich des wer, was, wo, wann, wie usw. geklärt (Strauss, 1985). In Betracht zu ziehen sind grundsätzlich: die Akteure (also die Teilnehmerinnen und Teilnehmer am kooperativen Prozess), die Verantwortlichkeiten (die allgemeinen und indi-

viduellen Verantwortlichkeiten der Akteure), die Probleme (aktuelle Herausforderungen, die einer Lösung bedürfen), Aktivitäten (die Schritte, die nötig sind, um ans Ziel zu gelangen), Strukturen (Kategorien um Gegenstände zu ordnen) sowie Ressourcen (Informationen, Materialien, technische Geräte, allgemein benötigte Infrastruktur) (Simone & Schmidt, 1993, S. 38).

Der Prozess der fortlaufenden Absprachen, um all dies arrangieren zu können, erfordert flexible Unterstützung mit vielfältigen Interaktionsmechanismen und –modi. Interaktionsmechanismen reduzieren die Komplexität, beispielsweise durch: formale und halbformale Organisationsstrukturen oder Zeitpläne oder standardisierte Abläufe oder Schemata für die Indexierung und Klassifikation von Dokumenten in Archiven und Bibliotheken. Interaktionsmodi sind subtiler und komplexer – wir nennen an dieser Stelle nur einzelne Beispiele (siehe Simone & Schmidt, 1993, S. 88): aufdringlich versus unaufdringlich (Schreien führt beispielsweise eher zu einer Unterbrechung als Flüstern); eingebettet versus symbolisch (Hinweise können sich in Dokumenten oder symbolisch abstrakt außerhalb befinden); flüchtig versus persistent (mündliche Vereinbarungen sind flüchtig, während Vereinbarungen via E-Mail gespeichert werden können); und ad-hoc versus festgelegt (spontane Kommunikation im Gegensatz zu regelmäßigen Treffen).

Zweigleisige Kommunikation
Die die Arbeit begleitende Kommunikation sollte in zweierlei Hinsicht zweigleisig sein. Zum einen sollte sie einen inhaltlichen Arbeitsstrang genauso unterstützen wie einen Kommunikationsstrang (z.B. Benutzerinnen und Benutzer eines Gruppeneditors sollten sowohl gemeinsam ein Dokument editieren können, als sich auch über einen zweiten Kanal unterhalten können – manche frühe Gruppeneditoren haben z.T. den Kommunikationskanal nicht bedacht). Zum anderen sollte die die Arbeit begleitende Kommunikation gleichzeitig Mehrdeutigkeit und Klarheit zulassen (Robinson, 1991b). Es sollten dabei die subjektiven Ansichten, Stimmungen, Absichten und Interpretationen genau so kommuniziert werden können wie formale Aspekte der Zusammenarbeit.

Gemeinsame Informationshaltung
Die gemeinsame Informationshaltung ist ein Kernaspekt vieler kooperativer Unterfangen. Die Benutzerinnen und Benutzer sollen Informationen und Dokumente abfragen können, welche andere Benutzerinnen und Benutzer abgelegt haben. Über traditionelle Nebenläufigkeits- und Zugriffskontrolle und Transaktionsmechanismen soll auch der Kontext der Erstellung der gemeinsamen Informationen und Dokumente abgebildet und geteilt werden können. Dazu gehören auch Informationen über die Erzeugerin oder den Erzeuger eines Dokumentes, über den Verlauf der Entstehung des Dokumentes, usw. (Robinson, 1991a).

Situatives Handeln
All die genannten Aktivitäten sollen situativ erfolgen können – dies bedeutet, dass es den Benutzerinnen und Benutzern ermöglicht wird, zielorientiert und damit flexibel agieren und auf Veränderungen reagieren zu können. Wann immer es mehrere Wege zur Zielerreichung gibt, soll es den Benutzern überlassen werden, welchen Weg sie einschlagen möchten.

Suchman (1987) hält fest, dass Pläne und die Verfolgung von Plänen wichtig sind, dass aber darüber hinaus entsprechende Flexibilität geboten werden sollte.

2.4 Awareness bei CSCW

Unter Awareness versteht man die gegenseitige Information für Akteure über einander. Sie ist ein zentraler Bestandteil für erfolgreiche und effiziente soziale Interaktion.

Awareness dient zur Reduktion von Unsicherheit und zur spontanen Koordination. Unsicherheit tritt dabei häufig auf bei kooperativem Arbeiten mit gegenseitigen Abhängigkeiten. Die Beteiligten können sich Fragen stellen wie beispielsweise, ob die Kooperationspartner rechtzeitig mit deren Teilen der Arbeit fertig werden, ob tatsächlich die geplanten Ergebnisse erzielt werden können, ob sie verfügbar sind für Rückfragen, usw.

Durch die bei räumlich entfernter Zusammenarbeit häufig fehlenden impliziten Möglichkeiten, diese Unsicherheiten zu klären, wird die effektive und effiziente Koordination der Aktivitäten über Distanz zur Herausforderung (DeSanctis et al., 1999). Daher ist es insbesondere bei verteilten Teams notwendig, dass die Team-Mitglieder explizit über die Aktivitäten der anderen informiert werden.

Der aus dem Englischen stammende Begriff, welcher häufig auch in der deutschsprachigen Literatur nicht übersetzt wird, bedeutet laut Oxford Dictionary (Fowler et al., 1995) *„to be aware–conscious, not ignorant, having knowledge or being well informed"*, also über eine Sache informiert sein und Wissen haben. In der CSCW-Literatur wird der Begriff Awareness unterschiedlich definiert. Dourish und Bellotti (1992, S. 107) haben die folgende Definition von Awareness vorgeschlagen: *„an understanding of the activities of others, which provides a context for your own activity"* und streichen die Wichtigkeit von Awareness heraus, wenn sie schreiben: *„awareness information is always required to coordinate group activities, whatever the task domain"*. Gutwin und Greenberg (1995, S. 88f) betonen die Notwendigkeit von Aktualisierungen und schreiben: *„up-to-the-minute knowledge of other people's activities that is required for an individual to coordinate and complete their part of a group task"*.

Gutwin et al. (1996) unterscheiden vier grundlegende Arten von Awareness-Informationen, welche prinzipiell benötigt werden können:

- *Informelle Awareness*: Informationen über die Präsenz, Aktionen und Absichten anderer Benutzerinnen und Benutzer sowie die Erreichbarkeit anderer Personen im realen und im elektronischen Raum
- *Soziale Awareness*: Informationen über die Interessen, Aufmerksamkeit und den emotionalen Zustand anderer Benutzerinnen und Benutzer, welche in persönlichen Gesprächen typischerweise über Augenkontakte, Gesichtsausdruck und Körpersprache wahrgenommen werden.
- *Awareness über die Gruppenstruktur*: Informationen über die Gruppe sowie ihre Mitglieder und deren Rollen, Verantwortlichkeiten, Stati und Positionen.

- *Awareness über den Arbeitsbereich* (*workspace awareness*): Informationen über die Interaktion der anderen Benutzerinnen und Benutzer mit dem gemeinsamen Arbeitsbereich und den enthaltenen Artefakten wie beispielsweise über die Anwesenheit und Identität von anderen im gemeinsamen Arbeitsbereich, deren Aktionen, deren Absichten, usw.

2.4.1   Awareness über den Arbeitsbereich

Im Zentrum von CSCW steht die Zusammenarbeit von – in vielen Fällen örtlich verteilten – Akteuren. Eine wesentliche Herausforderung für effektives und effizientes Zusammenarbeiten ist es dabei Awareness über den gemeinsamen Arbeitsbereich zu haben.

Gutwin und Greenberg (1996) zählen die folgenden Elemente von Awareness über den gemeinsamen Arbeitsbereich auf:

- *Präsenz* (Informationen über die Teilnehmerinnen und Teilnehmer)
- *Ort* (Informationen über die Stellen, an denen gearbeitet wird)
- *Aktivitätsniveau* (Informationen über die Intensität der Bearbeitung)
- *Aktionen* (Informationen über aktuelle Handlungen)
- *Absichten* (Informationen über künftige Handlungen und Aufenthaltsorte)
- *Veränderungen* (Informationen über Modifikationen)
- *Objekte* (Informationen über modifizierte Artefakte)
- *Reichweiten* (Informationen über die Sichtbarkeitsbereiche der anderen Benutzerinnen und Benutzer)
- *Möglichkeiten* (Informationen über potentielle Aktionen anderer)
- *Einflussbereich* (Informationen über den Wirkungsbereich anderer) sowie
- *Erwartungen* (Informationen über Ideen und künftige Aktionen anderer).

Bei räumlich verteilter Zusammenarbeit kann den Empfängern der Awareness-Informationen der Kontext der Entstehung der Informationen fehlen. Siehe hierzu auch die Ausführungen zur Bedeutung von gemeinsamem Kontext bei Kommunikation (Abschnitt 2.3.1, Misch, 2001). Dix (1997, S. 149) schreibt dazu, dass *„how it happened is rooted in the occurrence of actions in time, implicitly noted and understood while they happen, but so hard to reconstruct afterwards"*. Eine teilweise Lösung dieses Problems ist die Verfügbarmachung der gesamten Historie der Awareness-Information oder die Bereitstellung zusätzlicher Information zum Kontext, in dem einzelne Ereignisse angefallen sind (Koch, 1997).

2.4.2   Anforderungen an Awareness

Wir werden im Kapitel 5 verschiedene Lösungsansätze und Systeme mit Awareness-Unterstützung vorstellen. Weil es sich bei der Bereitstellung von Awareness um ein zentrales Konzept für Groupware handelt, gehen wir an dieser Stelle allerdings schon einmal auf verschiedene grundlegende Anforderungen an Awareness-Unterstützung ein.

Die Art der von den Benutzerinnen und Benutzern benötigten Awareness-Unterstützung hängt von verschiedenen Faktoren ab. Wir werden nachfolgend zunächst Einflussfaktoren herausarbeiten und dann darauf eingehen, worauf diese Faktoren Einfluss nehmen können.

Die Faktoren, die den Bedarf an Awareness-Informationen beeinflussen können sind die folgenden:

Synchronizität des Gruppenprozesses: Grundsätzlich wird bei asynchroner sozialer Interaktion zwischen Benutzerinnen und Benutzern andere Information benötigt als bei synchroner Interaktion. In asynchronen Situationen ist es wichtig, dass Informationen aufgezeichnet werden und später abrufbar sind. In synchronen Situationen ist Information zur Echtzeit wichtig.

Aufmerksamkeit und Planung: Gaver et al. (1992) unterscheiden zwei Dimensionen der sozialen Interaktion, welche großen Einfluss auf die benötigten Informationen haben – nämlich die Aufmerksamkeit, welche der Interaktion beigemessen wird, und die Intensität der Planung der Interaktion. Entsprechend können vier Konstellationen unterschieden werden: bei niedriger Aufmerksamkeit und niedriger Planungsintensität wird allgemeine Awareness-Information über andere Personen und deren Aktivitäten im gemeinsamen Arbeitsbereich benötigt; bei niedriger Aufmerksamkeit, aber hoher Planungsintensität wird typischerweise arbeitsteilig und strukturiert gearbeitet und Informationen über den Kontext der eigenen Arbeit sowie über die Rollen und Verantwortlichkeiten der anderen benötigt; bei hoher Aufmerksamkeit, aber geringer Planungsintensität handelt es sich oft um zufällige, aber intensive Interaktionen der Beteiligten und es wird entsprechend soziale Awareness-Information benötigt; und schließlich bei hoher Aufmerksamkeit, aber geringer Planungsintensität interagieren die Beteiligten sehr intensiv und strukturiert und bedürfen detaillierter Informationen über soziale Aspekte wie die Gruppenstruktur.

Ähnlichkeit von Sicht und Aufgabe: Gutwin und Greenberg (1995) betonen, dass die Sicht und die Aufgabe im gemeinsamen Arbeitsbereich wesentlichen Einfluss auf den Informationsbedarf haben: bei gleicher Sicht und Aufgabe wird soziale Awareness-Information über andere benötigt; bei gleicher Sicht, aber unterschiedlichen Aufgaben (z.B. wenn zwei Benutzer das gleiche Dokument, aber aus verschiedenen Gründen lesen) kann allgemeine Information über die andere Person und ihre Aufgabe von Interesse sein; bei verschiedener Sicht und gleicher Aufgabe (z.B. wenn mehrere Beteiligte am selben Buch arbeiten, aber an sehr unterschiedlichen Stellen) wird Information über die Aktionen der anderen benötigt, über mögliche Auswirkungen auf die eigene Arbeit usw.; und schließlich bei verschiedenen Sichten und verschiedenen Aufgaben genügt informelle Awareness über die Anwesenheit und Aktivitäten der anderen.

Neben den spezifischen Anforderungen an Awareness-Unterstützung in Form von Parametern und deren Einfluss, gibt es noch allgemeine Anforderungen an Awareness:

- *Kontext*: Die Präsentation der Awareness-Information sollte immer an die aktuelle Situation und die aktuellen Informationsbedürfnisse der Benutzer angepasst werden. Insbesondere der Inhalt und die zeitliche Abfolge sollten angepasst werden. Des Weiteren sollte es das System den Benutzern ermöglichen, dass die ihre persönlichen Präferenzen bezüglich der Benachrichtigung spezifizieren können (Gross & Prinz, 2004).

- *Privatsphäre*: Systeme, welche Awareness unterstützen, erfassen typischerweise große Mengen an detaillierter Information über die Benutzer. Um die Privatsphäre der Benutzer zu schützen, sollten daher einige Bedingungen eingehalten werden. Erstens sollte es den Benutzern freigestellt werden, ob und welche Informationen in welcher Granularität über sie erfasst werden. Dies bedingt, dass alle Beteiligten darüber informiert werden, welche Informationen über sie erfasst werden, und dass sie zustimmen. Zweitens sollte durch Reziprozität gewährleistet werden, dass Benutzer gegenseitig über einander informiert werden und nicht einseitig belauscht werden können (Hudson & Smith, 1996).
- *Aufwand/Nutzen*: Der Nutzen durch die Awareness-Information sollte größer sein als der Aufwand für ihre Erfassung und Wahrnehmung. Dies sollte für beide Seiten gelten: für den Sender bzw. die Person, über die Informationen erfasst wird (hier sollte der Aufwand für die Erfassung bzw. Spezifikation nicht zu hoch werden), und auch für den Empfänger, also die Person, die die Informationen bekommt (hier sollte die Ablenkung durch nicht benötigte Informationen so gering wie möglich gehalten werden).

2.5 Zusammenfassung

In diesem Kapitel haben wir verschiedene Grundlagen aus dem Bereich der Sozialwissenschaften zusammengestellt, welche für die Gestaltung und Implementierung von Groupware-Systemen relevant sein können. Insbesondere wurden die verschiedenen sozialen Entitäten betrachtet, die das Ziel von CSCW-Aktivitäten sein können, sowie die soziale Interaktion, die zwischen den Mitgliedern dieser Entitäten stattfindet. Bei der Betrachtung der sozialen Interaktion haben wir uns dabei speziell auf die Kommunikation und die Vermittlung von Awareness konzentriert, da diese den Kern aller Kooperation in Gruppen darstellen.

Zusammengefasst sind die wichtigsten Aussagen aus der Diskussion im vorangegangenen Kapitel:

- CSCW-Systeme sind soziotechnische Systeme, d.h. sie bestehen aus einer technischen Komponente und einer sozialen Komponente.
- Für die Diskussion in CSCW relevante Typen sozialer Systeme sind Teams, Communities, Netzwerke und Organisationen.
- Bei der sozialen Interaktion in den sozialen Systemen sind Kommunikation, Koordination, Kooperation und Koexistenz zu betrachten und zu unterscheiden.
- Erfolgreiche Kommunikation ist von einem gemeinsamen Kontext der Kommunikationspartner abhängig – welcher durch Vermittlung von Awareness vergrößert werden kann (Koexistenz).
- Koexistenz oder die Vermittlung von Awareness über Kollegen nimmt deshalb eine zentrale Position bei den Unterstützungskonzepten in Groupware ein.

Im Zusammenhang mit der Betrachtung von CSCW-Systemen als soziotechnische Systeme ist hinsichtlich der technischen Umsetzung von CSCW-Lösungen zu unterscheiden zwischen kompletten Lösungen für eine bestimmte Gruppe mit sozialen und technischen Elementen (soziotechnisches System) und einem Stück Software oder Hardware, das zur Gestaltung solcher soziotechnischer Systeme eingesetzt werden kann (Groupware). Es ist noch mal zu betonen, dass die eigentliche Aufgabe von CSCW die Gestaltung von soziotechnischen Systemen ist, dass es dafür aber sinnvoll sein kann, in verschiedenen Kontexten einsetzbare Groupware zu entwickeln.

Diese Einführung in die sozialwissenschaftlichen Grundlagen zu CSCW ist aufgrund der beschränkten Seitenanzahl selektiv und kann natürlich nicht die Lektüre sozialwissenschaftlicher Literatur ersetzen. Allerdings hoffen wir, dass wir zumindest einen kleinen Einblick vermitteln konnten, dass es bei CSCW nicht nur um technische Systeme zum Nachrichtenaustausch geht, und für den Einfluss des sozialen Kontextes auf die Entwicklung technischer Systeme sensibilisiert haben.

3 Gestaltung von Groupware

In frühen Groupware-Entwicklungsprojekten war man am Ende oft überrascht, dass die entwickelten (technischen) Groupware-Systeme nicht nach Plan funktionierten. Wir haben bereits darauf hingewiesen, dass Groupware-Systeme eigentlich komplexe soziotechnische Systeme sind – d.h. die soziale Entität, die es verwendet, spielt eine zentrale Rolle für den Erfolg eines Systems. In diesem Zusammenhang ergeben sich daher einige Erklärungsmöglichkeiten für die bisherigen Misserfolge und damit Herausforderungen für die Entwicklung von CSCW-Systemen. Erstens, sind Anforderungen oft nur schwer zu erfassen, beispielsweise weil die Einführung des Systems (geplante, oder auch ungeplante) Änderungen der sozialen Systeme mit sich bringt. Zweitens, ist es oftmals schwer, die volle Zustimmung der Benutzerinnen und Benutzer zu erlangen. Ein Schlüssel zum Erfolg kann hier die frühe Benutzerbeteiligung bei der Planung und Gestaltung von CSCW-Systemen sein.

3.1 Softwaretechnik

Nachdem ein entscheidender Teil der technischen Komponente eines Groupware-Systems aus Software besteht, lohnt es sich kurz auf die Praxis der Softwareentwicklung einzugehen.

Der Bereich Softwaretechnik bzw. Software Engineering beschäftigt sich mit der Planung, Entwicklung und Einführung von Software-Systemen. Dazu werden Konzepte entwickelt, die eine effiziente Produktion von Software ermöglichen – um die Entwicklung von Software auf eine industrielle Ebene zu heben (Sommerville, 2001; Brügge & Dutoit, 2000).

Ein besonders wichtiger Aspekt dieser Arbeit ist die Definition von Modellen, wie bei der Softwareentwicklung vorgegangen werden soll (so genannten Vorgehensmodellen). Ein gut bekanntes Beispiel ist das Wasserfallmodell (siehe z.B. Boehm, 1976; Agresti, 1986), das mit verschiedenen anderen sequentiellen Vorgehensmodellen wie dem deutschen V-Modell (Boehm, 1979) zum Standard für Softwareentwicklung geworden ist.

Das Modell baut auf einer feinen Arbeitsteilung in verschiedene Phasen auf. Am Anfang der Vorgehenssequenz steht die Anforderungsanalyse, es folgen der Entwurf der Anwendung, die Implementierung der Anwendung, das Testen der Lösung und die Einführung der Lösung. Für jede Phase werden klare Resultate (z.B. in Form von Dokumenten) definiert, die erreichen sollen, dass die Unsicherheit und das Risiko bei der Softwareentwicklung minimiert wird. Es ist beispielsweise eine wichtige Voraussetzung (des sequentiellen Vorgehens), dass die Anforderungen klar und vollständig erfasst worden sind, bevor man zum nächsten

Schritt, dem Entwurf der Anwendung, weitergeht. Die Phasen werden sequentiell durchlaufen, bieten aber die Möglichkeit zur vorhergehenden Phase zurückzuwechseln wenn klar wird, dass die dort erarbeiteten Ergebnisse fehlerhaft sind.

Während das sequentielle Vorgehensmodell sich in einigen Bereichen bewährt hat, stieß der Einsatz in anderen Bereichen auf große Probleme. Das betrifft insbesondere die Entwicklung von Software für Anwendungsszenarien, in denen eine starke Abhängigkeit zwischen der Software und der Einsatzumgebung besteht (Lehman & Belady, 1985). Dies trifft aber im besonderen Maße für die Entwicklung von Groupware zu. Hier besteht, wie im vorherigen Kapitel ausgeführt, eine starke Abhängigkeit zwischen dem technischen System (der Software) und dem sozialen System der Nutzer.

3.2   Entwicklungsprozesse für CSCW-Systeme

Die Entwicklung von Software erfordert im Allgemeinen ein grundlegendes Verständnis des Anwendungsgebiets und der Aufgaben, die das System unterstützen soll (Winograd & Flores, 1986). Diese Anforderung stellt Groupware-Entwickler meist vor Probleme. Groupware-Systeme sind in der Regel komplexer als herkömmliche Informationssysteme und die Anforderungen können sich durch die Einführung des Systems ändern. Weiterhin sind Benutzermotivation und -beteiligung essentiell, um die notwendige kritische Masse an Benutzern zu erreichen.

Zur Entwicklung von Software, die adäquate Unterstützung für Gruppen bietet, ist es notwendig, sich diesen Herausforderungen der Anforderungsanalyse und Nutzermotivation zu stellen. Grundidee zur Lösung ist, dies in einem Prozess zu tun, welcher sowohl *Benutzerbeteiligung* als auch ein *evolutionäres Vorgehen* umfasst. Die Beteiligung der Mitglieder der Arbeitsgruppe bietet die Möglichkeit, mitzuarbeiten und ihre Gruppenerfahrungen einzubringen und sie dadurch im Voraus schon für die Nutzung der Lösung zu motivieren. Die evolutionäre Software-Entwicklung ist wichtig, weil es kaum möglich ist, gleich beim ersten Versuch alle Anforderungen erfassen zu können – sowohl wegen der Komplexität als auch wegen des Umstandes, dass sich die Anforderungen durch die Einführung ändern können.

3.3   Benutzerorientierte Gestaltung

Aufgrund der bereits beschriebenen Komplexität und besonderen Herausforderungen bei der Entwicklung von Groupware-Systemen, sind traditionelle Modelle (wie beispielsweise das Wasserfallmodell) kaum geeignet. Viel mehr macht es hier Sinn, sich mit der benutzerorientierten Gestaltung von Software auseinander zu setzen, wie sie beispielsweise im Bereich der Mensch-Maschine-Kommunikation vorherrscht. Hier gibt es inzwischen den ISO-Standard

13407, welcher Empfehlungen für den Prozess der benutzerorientierten Gestaltung von Software gibt und die folgenden vier Phasen vorschlägt (siehe Abbildung 3.1):

- den Benutzungskontext verstehen und spezifizieren: Analyse der Benutzer, der Benutzungsumgebung, der zu unterstützenden Aufgaben;
- benutzerbezogene und organisatorische Anforderungen spezifizieren: Festlegung der Erfolgskriterien für die Bedienbarkeit des Systems (z.B. Zeitbedarf für die Erfüllung einer Aufgabe), Gestaltungsrichtlinien und Rahmenbedingungen
- Gestaltungslösungen produzieren: Entwicklung von Lösungen, welche die graphische Gestaltung, die Interaktionsgestaltung und die Bedienbarkeit berücksichtigen
- Entwürfe bewerten: Analyse des Ausmaßes der Zielerreichung

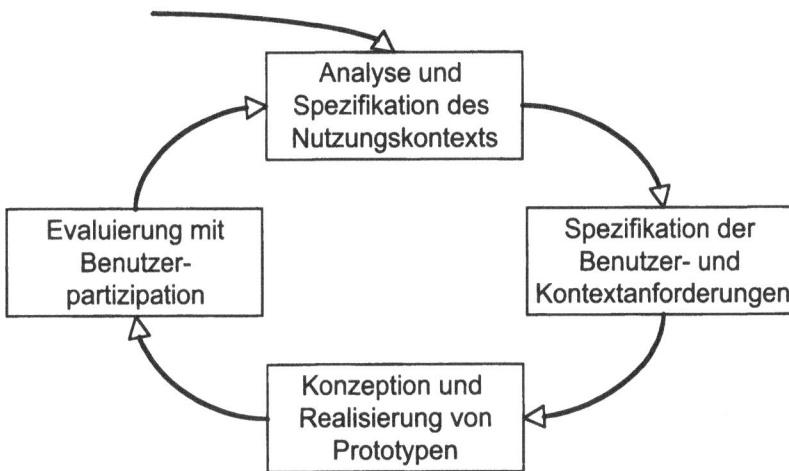

Abb. 3.1   *Benutzerorientierter Gestaltungsprozess. Nach: (Jokela, 2002, S. 25).*

Jokela (2002) hat eine interessante und wertvolle Detaillierung und Erweiterung dieses Modells vorgeschlagen (siehe Abbildung 3.2).

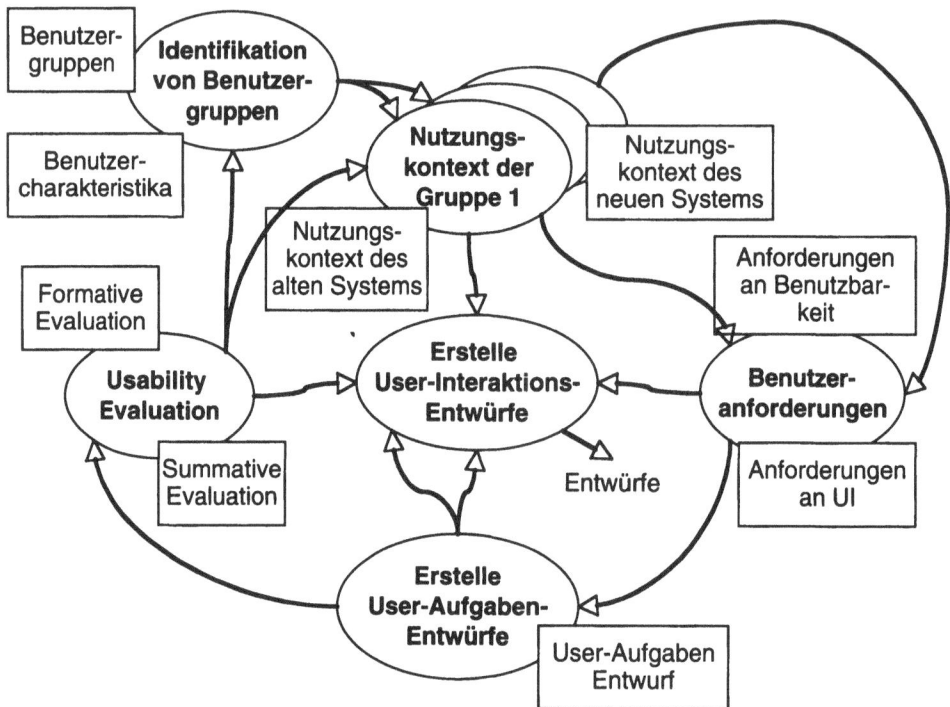

Abb. 3.2   *Erweiterter Benutzerorientierter Gestaltungsprozess. Nach: (Jokela,(2002, S. 28).*

Dieses erweiterte Modell bietet eine klarere Trennung des engeren Usability Engineering-vom Interaktionsgestaltungsprozess, indem es v.a. die Möglichkeit betont, mehrere Benut-zergruppen und -kontexte abzudecken.

Die Kernschritte sind dabei die Erfassung und Erarbeitung der Anforderungen; die Gestal-tung der Aufgaben und der Interaktion sowie die Evaluierung. Wir werden diese drei Kern-schritte in den nachfolgenden Abschnitten näher erläutern.

3.4   Anforderungsanalyse

Vereinfacht könnte man sagen, dass es um die Frage geht: „Was wollen wir denn eigentlich entwickeln?". Brooks (1987, S. 16) drückt das so aus:

> *„The hardest single part of building a software system is deciding what to build ... No other part of the work so cripples the resulting system if done wrong. No other part is more difficult to rectify later."*

Die Vorgehensmodelle der Softwaretechnik beinhalten auch einen Bereich der Anforderungsanalyse (*Requirements Engineering*). Hier nennen Sommerville und Sawyer (1997) drei wichtig Punkte:

- Bei der Gestaltung eines neuen Systems sollen die Entwickler den Status Quo verbessern.
- Die Personengruppen, welche das System in Auftrag geben und die Personengruppen, welche das System dann tatsächlich nutzen werden, sind selten dieselben, daher sollen die unterschiedlichen Bedürfnisse berücksichtigt werden.
- Zwischen allen beteiligten Personengruppen sollen Kompromisse und eine gemeinsame Verständigung bezüglich der Anforderungen an das Resultat gefunden werden.

Aus diesen Aussagen von Sommerville und Sawyer kann man auch ableiten, dass die Analyse der Gestaltungsmöglichkeiten aus dem aktiven Formulieren von Lösungen besteht, welche die Anforderungen einer Anzahl von Personengruppen erfüllen.

Während im traditionellen Software Engineering die Anforderungen für die Systeme primär aus Benutzungsszenarien abgeleitet werden, konzentriert sich der oben präsentierte benutzerorientierte Gestaltungsprozess für interaktive Systeme auf ein Verständnis des Benutzungskontextes und die entsprechende Spezifikation von Anforderungen für Benutzer und die Organisation. Dies ist für die adäquate Gestaltung soziotechnischer Systeme sehr wichtig.

Dabei ist eine Herausforderung, dass die konkrete Situation genau verstanden werden muss – in der Vergangenheit herrschte oft nur ein abstraktes Verständnis vor. Neue Methoden für die Analyse wurden nötig, solche, die sensitiv für menschliche Situationen und Bedürfnisse waren und trotzdem den formellen Anforderungen genügten (Crabtree, 2003).

Die genauen Abläufe bei der Zusammenarbeit in Teams sind oft nur schwer zu erfassen – insbesondere, weil sie von außen manchmal schwer erkannt werden können und die einzelnen Beteiligten häufig nicht alle Details kennen. Die Einführung von Analysewerkzeugen kann zu einer Verzerrung der Resultate führen, welche oft nicht vorhergesagt werden kann (Ciborra, 1997; Orlikowski, 1997; Rogers, 1994; Suchman, 1995).

Es gibt verschiedene Möglichkeiten an Informationen zu gelangen; Beispiele sind:

- Dokumentenanalyse
- Befragungen
- Beobachtungen

Alle Methoden haben Stärken, Schwächen und Herausforderungen; beispielsweise ist eine Herausforderung bei Befragungen die Auswahl der zu befragenden Personen:

- Führungskräfte und Entscheidungsträger
- Operateure
- Benutzer

Prinzipiell sollten immer auch die tatsächlichen Benutzerinnen und Benutzer befragt werden. Dabei ist es nicht ausreichend, einfach Fragen zu stellen, weil die korrekte und hilfreiche Beantwortung immer auch Reflexion und Zeit bei den Betroffenen erfordert. Deshalb sind spezielle Verfahren, beispielsweise für die videobasierte Beobachtung, und Analysemethoden entwickelt worden, um post-hoc Reflexionen der Benutzer zu erhalten (z.B. Jordan & Henderson, 1995).

3.4.1   Ethnographie

Die Ethnographie ist ein breiter allgemeiner Zugang zur Erfassung von sozialen Situationen, welcher aus der Anthropologie aus den Jahren um 1920 stammt (Malinowski, 1922). Sie basiert auf der Erkenntnis, dass Arbeitsumgebungen spezielle Kulturen sind.

Die Ethnographie erforscht die Struktur und die Funktionen von sozialen Systemen und versucht diese zu beschreiben. Sie sammelt Daten aus verschiedenen Quellen wie beispielsweise Befragungen und Beobachtungen und verwendet diese Daten dann zur Studie, Beschreibung und Analyse von menschlichem Verhalten in Alltagssituationen. Andere Daten sind allgemeine Beschreibungen des Verhaltens, Beschreibungen der räumlichen Gegebenheiten, Beschreibungen von Gesprächen und Gedanken und Gefühlen, Arbeitsabläufe, Anekdoten, usw. Dabei können ethnographische Methoden durch die Studien von Leuten an ihrem Arbeitsplatz oft tacite und verborgene Arbeitspraktiken ans Tageslicht befördern. Wie Bannon (1996, S. 14) schreibt:

„The ethnographic method, through participant observation, pays attention to how actors construct their understandings with others through a set of shared practices."

Als Resultat für CSCW erhofft man sich bessere Kenntnis der zu unterstützenden Prozesse.

3.4.2   Methoden für die Dateninterpretation

Ethnographische Ansätze sind weit verbreitet für die Sammlung von Daten. Für die Interpretation dieser qualitativen Daten gibt es die *Grounded Theory*, die *Ethnomethologie* und die *Activity Theory*. Diese bringen unterschiedliche Perspektiven auf das Phänomen und daher auch unterschiedliche Einsichten (Fitzpatrick, 2003).

Grounded Theory
Die Grounded Theory arbeitet mittels Induktionsschlüssen über die Daten und hilft beim Erkennen, Beschriften, Kategorisieren und Kombinieren von wiederkehrenden Phänomenen, um konzeptionell dichte Theorien zu entwickeln. Die entwickelten Theorien sind dann per Definition immer emergent, weil sie durch das Erschließen neuer Daten immer weiter entwickelt werden können. Ein Beispiel für die Anwendung der Grounded Theorie im Bereich des CSCW ist Grinters Analyse von Konfigurationsmanagementsystemen (Grinter, 1996).

Ethnomethodologie
Die ethnomethodologische Ethnographie (Garfinkel, 1967) ist der am weitesten verbreitete Ansatz aus den Sozialwissenschaften zur Analyse von Arbeit im Bereich des CSCW. Insbe-

sondere Suchman (1987) hat in ihrer Studie zur Verwendung von Kopiermaschinen Konversationsanalyse und Ethnomethologie sehr prominent gemacht.

Ethnomethodologie ist die Untersuchung des veränderlichen Wesens von Arbeit als praktisches Zielerreichen in der Alltagswelt. Die Resultate solcher Studien sind in der Regel reichhaltige beschreibende Texte. Jeder Versuch der Abstraktion oder Theoriebildung oder gar Vorschlag zur Verbesserung der Arbeit wird von reinen Ethnomethodologen vermieden, weil sie die Sicht ablehnen, dass soziale Ordnung etwas von außen gegebenes sei, in dem Menschen agieren (Shapiro, 1994).

Activity Theory
Ein anderer theoretischer Ansatz, der von Wissenschaftlern im Bereich des CSCW zur Analyse von Arbeitssituationen verwendet wird, ist die Activity Theory. Sie basiert auf der kultur-historischen Tradition, welche von Russischen Psychologen in den 1920er Jahren (Vygotsky, 1978) begründet wurde und seither immer weiterentwickelt und verfeinert wird (z.B. Engeström, 1991; Kuutti, 1991).

Die verschiedenen Arten von Activity Theory, die es mittlerweile gibt, verbindet eine gemeinsame Theorie: die Activity Theory berücksichtigt sowohl das Individuum als auch den breiteren sozialen, kulturellen, historischen und materiellen Kontext, in welchem Aktivitäten stattfinden. Abbildung 3.3 zeigt die prinzipielle Struktur dieses Aktivitätensystems.

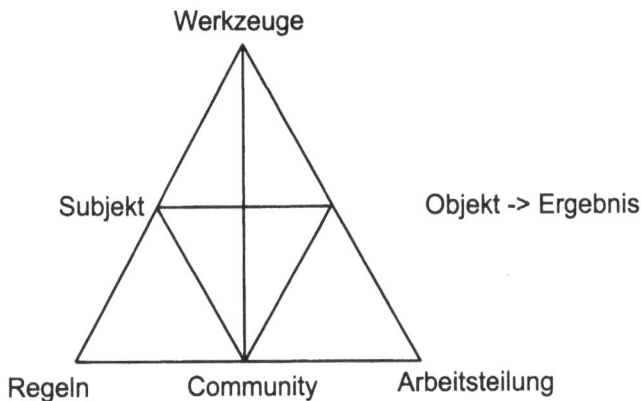

Abb. 3.3   *Die Mediationsstruktur eines Aktivitätensystems. Nach: (Hasu & Engeström, 2000, S. 64).*

Die primäre Analyseeinheit ist das sozial verteilte Aktivitätensystem (Engeström, 1991) als der bedeutungsvolle Kontext individueller Aktivitäten. Ein Aktivitätensystem besteht aus Objekten, Personen, Aktionen und Operationen:

* Ein Objekt ist die Umgebung, welche transformiert werden soll
* Eine Person ist ein Individuum oder ein Kollektiv, welches an der Aktivität teilnimmt

- Eine Gemeinschaft wird definiert als diejenigen, welche ein gemeinsames Aktivitätenobjekt teilen
- Aktivitäten bestehen aus persönlichen, bewussten und zielorientierten Handlungen, welche durch ein Ziel in Relation zum Objekt stehen.
- Handlungen setzen sich aus Operationen zusammen, welche mit der Zeit zur Routine werden können

Mediation ist ein grundlegendes Prinzip der Activity Theory. Die vielfältigen Verbindungen zwischen Personen, Objekten und Gemeinschaften innerhalb einer Aktivität werden immer durch kulturell konstruierte Artefakte mediiert. Beispielsweise wird die Beziehung zwischen Personen und Objekten durch Werkzeuge mediiert, Beziehungen zwischen Objekten und Gemeinschaften werden durch Arbeitsteilung mediiert und Beziehungen zwischen Gemeinschaften und Personen durch Regeln.

3.4.3   Aktionsforschung

Aktionsforschung ist eine Methode aus dem Bereich der Sozialwissenschaften, welche darauf abzielt, Gruppen und Gruppenverhalten besser verstehen zu können (siehe Argyris, 1982; McGrath, 1984).

Die Prämisse von Aktionsforschung ist, dass Organisationen lernen können, indem sie reflektieren was passiert (Argyris, 1982, S. 469):

> *„The ultimate purpose of action science is to produce valid generalizations about how individuals and social systems, whether groups, intergroups, or organisations can (through their social agents) design and implement their intentions in everyday life. The generalisation should lead the users to understand reality and to construct and take action within it. "*

Die Aktionsforschung ähnelt ethnographischen Methoden nur insofern, als dass sie auch auf die Beobachtung und qualitative Beschreibung aufbaut. Bei der Auswertung der empirischen Daten gibt es allerdings große Unterschiede. Während Ethnographen es bevorzugen, eine neutrale Position ohne Bewertung des Beobachteten einzunehmen, haben Aktionsforscher das Ziel, Änderungen in Form von Verbesserung des Gruppenverhaltens und der Leistung zu bewirken.

Historisch gesehen haben Aktivitätenforscher Technologie allgemein eher abgelehnt und persönliche und direkte Interventionen für organisatorische Änderungen bevorzugt. Nichtsdestotrotz gibt es a priori keine Gründe, warum Aktivitätsforschung und ihre Methoden nicht für die Gestaltung von Technologie verwendet werden können. So ist es in der Tat bei Personen, welche Groupware anpassen oder entwickeln, auch verbreitet, die Arbeit mittels der Aktivitätenforschung zu beschreiben.

3.4.4 Die Verallgemeinerung von Arbeitsplatzstudien

Während die Ethnographie eine wichtige Erweiterung für die Erfassung von Anforderungen im Bereich des CSCW darstellt, wird sie innerhalb der Soziologie und Anthropologie nur wenig beachtet. Sie bringt mit sich, dass die Forscher über eine lange Zeit in eine soziale Umgebung eintauchen. Allerdings wird auch im Bereich des CSCW manchmal die Relevanz von Arbeitsplatzstudien für die CSCW-Forschung hinterfragt (Bardram, 1996):

„From the very beginning, workplace studies have played a prominent role in the research field of CSCW. They are used to understand and shed light on work and interaction happening in a workplace ... and as such [have provided] an important insight into the subtleties of ... socially constructed work practices. Within CSCW the value of these insights into the social nature of work activities, gained through such workplace studies, is unquestionable. However, there has been an ongoing dispute in the field ... [as] to the exact value of these often very detailed and specific investigations of the workplace. Questions like: how effective is the field study approach for informing [the] design of CSCW systems? How can typical ethnographic field studies, which take months or years, be done within the fast pace of systems development? What should they be used for within the design process? Are they economical or even practically desirable in a complex design process? Is it possible to generalize such detailed and narrow studies into applicable design recommendations?"

Leider gab es in der Vergangenheit in vielen Fällen wenige Verbindungen zwischen denen, die Arbeitsplatzstudien durchführen, und denen, die Groupware-Systeme entwickeln. Einerseits blieben die Ethnographen oft unter sich und legten wenig Wert darauf, dass ihre empirische Resultate in Gestaltungsempfehlungen übersetzt werden. Andererseits haben die Entwickler von Systemen oft nicht gründlich genug die Entdeckungen studiert, um die Implikationen für die Gestaltung der konkreten Anwendung ableiten zu können.

Die Kluft zwischen empirischen Resultaten und deren Anwendung ist zum Teil aber auch auf die Schwierigkeit der Übersetzung und Verallgemeinerung der Spezifika der untersuchten Arbeitsumgebungen zurückzuführen. Plowman et al. (1995) heben hervor, dass der Mangel an Transfer von den ethnographischen Studien zur Anwendungsgestaltung auch daran liegt, dass es sich um disjunkte Personengruppen handelt. Es bedarf daher einer Übersetzung zwischen den beiden Wissenschaftsgemeinden. Manche solche Übersetzer (z.B. Rogers und Bellotti 1997) haben verschiedene Techniken wie beispielsweise Frageleitfäden und Videoaufzeichnungen entwickelt.

Dabei haben die Ergebnisse ethnographischer Studien viel Potenzial für den Entwurf konkreter Systeme (Blythin et al. 1997). Sie können helfen:

- neue Möglichkeiten für Produkte zu finden,
- die Verwendung bestehender Technologie zu evaluieren sowie
- Anregungen für Gestaltungsspezifikationen liefern.

Viele Beispiele für angewandte Ethnographie können in den Tagungsbänden der Europäischen CSCW-Konferenz gefunden werden.

3.5   Gestaltung von Aufgaben und Interaktion

Im Bereich des CSCW hat sich vor allem die partizipative Gestaltung (*participatory design*) als sehr zweckmäßig erwiesen. Die partizipative Gestaltung ist ein Ansatz zur Systemgestaltung, welcher versucht die Benutzerinnen und Benutzer aktiv am Gestaltungsprozess teilhaben zu lassen, um sicherzustellen, dass das Resultat deren Bedürfnissen entspricht. Dabei ist nach Greenbaum und Kyng (1991) zu beachten, dass die teilnehmenden künftigen Benutzer entsprechend geschult werden und sich dann aktiv einbringen.

3.5.1   Grundlagen partizipativer Gestaltung

Die Idee der partizipativen Gestaltung stammt aus Skandinavien und wurde in den 1970er Jahren entwickelt. Dabei ist der Ausgangspunkt die Beteiligung der Arbeitnehmer am Arbeitsplatz, insbesondere bei der Gestaltung von Arbeit.

In der Forschung zu partizipativer Gestaltung werden die Bedingungen exploriert, unter denen am besten Systeme gestaltet und eingeführt werden können. Dabei haben drei Aspekte den partizipativen Gestaltungsdiskurs dominiert (Kennsing & Blomberg, 1998):

- Die *politische Dimension* der Gestaltung: mehr Beteiligung am Arbeitsplatz
- Die *Art der Beteiligung*: drei grundlegende Anforderungen, welche an die Beteiligung gestellt werden können sind: 1. Zugang zu relevanten Informationen; 2. Möglichkeit eine unabhängige Position einzunehmen; 3. Beteiligung bei Entscheidungsfindung; 4. Verfügbarkeit von angemessenen Beteiligungsentwicklungsmethoden; 5. Platz für alternative, technische oder organisatorische Arrangements (Clement & Van den Besselar, 1993)
- Methoden, Werkzeuge und Techniken um Gestaltungsprojekte durchzuführen

Wegen der verschiedensten Perspektiven, Hintergründe und Bedürfnisse bei partizipativen Gestaltungsprozessen kann es keine eindeutige Definition von partizipativer Gestaltung geben. Allerdings gibt es Kernansichtspunkte, welche von den meisten Akteuren in diesem Bereich geteilt werden:

- Respekt für die Benutzer der Technologie, unabhängig von deren Status am Arbeitsplatz, technischem Vorwissen oder Zugriff auf Ressourcen der Organisation. Jeder Teilnehmer im partizipativen Gestaltungsprojekt sollte als Experte, in dem was er oder sie tut angesehen werden, als eine Person mit dem legitimen Recht, gehört zu werden;
- Anerkennung von Arbeitnehmern als primäre Innovationsquelle und dass Gestaltungsideen oft in Zusammenarbeit mit Teilnehmern aus verschiedenen Gebieten entstehen und dass Technologie nur eine Lösung von mehreren ist;
- Ansicht, dass ein System mehr als eine Ansammlung von Software und Hardware ist. In der partizipativen Gestaltung wird ein System als ein Netzwerk von Personen, Praktiken und Technologie gesehen, welche in einem bestimmten organisatorischen Kontext vorherrschen;

- Verständnis für die Organisation und die relevante Arbeit vor Ort. Um dies zu entwickeln, verbringen partizipative Gestalter daher gerne Zeit mit den Benutzern an deren Arbeitsplatz, und weniger im Labor;
- Angehen von Problemen, welche am Arbeitsplatz entstehen und von oder mit den Betroffenen artikuliert werden, und weniger von Außenseitern;
- Suche nach konkreten Verbesserungen des Arbeitslebens der Teilnehmer wie beispielsweise der Behebung der Eintönigkeit der Arbeitsaufgaben, Gestaltung neuer Möglichkeiten zur Kreativität, Erhöhung des Arbeitnehmereinflusses auf den Arbeitsinhalt sowie dessen Bewertung und Berichterstattung, Hilfe bei der Kommunikation und Organisation von Arbeitnehmern über Hierarchieebenen in der Organisation und mit Gleichgestellten;
- Bewusstsein über die eigene Rolle im partizipativen Gestaltungsprozess.

Eine konsequente Betrachtung von CSCW-Systemen als soziotechnische Systeme zusammen mit der Einbeziehung der Benutzer bei der Gestaltung dieser Systeme soll also sicher stellen, dass die Lösungen auch den beabsichtigten Nutzen für die Anwender haben. Neben der Sicherstellung der korrekten Erhebung der Anforderungen hat die Beteiligung der Benutzer dabei auch noch den zweiten Effekt der Motivation der Nutzer für die eigentliche Nutzung.

3.5.2   Beispiel: POLITeam

Wir haben in Abschnitt 3.3 bereits ein Modell zur benutzerorientierten Entwicklung von (kooperativer) Software vorgestellt. Dabei wurde die Verankerung der partizipativen Gestaltung und das iterative (evolutionäre) Vorgehen bei der Entwicklung betont. Wie Winograd und Flores (1986, S. 171) schreiben:

> „[…] *the development of any computer-based system will have to proceed in a cycle from design to experience and back again. It is impossible to anticipate all of the relevant breakdowns and their domains. They emerge gradually in practice.*"

Im Projekt POLITeam wurden sowohl die partizipative Komponente als auch das iterative Vorgehen sehr erfolgreich umgesetzt (siehe z.B. Sohlenkamp et al., 2000; Kahler, 1996). Das primäre Ziel dieses Projektes war die Entwicklung und Einführung eines Systems zur Unterstützung der Zusammenarbeit zwischen großen, örtlich getrennten Organisationen. Insbesondere sollte die Zusammenarbeit zwischen verschiedenen Abteilungen der deutschen Bundesregierung zwischen der damals neuen Hauptstadt Berlin und der damals alten Hauptstadt Bonn unterstützt werden.

Die Entwicklung in POLITeam basierte auf einem evolutionären Gestaltungsansatz. Ein bestehendes Groupware-Produkt (LinkWorks) wurde als Basissystem verwendet und bei Pilotbenutzern eingeführt. Fortlaufende Evaluierungen von Benutzeranfragen, welche aus deren täglicher Verwendung des Systems stammten, führten zur Implementierung und Installation der nächsten Version des Systems. Dieser Prozess wurde über drei Iterationen fortgeführt.

Insgesamt beinhaltet die Gestaltungsphilosophie eine Ansammlung von Aktivitäten, Methoden und Werkzeugen, welche wie folgt charakterisiert werden können (Sohlenkamp et al., 2000):

- Die Evaluierungskriterien für das System sind: die Verwendung des bestehenden Systems, wie es die Benutzer unterstützt und wie es den Benutzern hilft, die Anforderungen bezüglich der organisatorischen Ziele und des Arbeitslebens zu erfüllen.
- Die Anwendung eines evolutionären Gestaltungszyklus, in welchem es einfacher ist Veränderungen durchzuführen als in einem linearen Gestaltungsansatz.
- Neugestaltung bestehender Funktionalität und erstellen neuer Funktionalität durch die intensive Einbeziehung von Endbenutzern. Die Benutzer werden als Experten durch Methoden wie Workshops, Sitzungen und Gruppendiskussionen während des gesamten Entwicklungsprozesses eingebunden.
- Methoden und Werkzeuge, welche es erlauben den Benutzer als Partner und nicht als Untersuchungsgegenstand zu behandeln. Die Methoden und Werkzeuge müssen daher erkennbar für die Benutzer sein, von diesen abgesegnet werden und ethnischen Überlegungen standhalten (z.B. Datenschutzgesetze, das Recht zur informationellen Selbstbestimmung im deutschen Grundgesetz, Regeln, Etiketten des Arbeitsplatzes, usw.).
- Ausgestaltung des kooperativen Entwicklungsprozesses als gegenseitiger Lernprozess für die Benutzer und die Entwickler, um Erfahrungen mit der Gestaltung und mit Arbeitsabläufen auszutauschen und um den Leuten die Veränderungen bewusster zu machen.
- Integration von Benutzeranwälten in den Gestaltungssitzungen, um bestehende und künftige Benutzeranforderungen zu kombinieren, welche dann teilweise antizipiert werden können.

Basierend auf diesen Prinzipien der partizipativen Systemgestaltung wurde das POLITeam-Projekt organisiert. Zwei Mitglieder des Projektteams hatten wöchentlichen Kontakt zu den Benutzern und haben aktiv als Benutzeranwälte in Sitzungen, bei der Anforderungsdefinition, beim Betatest usw. agiert.

3.5.3   Interaktionsdesign

Der partizipative Ansatz in der Systemgestaltung ist essentiell für die Entwicklung von CSCW-Systemen. Eine Herausforderung dabei bleibt allerdings die Erreichung von (revolutionärer) Innovation bei den Entwicklern (Agostini et al., 1998). Bei der partizipativen Gestaltung werden oft die Benutzerbedürfnisse beschrieben, ohne dabei auf das Potenzial innovativer neuer Praktiken, welche mit neuen technologischen Möglichkeiten einhergehen können, einzugehen. Diese können z.T. nur schwer von Benutzern vorhergesehen werden.

Die Idee von De Michelis und anderen (siehe Agostini et al., 1998) ist es, beim Gestaltungsprozess auch noch andere Akteure aus dem Design-Bereich zu beteiligen – insbesondere den Interaktionsdesigner, welcher den Schwerpunkt auf innovative Interaktionsmuster legt und nicht auf die Entwicklung innovativer Technologie. Die benutzerzentrierte Entwicklung wird mit einer Design-zentrierten Entwicklung verbunden, um die Vorteile der beiden Modelle zu vereinigen und sowohl Innovation als auch Benutzerzentriertheit zu erreichen.

Interaktionsdesign ist eine Teildisziplin der Gestaltung, welche die Rolle von Interaktion zwischen Nutzer und Artefakt aber auch zwischen Personen im physischen und virtuellen Raum untersucht. Ihr Fokus ist gerichtet auf die Definition von komplexen Dialogen zwischen Personen und interaktiven Systemen. Weitere Details zum Thema Interaktionsdesign finden sich beispielsweise auch in (Herczeg, 2006; Preece et al.; 2002).

Der Beitrag des Designs bei der kombinierten Vorgehensweise ist, dass in Design- und Realisierungsphasen immer wieder Konzepte entwickelt und visualisiert werden (z.B. in Szenarienbeschreibungen, Mockups etc). Diese erlauben es, innovative Ideen in das Projekt einzubringen, weit über die reine Interpretation von Benutzerbedürfnissen hinaus.

Diese Idee der Kombination klassischer Design-Prozesse mit benutzerzentrierter Entwicklung wurde in verschiedenen Projekten des i3 Programms der EU praktiziert (siehe z.B. Snowdon et al., 2004). Dabei wurde mit Benutzern gearbeitet, die nicht einfach zur Lieferung von Anforderungen oder zur Nutzung eines Systems verpflichtet werden konnten. Im Weiteren beschreiben wir zwei dieser Projekte ganz kurz: Presence und Campiello.

Das Projekt *Presence* (Gaver & Martin, 2000; Gaver et al., 2001) führte eine neue Methode ein, potentielle Benutzer in den Design-Prozess mit einzubeziehen, die so genannten „social probes". Mit diesem Mittel sollte das Problem gelöst werden, dass die Designer gerne möglichst viel über die Benutzer und ihre Interaktionsgewohnheiten wissen wollten, aber keine Zeit oder Ressourcen hatten, eine ausführliche ethnographische Studie zu betreiben. In Presence wurde das Problem so gelöst, dass eine große Gruppe potentieller Benutzer einfach benutzbare Mittel an die Hand gegeben wurden (die so genannten *„social probes"*), mit denen sie ausgewählte Aspekte ihres Lebens (und ihrer Interaktionsgewohnheiten) dokumentieren konnten. Beispiele waren ein Wegwerf-Fotoapparat mit einer Liste von Situationen, die damit dokumentiert werden sollten, ein einfacher Sprachrekorder zur Aufzeichnung von Träumen, Postkarten mit Bilder und der Aufforderung Gedanken zu den Bildern und aufgedruckten Fragen aufzuschreiben, und Karten, um wichtige Plätze zu markieren. Die „ausgefüllten" Probengefäße wurden nach einiger Zeit wieder eingesammelt oder sollten selbständig an das Untersuchungsteam zurückgesandt werden.

In *Campiello* (Agostini et al., 2000; Grasso et al., 2000) wurde eher klassisch ethnographisch vorgegangen, um Inspirationen für das Design zu sammeln. Die Designer reisten dazu zu den potentiellen Nutzungsstellen (es ging um die Unterstützung von Touristen) und entwickelten durch Beobachtung der potentiellen Nutzer und der von ihnen eingesetzten Artefakte Ideen für potentielle Unterstützung. Diese Ideen wurden in Form von Bildergeschichten (Szenarien) festgehalten und in dieser Form genutzt, um sie mit den Benutzern und den Entwicklern der technischen Systeme zu besprechen.

3.5.4 Storyboards, Szenarien und Soziotechnischer Walkthrough

Die Erstellung von Prototypen ist meist auf Benutzungsschnittstellen neuer technischer Systeme beschränkt. Dabei wird zwar nicht nur die graphische Gestaltung berücksichtigt, sondern auch die Art der Interaktion mit dem System, trotzdem gelingt es nicht organisatorische

Änderungen in solchen Prototypen festzuhalten. Der Blick auf die hauptsächlichen Auswirkungen einer CSCW-Lösung bleibt also verborgen. Gerade hierzu ist aber Feedback durch die Benutzer (im Kontext der partizipativen Entwicklung) unbedingt notwendig. Es werden also andere Mittel benötigt, um organisatorische Änderungen und Änderungen von Prozessen mit den Benutzern zu diskutieren.

Methoden wie Storyboards oder Szenarienbeschreibungen können beispielsweise genutzt werden, den beteiligten Nutzern ein Bild der Zielsituation zu vermitteln. Die Stärke dieses Mittels ist dabei, dass es anschaulich ist. Das beinhaltet aber auch gleich eine Schwäche der Lösung – die größte Menge möglicher Aktivitäten und Situationen wird auf eine kleine Menge von Beispielen reduziert.

Im Bereich betriebswirtschaftlicher Prozesse hat sich zur Kommunikation mit potentiellen Anwendern die Modellierung der Prozesse mit standardisierten Modellen, z.B. der erweiterten ereignisgesteuerten Prozesskette, etabliert. Hermann et al. schlagen für den Bereich CSCW die Nutzung eines ähnlichen Mittels vor, um der zuvor angesprochenen Schwäche entgegenzuwirken. Die Modelle in der Modellierungssprache SeeMe repräsentieren die Beziehungen zwischen verschiedenen Rollen, Aktivitäten, Dokumenten und Werkzeugen und erlauben dabei u.a. die konkrete Spezifikation von Ungenauigkeiten, wie sie bei kollaborativen Prozessen häufiger auftreten (Herrmann et al., 2004). Neben dem Vorschlag einer Modellierungsmethode praktizieren Herrmann et al. auch die Einbettung der Zusammenarbeit mit den potentiellen Benutzern rund um die Diagramme in einen gut moderierten Kommunikationsprozess, dem Soziotechnischen Walkthrough (STWT). Ausgangspunkt des Prozesses ist dabei die Frage, was wäre, wenn der als Ausgangspunkt vorgestellte Prozess jetzt implementiert wäre und genutzt würde. Der „Soziotechnische Walkthrough" stellt dabei einen gemeinsamen Reflektionsprozess dar, der eine Präsentation des soziotechnischen Systems, das Kern der Betrachtung ist, benötigt – in Form eines SeeMe Modells. Das Modell wird dabei von der gesamten Gruppe gemeinsam Schritt für Schritt untersucht und diskutiert, bevor es als Lösung akzeptiert wird, der eine Mehrheit der Teilnehmer zustimmen muss.

Ergebnis des STWT ist eine Serie von Diagrammen, die soziotechnische Systeme beschreiben und das Wissen der Benutzer enthalten – aber auch ein gemeinsames Verständnis und eine Zustimmung zu der angestrebten Entwicklung. Die Modellierungssprache enthält dabei Elemente, die sowohl eine klare Beschreibung als auch noch etwas Vagheit erlauben.

3.5.5   Prototyping

Bei der evolutionären Entwicklung von soziotechnischen Systemen ist das Prototyping eine zentrale Aufgabe – d.h. die Erstellung von Repräsentationen potentieller technischer Systeme, die den Benutzern zur Abfrage von Feedback vorgeführt werden können, ohne dazu aufwändig real funktionierende Systeme erstellen zu müssen. Ziel von Prototypen ist dabei die Stimulation von Kreativität und Benutzerbeteiligung.

Es geht bei Prototyping also darum, möglichst schnell (und ohne Aufwand) ein Modell (einen Prototypen) des von den Designern und/oder Systementwicklern angestrebten techni-

schen Systems zu erstellen, mit dem den potentiellen Benutzern einzelne Aspekte der zukünftigen Lösung veranschaulicht werden können, zu denen Feedback gebraucht wird.

Prototypen können voll funktionsfähige Systeme sein (wie beispielsweise im Projekt POLI-
Team) oder nur Mockups, d.h. Lösungen, die nur die Oberfläche zur Interaktion mit dem
Benutzer zeigen aber noch keine Funktionalität dahinter implementieren (Holtzblatt, 2002;
Ehn & Kyng, 1991). Solche Mockups können mit einfachen Mitteln wie Papier und Bund-
stiften gestaltet sein und beinhalten häufig eine „Wizard of Oz"-Komponente, d.h. einen
menschlichen Demonstrator, der die angedachte Funktionalität hinter dem Mockup ausführt
(d.h. Benutzerinteraktionen in Änderungen an der Benutzungsschnittstelle übersetzt).

Ehn und Kyng (1991) fassen folgende Anforderungen bzw. Vorteile von Mockups zusammen:

- Sie sind verständlich für die potentiellen Benutzer (unterstützen so die Benutzerbeteiligung).
- Sie regen die Benutzer an, direkte Erfahrungen mit dem potentiellen System zu sammeln
  (hands-on experience).
- Sie sind üblicherweise billig und einfach zu ändern.

3.5.6   Entwurfsmuster für Groupware

Hinter Entwurfsmustern (*design patterns*) steckt die Idee, das Wissen von erfahrenen Designern festzuhalten und jedermann (für den Entwurf von Systemen) zugänglich zu machen.
Nachdem konkrete Anwendungsszenarien immer wieder unterschiedlich sind, müssen Entwurfsmuster die speziellen Charakteristika einer Situation erfassen, die auch unter anderen
Voraussetzungen wieder so auftreten und auf dieselbe Art und Weise gelöst werden kann.

Der Ursprung der Betrachtung und Nutzung von Entwurfsmustern ist in der Architektur zu
finden (Alexander et al., 1977; Alexander, 1979). Verschiedene andere Felder haben die
Idee, Entwurfswissen in Entwurfsmustern zu sammeln aber inzwischen aufgenommen. So
haben Gamma et al. (1995) die Idee auf den Bereich der Softwareerstellung angewandt und
eine sehr bekannte Sammlung von Entwurfsmustern vorgestellt. Borchers (2001) hat Entwurfsmuster in den Bereich der Mensch-Computer-Interaktion übertragen.

Eine Nutzung der Idee für CSCW erscheint deshalb nicht ganz unrealistisch. So wurde in den
vergangenen Jahren intensiv an Entwurfsmuster für CSCW gearbeitet (Hermann et al., 2003;
Schümer, 2005). Die entwickelten Entwurfsmuster beschreiben sowohl die soziale Interaktion als auch technische Aspekte in den zu entwickelnden soziotechnischen Systemen. Schümer (2005) argumentiert dabei, Entwurfsmuster als ein Lehrmittel für mit Groupware nicht
sehr vertrauten Entwicklern zu verwenden.

3.6   Evaluation

Das Modell zur Entwicklung interaktiver Systeme, das wir am Anfang des Kapitels vorgestellt haben, führt die Phase der Evaluation auf. Diese Phase taucht auch in anderen Modellen zur evolutionären Softwareentwicklung immer wieder auf. Die Evaluation (Bestätigung des Erfolges) von Entwicklungsschritten ist notwendig, um in die nächste Phase zu wechseln. Zaltman et al. führen dazu bereits 1973 aus, dass *„evaluation is a necessary formal step between the trial and adoption stages"*.

Bei CSCW-Systemen hat sich die Evaluation schon immer als sehr schwieriges Unterfangen erwiesen (Ross et al., 1995; Grudin, 1988). Grund dafür ist wohl die enge und untrennbare Kopplung von sozialem und technischem System. So kann das technische System eigentlich nicht ohne das soziale System getestet werden. Das soziale System lässt sich aber nur schwer fassen und in klar definierte (Test-)Zustände versetzen. So führt Grudin (1989) aus, dass *„evaluation of CSCW applications requires a very different approach, based on the methodologies of social psychology and anthropology"*.

Nachdem die Erhebung von Anforderungen als spezielle Form der Evaluation gesehen werden kann, können viele Methoden, die wir zur Anforderungsanalyse besprochen haben (Ethnographie, Fragebögen, usw.) auch zur allgemeinen Evaluation benutzt werden. Der Unterschied zur Anforderungsanalyse ist dabei meist nur, dass für die Evaluation ein klares (Evaluations-)Ziel und eine Menge von Evaluationskriterien festgelegt werden sollten, welche dann mit den Erhebungsmethoden abgefragt werden.

3.7   Zusammenfassung

Ausgangspunkt dieses Kapitels waren verschiedene Probleme die sich beim Entwurf von CSCW-Systemen stellen:

- Es geht immer um komplexe Situationen und Abhängigkeiten zwischen sozialem und technischem System.
- Eine potentielle Lösung (Einführung eines technischen Systems) kann und wird häufig den Prozess (das System) ändern.

Für beide Punkte wurde als Lösung die Einbeziehung der Nutzer in die Entwicklung (Befragung, Beobachtung) kombiniert mit der interaktiven, evolutionären Entwicklung in mehreren Schritten (jeweils mit Benutzerbeteiligung) genannt.

Insbesondere die Einbeziehung der Benutzer hat dabei noch weitere (notwendige) positive Effekte, nämlich die Motivation der Benutzer für eine spätere Nutzung.

Zusätzlich wurde die Vagheit der Möglichkeiten und in diesem Zusammenhang die Probleme bei der Generierung von Innovation in benutzerzentrierten Prozessen angesprochen.

Hierzu wurde die Einbeziehung von Methoden aus der (Industrie-)Designpraxis – meist in Form von ausgebildeten Designern angesprochen.

Welche Schlussfolgerungen für die Praxis kann man nun aus dieser Diskussion ziehen? Hier zwei Vorschläge:

- Der Entwicklung von CSCW-Systemen sollte eine Analyse der aktuellen Arbeitsweise der potentiellen Beteiligten des Systems und der betroffenen sozialen Systeme im Allgemeinen vorangehen.
- Auch die Einführung selbst sollte sich auf die Arbeitsprozesse konzentrieren. Anstelle der Einführung eines technischen Systems sollte eine bessere Art und Weise (zusammen) zu Arbeiten eingeführt werden und eine Dokumentation erstellt werden, wie man mit Hilfe des Systems zusammenarbeiten kann – nicht wie man das technische System nutzt.
- Die Konzeption und Gestaltung einer Lösung sollte nicht in einem Schritt, sondern unter Beteiligung der Betroffenen iterativ erfolgen. Auch nach Abschluss eines CSCW-Projektes sollte die Lösung nicht als unveränderbar betrachtet werden, sondern regelmäßig hinterfragt und bei Bedarf angepasst werden.

Auch wenn in der Praxis ein aufwändiger Entwurfsprozess mit ausführlicher ethnographischer Anforderungsanalyse und mehreren Iteration im Entwurf bei jeweils intensiver Beteiligung der Betroffenen wegen Budget- und Zeitbeschränkungen häufig nicht möglich sein wird, sollte doch versucht werden, einzelne Aspekte der idealen Lösung mit in den konkreten Projektplan einzubauen, z.B. eine möglichst frühe Kommunikation mit den Anwendern über Prototypen.

4   Klassifikation von Groupware

Nachdem wir in den vorigen Kapiteln die Grundlagen von CSCW erläutert haben, möchten wir jetzt näher auf technische Aspekte und insbesondere auf Systeme und Werkzeuge zur Kooperationsunterstützung eingehen. Dabei ist unser Ansatz, verschiedenen Klassen von Groupware-Anwendungen inklusive deren technischer und organisatorischer Herausforderungen zu präsentieren. Zur Gewinnung eines Überblicks wie Groupware-Anwendungen und -Funktionalität grundsätzlich strukturiert werden kann, werden wir in diesem Kapitel zunächst verschiedene Ansätze zur Klassifikation vorstellen, bevor wir dann unsere eigene Klassifikation, welche wir auch für die Vorstellung einer breiten Palette von Groupware-Systemen und -Funktionalität im weiteren Verlauf dieses Buches verwenden werden, einführen.

4.1   Raum-Zeit-Taxonomie

Die Raum-Zeit-Taxonomie geht davon aus, dass die Gruppenmitglieder, die durch das jeweilige kooperative System unterstützt werden sollen, sich räumlich entweder am gleichen Ort oder an verschiedenen Orten aufhalten können und zeitlich entweder gleichzeitig oder zeitlich versetzt interagieren möchten. Entsprechend der jeweiligen Konstellation können sich verschiedenen Kommunikationsmedien besser oder schlechter eignen.

Die zweidimensionale Raum-Zeit-Taxonomie ordnet Groupware-Lösungen nach der Kommunikation ein, die darüber erfolgt und war der erste Vorschlag für eine Klassifikation von Groupware (Johansen, 1991). Dabei ist zu beachten, dass umfangreiche und flexible Groupware-Systeme häufig mehrer Quadranten gleichzeitig abdecken.

	Gleiche Zeit	**Verschiedene Zeit**
Gleicher Ort	Gruppenmoderations-systeme Brainstormingunter-stützung Abstimmungs-werkzeuge	Schwarzes Brett Gruppenarbeitsraum
Verschiedener Ort	Videokonferenzen Application Sharing Virtuelle Sitzungsräume	E-Mail Nachrichtensysteme Wissensmanagement-systeme Gruppen-Portale

Abb. 4.1   *Klassifikation von Groupware nach Raum und Zeit. Nach: (Johansen, 1991).*

Schmidt und Rodden (1996, S. 159) heben hervor, dass diese Matrix von Johansen nicht hilfreich für das Verständnis der typischen Charakteristika von kooperativen Arbeitsplatzsituationen ist:

„On one hand, the distinction between co-located and remote cooperation is a category mistake. Distance in space is only an issue in so far as the techniques of communication available for interaction across that space offers restricted bandwidth and delayed feedback compared with the full capacity of face-to-face interaction. (...) On the other hand, the distinction between synchronous and asynchronous interaction may be meaningful in so far as it represents the important phenomenon of feedback delay or turnaround time as determined by the different techniques of communication. The distinction is not quite appropriate, however. It conceives of CSCW facilities in terms of the characteristics of the medium as opposed to the characteristics and requirements of the cooperative effort. "

Sie schlagen in derselben Veröffentlichung vor, Technologie für CSCW bezogen auf Anforderungen zu kategorisieren:

* Der Grad und die Eigenschaften der gegenseitigen Abhängigkeit der Gruppenmitglieder
* Das Ausmaß der Notwendigkeit spontaner Reaktionen auf Ereignisse in einem bestimmten Arbeitsgebiet

- Das Ausmaß der Unvollständigkeit, Mehrdeutigkeit, Fehlerhaftigkeit und Widersprüchlichkeit von Informationen

Prinzipiell fordern sie, mehr auf das Wesen der Kooperation zu achten und nicht primär auf die verwendeten Werkzeuge.

4.2 Das Personen-Artefakt-Rahmenwerk

Die Raum-Zeit-Matrix beschreibt, wo und wann Interaktion zwischen Gruppenmitgliedern erfolgt. Sie geht allerdings nicht auf die funktionelle Beziehung zwischen den Mitgliedern oder zwischen den Mitgliedern und dem Groupware-System ein. Dies ist jedoch sehr wichtig, um die Arbeitsumgebung des Systems zu verstehen und um adäquate Groupware-Funktionen entwickeln zu können. Um diese Beziehungen besser ausloten zu können, kann ein Rahmenwerk des kooperativen Arbeitens helfen, welches es den Systemgestaltern erlaubt, den Informationsfluss im System verfolgen zu können. Dix et al. (1993) schlagen dazu das Personen-Artefakt Rahmenwerk vor (siehe Abbildung 4.2).

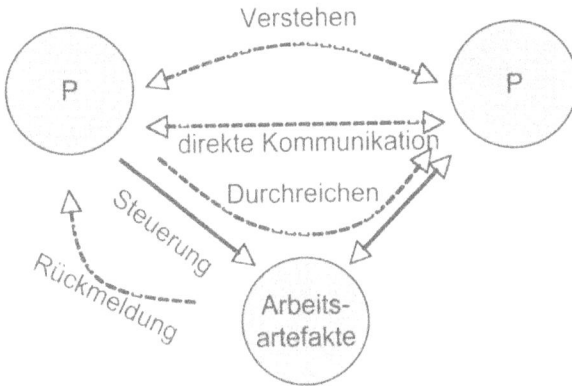

Abb. 4.2   *Personen-Artefakt Rahmenwerk. Nach: (Dix et al., 1993).*

Dieses Rahmenwerk kann angewendet werden, wenn mehrere Benutzerinnen und Benutzer ein Werkzeug oder System zur gemeinsamen Interaktion verwenden. Wie die Abbildung zeigt, wird das System als Graph mit Knoten und Kanten dargestellt. Die Teilnehmer (Benutzer des Systems) werden als Knoten, welche mit P gekennzeichnet sind, abgebildet. Das System, welches die Interaktion ermöglicht, wird als Arbeitsartefakt bezeichnet.

Die ein- oder zweiseitig gerichteten Kanten bezeichnen die Kommunikationskanäle – entweder zwischen den Teilnehmern, oder zwischen den Teilnehmern und dem Artefakt. Das obige Beispiel in der Abbildung zeigt einige Kanäle:

- Direkte Kommunikation: die Kommunikation mittels Worten zwischen den Teilnehmern, welche eine Konversation, einen Brief oder eine E-Mail-Nachricht usw. repräsentieren kann. Sie ist bidirektional.
- Verstehen: die Kommunikation ohne Worte zwischen den Teilnehmern wie beispielsweise Körpersprache oder Druck welcher ausgeübt wird. Sie ist ebenfalls bidirektional.
- Rückmeldung/Feedback: die Kommunikation ohne Worte, die vom Artefakt ausgeht und von Aktionen, welche auf dem Artefakt durchgeführt wurden, stammt. Sie ist eindirektional.
- Steuerung: die Kommunikation von den Teilnehmern zum Artefakt, welche typischerweise als Kommandos zu Änderungen des aktuellen Systemzustandes führen. Sie ist eindirektional.

Ein Zweck von Kommunikation ist der Aufbau eines gemeinsamen Verständnisses von der Aufgabe, welche die Teilnehmer durchführen. Dieses Verständnis kann implizit in der Konversation verborgen sein oder in Diagrammen und Texten explizit gemacht werden. Für manche Aufgaben kann die Entwicklung eines gemeinsamen Verständnisses auch die primäre Aufgabe sein. Für andere Aufgaben interagieren die Teilnehmer mit Werkzeugen und mit den Artefakten, um ihre Leistung zu erbringen (Kanten zwischen den Teilnehmern und den Artefakten). Der zwei-direktionale Informationsfluss vom Teilnehmer zum Artefakt ist Steuerung und zurück ist Rückmeldung vom Artefakt zum Teilnehmer.

Dix et al. (1993) nennen aber auch noch andere Kanäle für die Interaktion mit dem Artefakt:

- *Durchreichen/Feedthrough*: die Kommunikation von einem Teilnehmer zu einem anderen via das Artefakt. Ein Beispiel dafür ist, wenn ein Teilnehmer ein Artefakt manipuliert und ein anderer darüber benachrichtigt wird.
- *Deixis*: die Kommunikation zum Artefakt als Resultat der direkten Kommunikation zwischen den Teilnehmern, welche gewöhnlich zu einer Änderung des Systemzustandes führt. Keiner der Teilnehmer kommuniziert direkt mit dem Artefakt, aber das Artefakt beobachtet die direkte Kommunikation zwischen den Teilnehmern.

Das Wesen der Beziehungen mit dem System gibt Aufschluss über die beabsichtigte Verwendung des Systems. Die Richtung der Kanten gibt auch den Informationsfluss im Groupware-System an. Dix et al. (1993) schlagen vor, mit ihrem Rahmenwerk, Groupware-Systeme einzuteilen in Rechnergestützte Kommunikation, welche die direkte Kommunikation zwischen Teilnehmern unterstützt; Sitzungs- und Entscheidungsunterstützung, welche das gemeinsame Verständnis erfasst; und gemeinsame Anwendungen und Artefakte, welche die Interaktion der Teilnehmer mit gemeinsamen Arbeitsobjekten unterstützt.

4.3   Das 3-K-Modell

Im Allgemeinen kann man mit Blick auf die Interaktion die drei Bereiche Kommunikation, Koordination und Kooperation unterscheiden – also 3 Ks. Die Kommunikation bezieht sich primär auf das gegenseitige Verstehen von Personen durch den Austausch von Informationen. Koordination zielt auf das Finden des besten Weges für das Arrangement von aufgabenorientierten Tätigkeiten und die Allokation von Ressourcen ab. Kooperation schließlich beinhaltet ein gemeinsames Ziel und normalerweise die Arbeit an gemeinsamen Artefakten.

Teufel et al. (1995) klassifizieren Groupware-Systeme nach dem Ausmaß, in welchem die drei Ks unterstützt werden. Systeme können entsprechend in einem Dreieck abgetragen werden.

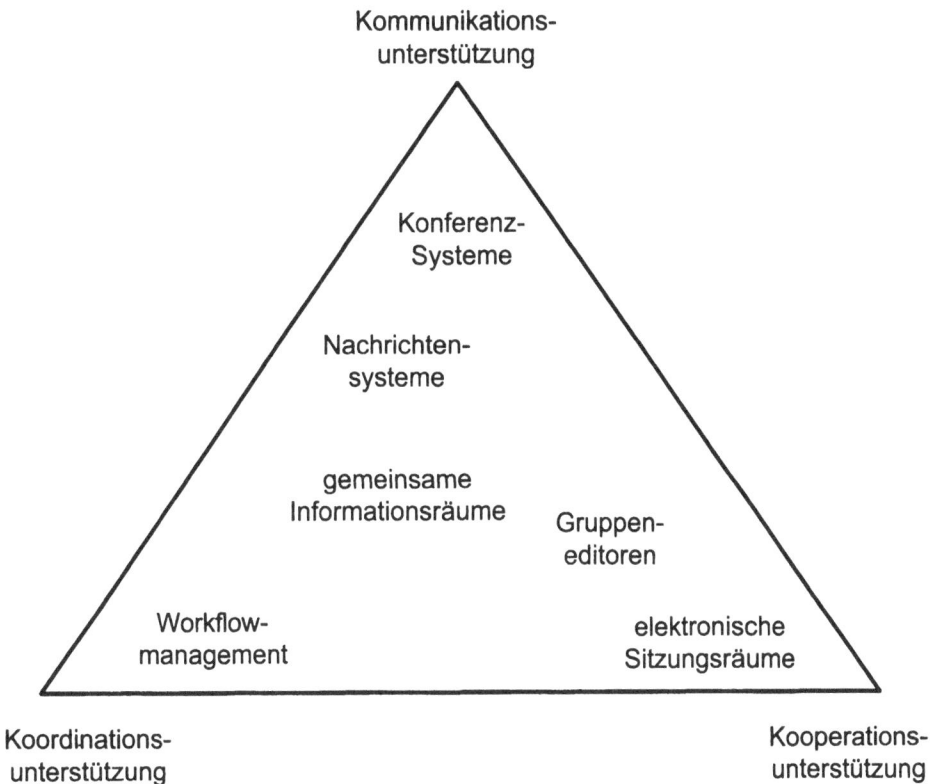

Abb. 4.3   *Klassifikation von Groupware nach den Interaktionstypen. Nach: (Teufel et al., 1995).*

4.4   Anwendungsklassen

Ellis et al. (1991) schlagen eine weitere Einteilungsmöglichkeit – in Anwendungsklassen –
vor. Sie unterscheiden Nachrichtensysteme, Gruppeneditoren, elektronische Besprechungszimmer, Computer-Konferenzen, gemeinsame Datenhaltung, Intelligente Agenten und Koordinationssysteme. Diese Anwendungsklassen schließen sich nicht gegenseitig aus (z.B. in
asynchronen Computer-Konferenzen sind oft Nachrichtensysteme zur Unterstützung asynchroner Kommunikation integriert). Für eine genaue Beschreibung siehe auch (Borghoff &
Schlichter, 2000).

4.4.1   Nachrichtensysteme

Nachrichtensysteme erlauben den asynchronen Austausch von Textnachrichten zwischen
verschiedenen Personen. Moderne Systeme unterstützen auch Graphiken, Bilder, Audio und
Video. Die Bearbeitung von Nachrichten wird oft durch Strukturinformationen wie beispielsweise Felder für Themen und Gruppen erleichtert. Durch die Integration von Regeln
und Skripten kann die Funktionalität wesentlich erweitert werden. Dabei sind Regeln emp-
fängerspezifisch, d.h. sie werden vom Empfänger und nicht vom Absender definiert. Skripte
sind senderspezifisch, d.h. sie werden vom Absender spezifiziert und mit der Nachricht versendet; sie werden bei Empfang der Nachricht auf der Empfängerseite ausgeführt.

4.4.2   Gruppeneditoren

Gruppeneditoren unterstützen die Benutzerinnen und Benutzer beim gemeinsamen Editieren
eines Dokumentes oder beim gemeinsamen Programmieren. Dabei sind die Editoren in der
Regel mehrbenutzerfähig in dem Sinne, dass sie über Benachrichtigungsmechanismen die
Benutzerinnen und Benutzer gegenseitig über deren einzelne Aktionen informieren. Gruppeneditoren lassen sich in Echtzeiteditoren und asynchrone Editoren einteilen. Echtzeiteditoren ermöglichen mehreren Benutzerinnen und Benutzern das gleichzeitige Bearbeiten eines
Artefaktes. Dabei werden die Artefakte typischerweise in mehrere Segmente unterteilt, in
denen dann jeweils nur ein Benutzer schreiben, aber mehrere andere Benutzer auch lesen
dürfen. Asynchrone Editoren erlauben zeitlich versetzte Zusammenarbeit. Beispielsweise der
Mercury Editor (Kaiser, 1987) erlaubt das gemeinsame Programmieren großer Software-
Systeme, wo die Gruppenmitglieder zu unterschiedlichen Zeiten an den Software-Modulen
arbeiten können. Sie werden dann automatisch benachrichtigt, wenn Aktivitäten der anderen
Gruppenmitglieder auftreten. Dies ist besonders wichtig, wenn die Änderungen in einem
Software-Modul Modifikationen in einem anderen Software-Modul erfordern. Ein weiteres
Beispiel ist Iris (Koch, 1997), ein Gruppeneditor welcher beide Kooperationsmodi unter-
stützt.

4.4.3   Elektronische Besprechungszimmer

Elektronische Besprechungszimmer sind mit Informations- und Kommunikationstechnik ausgestattete Räume, welche oft auch spezielle Unterstützung für die Ideenfindung und – Entscheidungsunterstützung bieten (daher werden sie auch manchmal als Entscheidungsunterstützungssysteme bezeichnet).

Entscheidungsunterstützungssysteme vereinfachen die Ideengenerierung, die Exploration von alternativen Informationsstrukturen, Abstimmungsprozesse und Entscheidungsanalysen. Beispielsweise falls ein Team zu einer Entscheidung kommen muss und sowohl die Frage selbst als auch der Entscheidungsfindungsprozess bereits vereinbart wurden, dann kann der Ablauf wie folgt sein: Meinungen, Ideen, Zweifel und Selbstbeurteilungen der Teilnehmerinnen und Teilnehmer werden vom System anonymisiert gesammelt und der Gruppe dann zur Bewertung präsentiert. Im Allgemeinen führt diese Reihung von Fragestellung und Beurteilung zu den gewünschten Entscheidungen. Entscheidungsunterstützungssysteme unterstützen dabei einen iterativen Entscheidungsfindungsprozess und fördern die breite Beteiligung aller Mitglieder.

4.4.4   Computer-Konferenzen

Computer-Konferenzen decken eine breite Palette von Interaktionen zwischen den Gruppenmitgliedern ab. Sie reichen von reinen Video-Konferenzsystemen bis zu Desktop-Video-Konferenzsystemen. Es gibt dabei unterschiedliche Arten von Konferenzen:

- *Asynchrone Computer-Konferenzen*: mit diesen konferieren die Gruppenmitglieder zu verschiedenen Zeiten via Rechner. Die Kommunikation basiert auf dem Versenden und Empfangen von E-Mails, welche vom System strukturiert, sortiert und verwaltet werden.
- *Echtzeit-Computer-Konferenzen*: mit diesen manipulieren die Benutzerinnen und Benutzer gleichzeitig gemeinsame Artefakte von verschiedenen mit vernetzten Rechnern verbundenen Räumen aus.
- *Telekonferenzen*: mit diesen werden die Besucher verteilter Räume über Audio und Video verbunden und können sich austauschen, aber nicht gemeinsam Artefakte bearbeiten. Nur das gemeinsame Betrachten von Dokumenten wird unterstützt.
- *Desktop-Video-Konferenzen*: diese kombinieren die Eigenschaften der letzten beiden Systeme. Über Audio- und Video-Verbindungen hinaus verwenden diese Systeme Rechner mit gemeinsamen Anwendungen, welche die gemeinsame Manipulation von elektronischen Artefakten erlaubt. Die Videobilder werden in die Anwendung integriert. Der Hauptfokus liegt auf der Integration von Arbeitsumgebungen von geographisch verteilten Gruppenmitgliedern und weniger auf der reinen Präsentation der Videos der Gruppenmitglieder.

Gemeinsam ist den verschiedenen Lösungen dabei die Unterstützung der direkten Kommunikation zwischen zwei Personen oder in einer größeren Gruppe von Personen.

4.4.5   Gemeinsame Informationsräume

Die Verarbeitung und konsistente Haltung von gemeinsamen Daten sind zentrale Aspekte jeder Gruppenarbeit. Für die gemeinsame Datenhaltung ist die systemorientierte Verwaltung von Gruppendokumenten ein zentrales Anliegen. Diese erlaubt die persistente Speicherung von Daten und stellt adäquate Zugriffsmechanismen zur Verfügung.

Der Zugriff auf gemeinsamen Daten erfolgt typischerweise asynchron. In Abhängigkeit von Zugriffsmechanismen, welche die Benutzer wählen, können die folgenden Betriebsarten unterschieden werden:

- *Getrennte Verantwortung*: jedes Gruppenmitglied ist ausschließlich zuständig für einen bestimmten Teil eines Gruppendokumentes. Diese Einzelteile werden unabhängig von einander behandelt.
- *Gegenseitiger ausschließlicher Zugriff*: nur ein Gruppenmitglied hat zu einem gegebenen Zeitpunkt Zugriff auf die gemeinsamen Gruppendokumente. Dies kann entweder durch gegenseitige Vereinbarungen oder durch ein im System implementiertes technisches Protokoll wie beispielsweise Sperren zur Vermeidung konkurrierender Zugriffe vermieden werden.
- *Alternative Versionen*: jedes Gruppenmitglied entwickelt seine eigene Version des Gruppendokumentes. Später werden alle Versionen in eine konsistente Version des Dokumentes integriert, welche die Änderungen aller Mitglieder berücksichtigt. Im Allgemeinen kann diese Zusammenführung nicht vollständig automatisch erfolgen, sondern sie erfordert manuelle Interventionen der Gruppenmitglieder.
- *Gleichzeitiger Zugriff*: die Gruppenmitglieder arbeiten gleichzeitig und eng gekoppelt mit dem gemeinsamen Dokument; sie arbeiten an derselben Stelle und sehen dasselbe (dieses Prinzip wird auch „What-You-See-Is-What-I-See" oder „WYSIWIS" genannt). Spezielle Mechanismen zur Nebenläufigkeitskontrolle werden benötigt, um die Dokumente dabei konsistent zu halten.

Wichtige Groupware-Systeme dieser Klasse sind auch spezielle Datenbanken (z.B. Lotus Notes), oder verteilte Informations- oder Hypertextsysteme (z.B. WikiWikis). Aufgrund der rasanten Entwicklung des World-Wide-Webs hat die zweite Gruppe deutlich an Wichtigkeit gewonnen.

4.4.6   Intelligente Agenten

Rechneranwendungen können die Rolle eines aktiven Teilnehmers einnehmen – in diesem Fall wird oft von Intelligenten Agenten gesprochen. Solche Agenten können beispielsweise den Mangel an menschlichen Teilnehmern kompensieren und spezielle Aufgaben übernehmen wie beispielsweise die Beobachtung und Überwachung einer Sitzung. Liza (Gibbs, 1989) ist ein Beispiel eines solchen Agenten.

4.4.7 Koordinationssysteme

Koordinationssysteme helfen bei der Vermeidung und Behebung von Abstimmungsproblemen, welche bei asynchronen Aktivitäten auftreten können. Für die Abstimmung von Aktivitäten der Gruppenmitglieder zur Erreichung des gemeinsamen Zieles gibt es in Abhängigkeit der zu modellierenden Informationen grundsätzlich zwei Koordinationssysteme:

- *Formularbasierte Systeme*: diese modellieren den Datenfluss innerhalb einer Organisation. Nehmen wir beispielsweise ein Dokument, welches zwischen Gruppenmitgliedern zirkulieren soll: wann immer ein Teilnehmer das Dokument erhalten hat, führt er die zugewiesene Aufgabe durch, gibt das Dokument frei und leitet es weiter zum nächsten Gruppenmitglied (wie beispielsweise ein Versicherungsfall mit verschiedenen beteiligten Abteilungen). Die Ziele sind in einem Ablaufplan festgelegt, welcher im Dokument abgelegt ist. Das Electronic-Circulation-Folder System (ECF) ist ein Beispiel dafür (Karbe, 1990).
- *Ablauforientierte Systeme*: diese modellieren Funktionen und Abläufe innerhalb einer Organisation wie den Ablauf der Software-Entwicklung, welcher aus den Phasen Spezifikation, Entwurf, Implementierung und Evaluierung besteht. Die Aktivitäten der Gruppenmitglieder werden in einer Ablaufbeschreibung festgelegt und dann in einem Ablaufplan zusammengefasst. Daher besteht ein Ablauf aus mehreren Schritten, welche von den einzelnen Gruppenmitgliedern zur Zielerreichung ausgeführt werden müssen. Jeder einzelne Schritt wiederum besteht aus dem Empfang, Verarbeiten und Weiterleiten von Informationseinheiten. Ein Beispiel für ein solches System ist Domino (Kreifelts et al., 1991).

Die Gemeinsamkeit der Systeme (und der Unterschied zu einem weiten Bereich der in Kapitel 7 zur Unterstützung von Koordination vorgestellten Lösungen) ist dabei die Erreichung von Koordination durch die Automatisierung von Abläufen.

4.5 Zusammenfassung

CSCW-Systeme decken verschiedene Kooperationsszenarien bezüglich gleichem und verschiedenem Raum und gleicher und verschiedener Zeit ab (Raum-Zeit-Matrix). Neben dem unterstützten Raum-Zeit-Szenario lassen sich CSCW-Systeme auch nach der Art und Weise einordnen, wie sie Kommunikation zwischen den Gruppenmitgliedern unterstützen – direkt oder indirekt über Artefakte (Person-Artefakt-Rahmenwerk). Eine weitere Klassifizierungsvariante ist die Klassifizierung nach den unterstützten Interaktionsarten (Kommunikation, Koordination und Kooperation). Schließlich gibt es noch die Möglichkeit, CSCW-Systeme nach funktionalen Kriterien zu organisieren.

Der Hauptnutzen aller vorgestellten Klassifikationen ist die Identifikation von Unterstützungsbereichen für CSCW-Systeme. Aus diesem Grund ist es lohnend, eine gegebene Aufgabenstellung unter den verschiedenen Klassifikationsansätzen zu betrachten.

Auf die allgemeine und nachfolgend in diesem Buch verwendete Klassifikation von sozialen Entitäten, sozialer Interaktion, CSCW-Unterstützung und Werkzeuge wurde bereits in Abschnitt 1.3 eingegangen. An dieser Stelle möchten wir nur nochmals auf die dort bereits angesprochenen verschiedenen Formen der CSCW-Unterstützung eingehen und diese ein wenig detaillieren (Abbildung 4.4 zeigt nochmals die verschiedenen Formen).

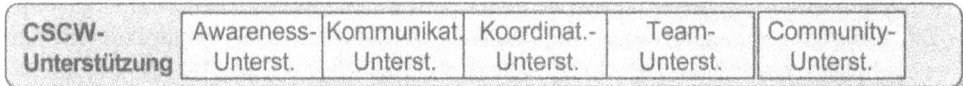

CSCW-Unterstützung	Awareness-Unterst.	Kommunikat. Unterst.	Koordinat.-Unterst.	Team-Unterst.	Community-Unterst.

Abb. 4.4   *Klassifikation von CSCW-Unterstützung.*

- Unterstützung für Awareness via gegenseitige Information der Benutzer übereinander ist, wie im Kapitel 2 bereits gesagt, ein Schlüsselkonzept von Groupware. Im Gegensatz zu anderer (Mehrbenutzer-)Software isoliert Groupware die Benutzer nicht von einander, sondern verbindet sie und gibt ihnen die Möglichkeit, sich zu koordinieren. Awareness-Unterstützung ist in verschiedene Werkzeuge integriert. In Kapitel 5 werden wir näher darauf eingehen.
- Unterstützung für Kommunikation via den expliziten Austausch von Nachrichten oder implizit wird in Kapitel 6 behandelt werden.
- Unterstützung für Koordination via die Abstimmung gemeinsamer Ressourcen wird in Kapitel 7 behandelt werden.
- Unterstützung für Teams via die gemeinsame Haltung und Bearbeitung von Artefakten wird in Kapitel 8 integriert und nicht analytisch getrennt, wie bisher, in einigen Klassifikationen besprochen.
- Unterstützung für Gemeinschaften via Online-Dienste wird in Kapitel 9 behandelt werden.

Betrachtet man die vorgestellten Klassen und vergleicht diese mit anderen Klassifikationen, welche wir früher in diesem Kapitel vorgestellt haben, dann fällt auf, dass es Überlappungen beispielsweise mit dem 3K-Modell gibt: Kommunikation, Koordination und Kooperation (letzteres ist bei uns in Team und Gemeinschaft unterteilt). Awareness-Unterstützung kann als Erweiterung der Kommunikationsunterstützung verstanden werden. Gleichsam reflektieren die vorgeschlagenen Klassen die verschiednen sozialen Entitäten. So ist die Klasse der Koordinationsunterstützung hauptsächlich Organisationen zuzuodnen, die Klassen Team-Unterstützung und Community-Unterstützung nennen die zugeordneten sozialen Entitäten gleich selbst.

5 Awareness-Unterstützung

Awareness ist für den Erfolg von Gruppen von großer Bedeutung und daher ist auch die Awareness-Unterstützung ein wesentlicher Bestandteil von CSCW-Anwendungen. Zusätzlich zu Awareness-Funktionalität in allgemeinen CSCW-Anwendungen gibt es dabei auch Anwendungen, deren einziges Ziel bzw. Hauptziel es ist, Awareness-Information bereitzustellen. In diesem Kapitel gehen wir sowohl auf Awareness-Funktionalität ein, wie sie in allgemeine CSCW-Anwendungen integriert wird, als auch auf solche speziellen Awareness-Anwendungen.

5.1 Grundlagen der Awareness-Unterstützung

Wie bereits im Kapitel 2 beschrieben, benötigen die Gruppenmitglieder zur effektiven und effizienten Kommunikation Informationen über einander, über gemeinsame Artefakte und über den Gruppenprozess. Gross et al. (2005, S. 326) schreiben: *„awareness of the factors that define a group of items and users and tasks associated with the group helps to implement and manage services as well as devices for a group and its members. It should help to increase the orientation of individuals within a group and task space."* In CSCW wird diese Information oft allgemein als Awareness (Begole et al., 1999; Erickson et al., 1999), manchmal auch als Workspace Awareness (Gutwin & Greenberg, 1998) bezeichnet.

In Situationen, in denen die Gruppenmitglieder sich an verschiedenen Orten befinden, benötigen sie technische Unterstützung, welche diese Informationen bereitstellt (Dourish & Bellotti, 1992). Die Entwicklung entsprechender Konzepte und Systeme zieht verschiedenartige Herausforderungen bezogen auf das Erfassen, Verarbeiten und Präsentieren der entsprechenden Informationen sowie bezogen auf den Schutz der Privatsphäre und die Vermeidung von Unterbrechungen bei den betroffenen Personen nach sich (Endsley & Jones, 2001; Hudson & Smith, 1996).

Nachfolgend stellen wir die Verarbeitung von Awareness-Informationen dar und beschrieben dann verschiedene Modelle zur Strukturierung von Awareness-Information. Danach stellen wir exemplarisch einige Systeme, welche Awareness-Informationen bieten, vor.

5.1.1   Verarbeitung von Awareness-Informationen

Die meisten Awareness unterstützenden Anwendungen sind prinzipiell aus Sensoren, einem
zentralen Server und Indikatoren aufgebaut (siehe Abbildung 5.1).

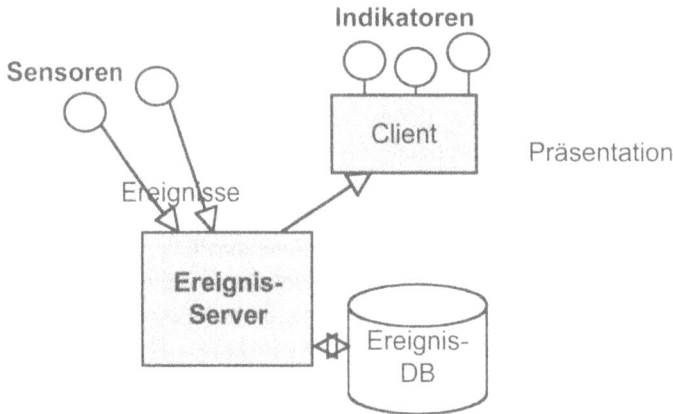

Abb. 5.1   *Awareness-Informationsverarbeitung.*

Die Awareness-Information wird von Sensoren in einer oder mehreren Anwendungen erfasst. Die Aktionen der Benutzerinnen und Benutzer lösen dann Ereignisse aus, welche zu
einem Server geschickt werden.

Die Hauptaufgabe des Ereignis-Servers ist es, die Ereignisinformationen den Indikatoran-
wendungen zur Verfügung zu stellen, welche die Informationen den interessierten Benutzerinnen und Benutzern präsentieren. Dies kann nach dem Push- oder Pull-Prinzip erfolgen.
Das Push-Prinzip funktioniert oft so, dass der Ereignis-Server einen Abonnementdienst anbietet, bei dem Clients ein Interesse an Ereignissen anmelden können. Beim Pull-Prinzip
fordert der interessierte Client in bestimmten Zeitabständen neue Ereignisse vom Server an.
Neben der Verteilung von Ereignisinformationen sind Ereignis-Server oft auch für die Speicherung und Verwaltung von Ereignisinformationen sowie für die Aggregation und Anreicherung zuständig.

Die Indikatoren präsentieren interessierten Benutzern die Informationen über Ereignisse von
den anderen Benutzerinnen und Benutzern. Dabei gibt es verschiedene Möglichkeiten der
Präsentation – von modalen Dialogen auf dem Desktop bis hin zur Verfügbarmachung von
Signalen auf alternativen Kommunikationskanälen. Insbesondere im Abschnitt zu peripherer
Awareness gehen wir näher auf die Präsentationsmöglichkeiten ein.

Diese grundlegende Architektur der Verarbeitung von Awareness-Information ist weit verbreitete und kommt in den meisten Systemen vor. Es gibt allerdings Unterschiede bezüglich
der Verteilung von Software-Komponenten und der Art der Benutzungsoberflächen.

Alternativ zum beschriebenen Modell der Informationsverarbeitung wird von manchen Autoren auch die so genannte Awareness-Pipeline vorgeschlagen. Die Awareness-Pipeline ist dabei oft im Ereignis-Server angelegt und dient zur Filterung von Ereignisinformationen nach Interessen der Benutzer und nach Zugriffsrechten. Dabei wird aus den folgenden Gründen gefiltert:

- *Schutz der Privatsphäre*: diese Filterung wird typischerweise auf Wunsch der Sender bzw. der Informationsquelle betrieben, sie bestimmt wer was sehen darf
- *Interesse*: diese Filterung passiert typischerweise von Seiten des Empfängers und betrifft die bedarfsgerechte Versorgung mit Informationen
- *Regularien*: in Organisationen gibt es z.T. Regularien und Gesetze bzgl. der Erfassung und Weitergabe von Informationen, diese können hier abgebildet werden (Klöckner et al., 1995)

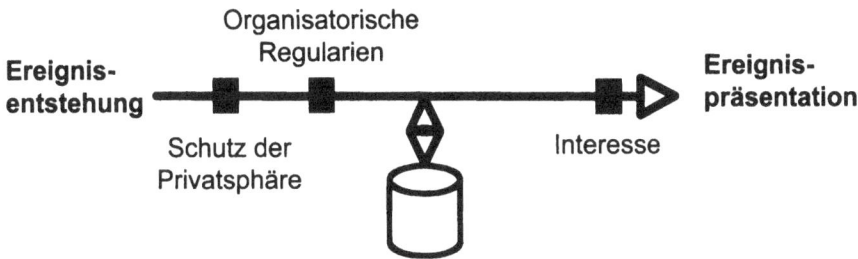

Abb. 5.2   *Die Awareness-Pipeline.*

In Abbildung 5.2 zeigen wir die Awareness-Pipeline. Viele Autoren haben darüber hinaus festgestellt, dass zum Schutz der Privatsphäre eine gewisse Reziprozität gewahrt werden sollte. Das bedeutet, dass die Awareness-Pipeline bidirektional sein soll und jeder Benutzer somit sowohl als Informationsquelle als auch als Informationsempfänger fungieren kann und dass es diesbezüglich ein Gleichgewicht geben soll.

5.2   Awareness-Modelle

Die ersten Systeme zur Unterstützung von Awareness haben einfach Informationen erfasst und direkt weitergegeben. Modernere Systeme wenden die Awareness-Pipeline mit Filterung von Information an. Innerhalb dieser Awareness-Pipeline sind verschieden Modelle vorgeschlagen worden, wie denn Information strukturiert werden kann, sodass die Filterung möglichst realitätsnahe und entsprechend der Bedürfnisse der Benutzer erfolgen kann. Nachfolgend stellen wir die prominentesten Modelle zur Strukturierung von Awareness vor.

5.2.1   Räumliche Modelle

Räumliche Modelle versuchen, die Awareness zwischen Objekten – welche sowohl menschliche Akteure als auch Artefakte sein können – zu berechnen (Benford & Fahlen, 1993). Dabei sind Objekte gedanklich von einer Aura umgeben, d.h. einem Bereich in dem sie wahrgenommen werden. Objekte haben auch einen Fokus, d.h. einen Bereich den die wahrnehmen können. Überlappende Auren und Foci bestimmen dann die Awareness zwischen Objekten. Beispielsweise, wenn Objekt A eine bestimmte Sichtbarkeit hat und Objekt B diesen Bereich einsehen kann, dann hat Objekt B Awareness über Objekt A.

Räumliche Modelle eignen sich typischerweise sehr gut für die Modellierung synchroner Awareness in Systemen, welche eine räumliche Struktur haben oder in eine solche überführt werden können. Räumliche Modelle gehen dabei rein von räumlichen Gegebenheiten aus und berücksichtigen Benutzerinteressen nicht.

Das LOCALES Modell, welches in der Umgebung ELVIN zur Anwendung kommt, basiert auf virtuellen Räumen, in denen sich Benutzer, Artefakte und Werkzeuge befinden. Diese Räume können mit spezifischen Anwendungen zur rechnergestützten Kommunikation erweitert werden (z.B. Audio-Konferenzsysteme, welche alle aktuell im Raum anwesenden Benutzer automatisch miteinander verbinden) (Fitzpatrick et al., 1999).

Das LOCALES Modell ist ein interessantes Modell und bietet gute Kommunikationsunterstützung in einer raumbasierten Umgebung. Allerdings fehlt der elaborierte Awareness-Mechanismus.

Das AETHER Modell kann als eine Erweiterung des räumlichen Modells gesehen werden. Beziehungen zwischen Objekten werden als semantische Netzwerke modelliert (Sandor et al., 1997). Das Model of Modulated Awareness (MoMA) basiert auf einer Reaktions-Diffusions-Metapher. Immer wenn zwei oder mehr Entitäten zusammenkommen, verändert sich deren Status; Awareness wird dabei durch Energiefelder produziert und konsumiert (Simone & Bandini, 1997).

Diese beiden Erweiterungen des räumlichen Modells sind sehr elaboriert, bringen aber den Nachteil mit sich, dass Aufsetzen und Instandhalten großen Aufwand verursachen.

5.2.2   Ereignisbasierte Modelle

Frühe ereignisbasierte Systeme wie das NSTP (Patterson et al., 1996) stellten Infrastrukturen dar, welche alle Benutzer- und Systemaktionen festhielten, in Ereignis-Datenbanken speicherten und interessierten Benutzern präsentierten.

Neuere ereignisbasierte Systeme beinhalten ereignisbasierte Modelle, mit denen Situationen als Verbindungen zwischen Objekten beschrieben werden können. Im AREA System können Situationen als Objekte (und zwar mit Einzelpersonen und Personengruppen sowie mit Einzelartefakten als auch Artefaktgruppen) sowie Relationen zwischen den Objekten modelliert werden. Die Benutzer können Ereignisse und Artefakte, an denen sie interessiert sind, spezifizieren sowie die Zeitpunkte und die Granularität der Präsentation der Awareness-Information angeben (Fuchs, 1999; Sohlenkamp et al., 1998).

Das AREA Modell ist insgesamt ebenfalls sehr ausgefeilt, hat aber auch seine Nachteile. Insbesondere benötigt das Objekt-Relationen-Modell eine sehr detaillierte Spezifikation, welche nicht wieder verwendet werden kann, weil sie spezifisch für jede Anwendung erstellt werden muss.

5.2.3 Kontextmodelle

Kontextmodelle führen den Begriff des Kontexts als die verwobenen Bedingungen ein, in denen etwas existiert oder sich ereignet. Sie unterscheiden typischerweise den Entstehungskontext, in dem sich etwas ereignet und den Präsentationskontext, in dem sich der interessierte Benutzer aktuell befindet.

Das Atmosphere Modell verwendet Sphären um Abbildungen von Kontexten zu beschreiben, welche Verbindungen zu relevanten Artefakten und Subsphären haben können. Kontextoren beschreiben Aktionen innerhalb eines spezifischen Kontexts. Die Benutzer klassifizieren ihre Aktionen und Artefakte manuell, indem sie ihnen Kontextoren zuweisen – d.h. wenn ein Benutzer eine Handlung vollzieht wird sie oder er automatisch vom System nach einem Kontextor gefragt (Rittenbruch, 1999).

Da die Benutzer explizit die Beziehung zu den Kontexten angeben, ist dieses Modell bzw. dieser Ansatz sehr präzise und bringt semantisch bedeutungsvolle Informationen (z.B. weiß das System, dass ein Benutzer einen Bericht schreibt und dass er nicht nur ein Dokument öffnet, welches einen Bericht enthält). Allerdings bedeutet die explizite Eingabe erheblichen Mehraufwand für die Benutzer.

Nach der Beschreibung dieser konzeptionellen Modelle möchten wir nun ein paar konkrete Systeme vorstellen, welche Awareness-Unterstützung bieten.

5.3 Proprietäre Systeme

Grundsätzlich sollten alle CSCW-Systeme Unterstützung für die Vermittlung von Awareness-Information anbieten (siehe dazu auch die Diskussion zur Abgrenzung von Groupware in Kapitel 1). Unter dem Begriff Proprietäre Systeme fassen wir hier die CSCW-Systeme zusammen, die ausgefeilte Mechanismen zur Awareness-Unterstützung anbieten, Awareness-Information allerdings nur innerhalb der Einzelanwendungen erfassen und präsentieren. Typische Beispiele für diese Klasse von Anwendungen sind asynchrone und synchrone Gruppeneditoren. Wir werden nachfolgend einige Beispielsysteme beschreiben und diese dabei primär bezüglich der Awareness-Unterstützung charakterisieren.

5.3.1   Awareness-Unterstützung in asynchronen Systemen

Asynchrone Systeme bieten üblicherweise Information über die Historie von vergangenen Ereignissen – entweder als Liste der Ereignisse oder in aggregierter Form. Ein Standardbeispiel hierfür sind im Web-basierten Teamraum BSCW Icons zur Visualisierung, dass sich ein Dokument geändert hat, detaillierte Änderungshistorien zu einem Dokument und Zusammenfassungen der Änderungen in einem Arbeitsbereich während des vergangenen Tages per E-Mail.

Eine ausgefeilte Lösung für einen Gruppeneditor bietet das Session Capture and Replay System. Es erfasst detaillierte Informationen über Benutzereingaben und –aktionen und erlaubt die spätere Abfrage dieser Informationen. Es basiert auf einem WYSNIWIST-Prinzip (What-You-See-Now-Is-What-I-Saw-Then) (Manohar & Prakash, 1994). Dazu werden die erfassten Informationen in Sitzungsobjekten gespeichert, welche annotiert, verändert und zwischen Gruppenmitgliedern ausgetauscht werden können. Sitzungsobjekte bestehen aus Datenströmen, welche die erfassten Interaktionen und Audio-Annotationen der Benutzer während der aufgezeichneten Sitzung gemacht haben.

Das Intelligent Collaborative Transparency (ICT) System ist ähnlich – es erfasst auch die Eingaben der Benutzer, welche dann später mit anderen Benutzern ausgetauscht werden können.

5.3.2   Awareness-Unterstützung in synchronen Systemen

Als Beispiel für synchrone Systeme zur Awareness-Unterstützung stellen wir Gruppeneditoren, Zwei-Benutzer-Editoren und kooperative virtuelle Umgebungen vor.

Synchrone Gruppeneditoren haben einige typische Funktionen wie beispielsweise Telepointer, welche nicht nur den Mauszeiger des eigentlichen Benutzers zeigen, sondern auch die der anderen gleichzeitig teilnehmenden Benutzer (oft mit einem Verweis auf den jeweiligen Benutzer wie beispielsweise dessen persönliche Farbcodierung, einem kleinen Icon, oder einem kleinen Passphoto) und Mehrbenutzer-Laufbalken, welche in mehreren Balken die Positionen aller gleichzeitig teilnehmenden Benutzer darstellen.

Der synchrone Gruppeneditor GroupDesign (Beaudouin-Lafon & Karsenty, 1992) bietet einige spezifische und erwähnenswerte Awareness-Mechanismen. Er wurde konzipiert, um eine große Anzahl von Benutzern beim Erstellen von Graphiken zu unterstützen. Jeder Benutzer kann Objekte anlegen oder verändern und das System bietet einige Funktionen mit denen die Benutzer über den Verlauf der Veränderungen informiert werden können. Die Herausforderung in großen Dokumenten den Überblick zu wahren, ist aus dem Bereich der Informationsvisualisierung unter dem Begriff Focus and Context bekannt. Focus und Kontext bedeutet, dass die Benutzer zum einen auf ihren eigenen Bereich im Artefakt achten müssen und an ihrer Aufgabe arbeiten und zum anderen über den Gesamtzustand und die Veränderungen des Artefaktes informiert sein möchten. GroupDesign bietet verschiedene Funktionen für den lokalen und den globalen Bereich:

- Im lokalen Bereich wurden Busy Icons eingeführt: wenn ein Benutzer ein Objekt anlegt oder verändert, wird dieses Objekt mit einem solchen Busy Icon markiert, welches den aktiven Benutzer mit dessen Farbe repräsentiert; wenn die Aktion beendet ist, wird die Position und Größe des Objektes auf allen Bildschirmen der teilnehmenden Benutzer geschmeidig aktualisiert.

- Im globalen Bereich werden Echos und ein Localisation Mode angeboten. Echos stellen räumliche Klänge für Veränderungen außerhalb des am Bildschirm sichtbaren Bereiches dar – beispielsweise wenn ein Benutzer im oberen rechten Bereich in einem großen Artefakt arbeitet, dann können die anderen im Zentrum des Artefaktes arbeitenden Benutzer diese Aktivitäten als Klänge im oberen rechten Bereich hören. Falls diese Benutzer an Details interessiert sind, können sie dann in den entsprechenden Bereich mit den Veränderungen wechseln. Der Localisation Mode erlaubt es den Benutzern, die aktuellen Positionen der anderen Benutzer im Artefakt zu finden: er bietet einen miniaturisierten Überblick über den gesamten Artefakt, in dem die aktuellen Bereiche der Benutzer als Rechtecke dargestellt werden, welche die aktuell sichtbaren Bereiche der Benutzer abbilden.

Der Zwei-Benutzer-Editor ClearBoard (Ishii et al., 1993) ist eine spezielle Zeichenanwendung bestehend aus Hardware und Software mit der zwei Benutzer synchron an einer gemeinsamen Zeichnung arbeiten und dabei Blickkontakt halten können. Die Schlüsselmetapher für den Awareness-Mechanismus ist *„talking through and drawing on a transparent glass window"* (Ishii et al., 1994, S. 93): die Benutzer können den Artefakt im Vordergrund sehen und den anderen Benutzer im Hintergrund. Dadurch können die Benutzer gleichzeitig zeichnen und Gesten austauschen. Mehrere Benutzerstudien wurden durchgeführt und haben gezeigt, dass durch Blickkontakt, Mimik und Gestik die Koordination zwischen den Zeichenpartnern erleichtert wurde und der Aufwand für die Abstimmung reduziert werden konnte.

Das Distributed Interactive Virtual Environment (DIVE) (Benford et al., 2001) war eine der ersten kooperativen virtuellen Umgebungen. Sie basiert auf einem räumlichen Modell und erlaubt es den Benutzern, in gemeinsamen Anwendungen zu kooperieren und via Audio und Video in Echtzeit zu kommunizieren. Die Benutzer werden dabei als Avatare dargestellt, welche entweder einfache Blockies sind (d.h. einfache dreidimensionale T-förmige Körper) oder komplexe Abbildungen anthropomorpher Körper mit beweglichen Armen und Köpfen.

Das Model, Architecture, and System for Spatial Interaction in Virtual Environments (MASSIVE) (Greenhalgh & Benford, 1995) ist eine auf Virtueller Realität basierende Konferenzumgebung, welcher DIVE zugrunde liegt. Eine besondere Stärke von MASSIVE liegt in der Verfügbarkeit für verschiedenartige und heterogene Hardware-Plattformen, die von einfachen Textterminals bis zu leistungsstarken Personal Computer reicht und die es Benutzern von all diesen Plattformen aus erlaubt, auf den gemeinsamen Bereich zuzugreifen. MASSIVE hat spezielle Awareness-Mechanismen für die Abbildung der Akteure und deren gegenseitige Information und Interaktion. Angemeldete Benutzer werden als Texties dargestellt (d.h. ähnlich wie in DIVE, als dreidimensionale T-förmige Körper). Die Texties beinhalten am Kopfende ein Passphoto des jeweiligen Benutzers und sie symbolisieren die Hardware-Ausstattung des jeweiligen Benutzers mit anthropomorphischen Erweiterungen (z.B. ein eingeblendetes Ohr bedeutet, dass der jeweilige Benutzer über Lautsprecher verfügt; ein fehlendes Ohr zeigt an, dass der Benutzer kein Lautsprecher angeschlossen hat). Die gegenseitige Information und Interaktion wird räumlich beeinflusst, d.h. wie oben beim räumlichen Modell beschrieben, je näher sich zwei angemeldete Benutzer im virtuellen Raum kommen, desto mehr Informationen erhalten sie über einander. Wenn sich beide sehr nahe kommen, werden automatisch Audio- und Video-Verbindungen aufgebaut.

5.3.3   Awareness-Baukästen

Awareness-Baukästen bieten typischerweise Rahmenwerke und Bausteine für die Entwickler von Awareness-Mechanismen in proprietären Systemen.

GroupKit (Roseman & Greenberg, 1996) ist vermutlich der am meisten bekannte Awareness-Baukasten. GroupKit bietet viele Konzepte, die über Awareness-Mechanismen hinausgehen: eine Laufzeitinfrastruktur, welche sich um verteilte Prozesse kümmert; Programmierabstraktionen wie beispielsweise Multicast Remote Procedure Calls, Ereignisse und Umgebungen; Sitzungsverwaltung, welche sich um das Starten von Prozessen, das Beitreten und Austreten von kooperativen Prozessen, usw. kümmert. Allerdings möchten wir an dieser Stelle speziell auf Awareness-Widgets eingehen – also auf Bausteine für die Benutzeroberflächen von Awareness-Mechanismen. Die Awareness-Widgets in GroupKit haben zwei primäre Stärken:

1.   für die Benutzer bieten sie große Unterstützung bei der Darstellung von Awareness-Informationen in synchronen Groupware-Anwendungen;
2.   für Programmierer bieten sie Vereinfachungen und einfache und schnelle Implementationen.

GroupKit bietet verschiedene Awareness-Widgets. Teilnehmer-Widgets zeigen die Teilnehmer an aktiven kooperativen Anwendungen in einfachen Namenslisten und elektronische Visitenkarten zeigen detaillierte Kontaktinformationen jedes einzelnen Teilnehmers. Telepointer visualisieren die Positionen aller aktiven Benutzer in einem Gruppeneditor. Aufenthalts-Widgets bieten einen Überblick in Form von Mehrbenutzer-Laufbalken, wobei jeder Benutzer für sich selbst und für jeden anderen aktiven Benutzer jeweils einen vertikalen und einen horizontalen Laufbalken sehen kann, und in Form einer Gestaltsicht, wo eine schematische Verkleinerung des aktuell editierten Textes oder der Graphik graphisch überlagert wird mit eingefärbten Rechtecken, welche die aktuellen Positionen der Benutzer darstellen.

5.4   Präsenz-Awareness Systeme

Präsenz-Awareness Systeme haben typischerweise schmale, aber hoch spezialisierte Konzepte und Funktionalität zur Unterstützung von Informationen über die Präsenz von Benutzern und von Spontangesprächen zwischen gleichzeitig anwesenden Benutzern.

5.4.1   Instant Messaging Systeme

Instant Messaging (IM) Systeme stellen Präsenz- und Verfügbarkeitsinformationen über die Mitglieder einer Gruppe zur Verfügung, um die Abstimmung in der Gruppe zu erleichtern und Spontangespräche zwischen angemeldeten Benutzern zu ermöglichen (Erickson et al., 2004; Fussell et al., 2004; Nardi et al., 2000). Die meisten IM-Systeme bieten Funktionen für:

- das Anmelden
- Anmelden und Abmelden
- das Setzen der eigenen Präsenz- und Verfügbarkeitsstati (typischerweise mittels vordefinierter Stati oder mittels selbst definierten Stati)
- das Abfragen der Stati der anderen Benutzer
- das Versenden von Text-Sofortnachrichten
- das Starten von Echtzeit-Text-, Audio- oder Video-Konferenzen mit gleichzeitig angemeldeten Benutzern

Derzeit sind verschiedene IM-Systeme verfügbar. Sie lassen sich einteilen in Standard-IM-Anwendungen über Unternehmens-IM-Anwendungen bis zu IM-Forschungsprototypen.

Grundsätzlich bestehen IM-Anwendungen aus einer Client-Komponente, die auf den Rechnern der Benutzer installiert werden muss, und einer Server-Komponente (eventuell auch verteilt), welche insbesondere Änderungen an den Präsenzstati verteilt und den Clients Adressinformation für eventuelle Peer-to-Peer-Kommunikation liefert.

Instant Messaging Systeme basieren auf verschiedenen Kommunikationsprotokollen zwischen den Clients sowie zwischen Clients und Servern. Beispiele sind OSCAR, Mobile Status Notification Protocol (MSNP), Yahoo! Messenger, oder Jabber/XMPP. OSCAR ist das Hauptprotokoll des AOL Instant Messengers (AIM) (America Online Inc., 2006). Es basiert auf TCP, ist binär und geschlossen und es fehlt eine offizielle veröffentlichte Spezifikation. Der vom Windows Messenger benutzte .NET Messenger Service von Microsoft verwendet das Mobile Status Notification Protocol (MSNP) über TCP. Die Benutzer dieses Dienstes benötigen eine Kennung bei Microsoft Passport, um sich anmelden zu können. Das Yahoo! Messenger Protokoll ist ähnlich wie das OSCAR Protokoll auch geschlossen, d.h. nicht offiziell dokumentiert. Es wird vom Yahoo! Messenger verwendet (Yahoo! Inc., 2006). Das Jabber Protokoll ist schließlich ein offenes XML-basiertes Protokoll. Eine Hauptstärke des Jabber-Protokolls sind Transports oder Gateways: diese ermöglichen es Jabber-Benutzern, sich auf Server-Ebene mit anderen Protokollen zu verbinden (z.B. zu OSCAR, .NET Messenger Service). Das eXtensible Messaging and Presence Protocol (XMPP) ist ein Nachfolger des Jabber-Protokolls; es soll eine breiter einsetzbare applikationsübergreifende Middleware-Basistechnologie bieten. Instant Messaging Clients lassen sich einteilen in Einprotokoll-Systeme, welche nur eines der oben genannten Protokolle unterstützen (z.B. ICQ, AOL Instant Messenger, Messenger von Microsoft, Yahoo! Messenger, iChat) und Multiprotokoll-Systeme (z.B. Gaim, Miranda IM, Trillian, Adium, Proteus).

Unternehmens-IM-Anwendungen wie beispielsweise IBM Lotus Instant Messaging and Web Conferencing, Microsoft Office Live Communications, Novell GroupWise oder Sun Java System Instant Messaging unterstützen typischerweise IM in Arbeitsumgebungen. Sie bestehen meist aus Server- und Client-Anwendungen, welche beide konfiguriert werden können, um in komplexen Umgebungen wie typischerweise innerhalb eines Unternehmens zu laufen. Dazu bieten diese Lösungen oft spezielle Unterstützung bezüglich Sicherheit, Zuverlässigkeit, Skalierbarkeit, Integration mit Verzeichnisdiensten, Archivierungsmöglichkeiten und branchenspezifischen gesetzlichen Regelungen.

IM-Forschungsprototypen nehmen sich schließlich häufig den Herausforderungen bestehender IM-Lösungen an und versuchen neuartige Konzepte zu bieten. Beispiele für Herausforderungen sind die Anpassung von Online-Stati (möglichst geringer Aufwand an der Informationsquelle bei möglichst großem Nutzen beim Informationskonsumenten), einfache und allgemeine Warnungen und adäquater Umgang mit großen Mengen von IM-Nachrichten.

Die PRIMInality Infrastruktur (Gross & Oemig, 2005) beispielsweise unterstützt eine ganze Palette von Online-Stati; Online-Stati werden automatisch gesetzt, dazu werden eine Reihe von Software- und Hardware-Sensoren eingesetzt, um die tatsächliche Präsenz und Verfügbarkeit des Benutzers besser ableiten zu können. Im Wesentlichen kombiniert PRIMInality eine IM-Anwendung mit zwei Bewegungssensoren in einem Benutzerbüro. Diese Bewegungssensoren können Bewegungen am Schreibtisch und im restlichen Büro erkennen. Kombiniert man die gewonnen Informationen aus dem Online-Verhalten des Benutzers mit den Bewegungsdaten, dann können sehr genaue Online-Stati abgeleitet werden. Diese Erweiterungen sind, neben den in anderen Systemen verfügbaren, die folgenden Online-Stati:

- *Away* (ähnlich wie Away in bestehenden IM-Anwendungen, d.h. der Benutzer ist angemeldet aber inaktiv im PRIMInality-IM-Client, die beiden Bewegungssensoren bestätigen, dass der Benutzer tatsächlich das Büro verlassen hat)
- *Moving in Office* (der Benutzer ist im Büro, aber nicht aktiv in PRIMInality)
- *At Computer* (der Benutzer ist am Schreibtisch, aber nicht aktiv in PRIMInality (Anmerkung: diese Situation wird in den meisten IM-Anwendungen fälschlicherweise als Away identifiziert))
- *In Office/with Company* (die beiden Bewegungssensoren erfassen Bewegung am Schreibtisch und im restlichen Bereich des Büros, d.h. vermutlich ist der Benutzer am Schreibtisch, hat aber einen Gast)

Der QnA Prototyp (Avrahami & Hudson, 2004) erweitert eine bestehende IM-Anwendung, um den Benutzern die Einschätzung der Dringlichkeit eingehender IM-Nachrichten zu erleichtern und um die Benachrichtigung entsprechend anzupassen.

Awarenex (Begole et al., 2002) möchte die Erreichbarkeit der Benutzer dadurch steigern, dass das Einlog- und Auslog-Verhalten über einen Zeitraum gespeichert und analysiert wird und dass dann in einem Actogram täglich und wöchentlich wiederkehrende Rhythmen dargestellt und sichtbar gemacht werden.

BusyBody (Horvitz et al., 2004) reduziert die Unterbrechung von Benutzern, indem die Benutzer immer wieder zur eigenen Unterbrechbarkeit befragt werden. Mit der Zeit versucht das System die typische Verfügbarkeit in bestimmten Situationen zu bestimmen und Kontakte entsprechend durchzustellen oder nicht durchzustellen.

5.4.2 Media Spaces

Media Spaces unterstützen informelle Awareness und Spontangespräche in informellen Situationen. Diese informellen Situationen können typischerweise charakterisiert werden durch: zufällige Teilnehmer, keine klare Agenda, hohe Interaktivität und informelle Sprache (Fish et al., 1990).

Prinzipiell können zwei Arten von Media Spaces unterschieden werden: permanente Awareness-Systeme und soziale Stöber-Systeme.

Permanente Awareness-Systeme (auch bekannt als Whereabouts oder Verfügbarkeitssysteme) bieten permanente Informationen über die Präsenz, Aktivitäten und Verfügbarkeit von Benutzern eines virtuellen Raumes. Beispiele sind Polyscope, Vrooms und Portholes. Polyscope (Borning & Travers, 1991) präsentiert eine Matrix mit Videostandbildern und darunter liegenden Benutzernamen. Jeder Beobachter kann angeben, mit welchem zeitlichen Abstand die Bilder aktualisiert werden sollen. Die beobachteten Benutzer wiederum können angeben, ob sie gesehen werden wollen und mit welcher Frequenz Bilder von ihnen erzeugt werden sollen. Das Vrooms System (Borning & Travers, 1991) ist ein Nachfolger des Polyscope Systems und verbessert verschiedene soziale und Benutzeroberflächenaspekte mit Bezug auf den Schutz der Privatsphäre und Reziprozität. Insbesondere wurden virtuelle Räume eingeführt, in denen soziale Interaktionen erfolgen und Konversationen stattfinden können – alle Benutzer, die sich gleichzeitig im selben Raum befinden, können von einander Videobilder sehen und Videokonferenzen starten. Das Portholes System (Dourish & Bly, 1992) unterstützt Awareness über weite Distanzen durch den Austausch von Videobildern zwischen verschiedenen Standorten einer Organisation.

Soziale „Stöber-Systeme" ermöglichen es den Benutzern, in virtuellen Umgebungen nach anderen Benutzern zu stöbern und zu suchen (Churchill et al., 2004). Beispiele sind das Ravenscroft Audio Video Environment und Montage. Das Ravenscroft Audio Video Environment (Gaver et al., 1992) stattet Benutzer und Gemeinschaftsräume mit Audio- und Videotechnik aus und bietet verschiedene innovative Awareness-Mechanismen:

- *Background* (Benutzer können Gemeinschaftsräume beobachten)
- *Sweep* (Benutzer beginnen kurze, eine Sekunde lange Einwegverbindungen mit spezifischen Orten)
- *Vphone* (Benutzer initiieren Videokonferenzen, die vom Partner angenommen oder abgelehnt werden können)

Montage (Tang & Rua, 1994) basiert auf einem Gebäudeflurmodell und bietet ebenfalls verschiedene Awareness-Mechanismen. Benutzer können durch virtuelle Flure navigieren und einen Blick in die Büros der anderen Benutzer werfen, um sich einen Eindruck von deren Unterbrechbarkeit zu machen. Diese Blicke sind reziprok, d.h. die Benutzer in den Büros können immer auch den Besucher sehen. Benutzer können ihre Verfügbarkeit durch eine

virtuelle Bürotüre festlegen: die Tür kann offen oder geschlossen sein oder auch ein Tür-
schild mit Informationen über die Verfügbarkeit zeigen. Des Weiteren können die Benutzer
mit verfügbaren anderen Benutzern Videokonferenzen starten.

5.5   Ambient Interfaces und periphere Awareness

Bei der Bereitstellung von Awareness-Information muss wie bei allen anderen Groupware-
Diensten auf ein möglichst gutes Aufwand/Nutzen-Verhältnis geachtet werden. D.h. der
Aufwand für das Bereitstellen der Information muss (für den Benutzer) möglichst niedrig
sein und der Aufwand für das Wahrnehmen der Information für den Konsumenten möglichst
gering (bei möglichst hohem Nutzen für beide). Eine Senkung des Aufwands beim Erheben
der Information kann mit neuartigen Sensoren erreicht werden, eine Senkung des Aufwands
beim Konsumieren von Awareness-Information wird über möglichst gute (Kontext-basierte)
Filterung und die periphere Wahrnehmung von Awareness-Information über Ambient Interfaces erreicht.

Ambient Interfaces bieten besonders gute Lösungen bei der Herausforderung der zu starken
Ablenkung von Benutzern durch die Präsentation von Awareness-Informationen. Diese Herausforderung besteht darin, dass die Benutzerinnen und Benutzer einerseits laufend mit aktuellen Informationen versorgt werden möchten, und andererseits nicht zu häufig in ihrer vor-
dergründigen Aufgabe gestört und abgelenkt werden sollen. Weitere Herausforderungen
betreffen den Umstand, dass bei den meisten Benutzern – auch wenn die Größe der Bildschirme insgesamt tendenziell steigt – die Bildschirme oft überfüllt sind; und den Umstand,
dass die Benutzer nicht immer mit dem Computer, sondern oft auch mit gedrucktem Material
und schriftlichen Unterlagen arbeiten. Ambient Interfaces benützen zur Begegnung dieser
Herausforderungen die gesamte Umgebung des Benutzers zur Präsentation der Awareness-
Informationen. Sie erfassen typischerweise Informationen aus der elektronischen und aus der
realen Welt und präsentieren die Awareness-Information außerhalb des Computers durch
Veränderungen des Ambientes in den Benutzerbüros. Sie zielen dabei auf die Ausnützung
der peripheren Wahrnehmung der Benutzer, ohne sie dabei abzulenken.

In frühen Ansätzen wurde oft der Begriff Ambient Displays verwendet. Ambient Displays
verwenden typischerweise die reale Umgebung der Benutzer, um digitale Informationen zu
präsentieren. Beispiele sind ambientROOM, AROMA und der Information Percolator. In
jüngeren Ansätzen wurden Ambient Interfaces vorgeschlagen, die nicht nur Informationen
präsentieren sollen, sondern den Benutzern auch Möglichkeiten zur Interaktion mit der digi-
talen Welt via die reale Welt bieten. Beispiele sind die Ambient Interfaces, welche im
TOWER Projekt entwickelt wurden.

Das ambientROOM System (Wisneski et al., 1998) besteht aus einem kleinen Raum mit
Spezialausstattung für die Präsentation von Awareness-Informationen in der Peripherie der
Benutzerwahrnehmung. Beispielsweise projizieren Water Ripples kleine Wasserwellen auf
die Decke und bilden die Intensität der Aktivitäten an einem entfernten Ort ab – je schneller
und enger die Wellen, desto mehr Aktivitäten am anderen Ort. Audible Soundtracks spielt

Geräusche aus der Natur und gibt dadurch Informationen über den Stand der eingehenden elektronischen Post eines Benutzers. Das Abstract Representation Of presence supporting Mutual Awareness (AROMA) System (Pedersen & Sokoler, 1997) bietet eine generische Softwarearchitektur für die Erfassung, Abstraktion, Synthese und Präsentation von Präsenz-informationen. Verschiedenartige Präsentationen der Information werden angeboten: eine Klanglandschaft, ein elektro-mechanisches Ringelspiel, ein elektro-mechanischer Vibrator im Sessel, thermo-elektrische Geräte zur Beeinflussung der Temperatur an den Handgelenken, usw. Der Information Percolator (Heiner et al., 1999) besteht aus 32 durchsichtigen Röhren, welche mit Wasser gefüllt sind und Bläschen ausstoßen können, um Awareness-Informationen darzustellen. Kleine Ausstöße von Luftblasen können entweder in einzelnen Röhren oder in mehreren Röhren zur Darstellung komplexerer Informationen erfolgen (z.B. zur Anzeige der Zeit oder von Wörtern).

Die Ambient Interfaces aus dem Projekt TOWER (Gross, 2002) bieten allesamt Awareness-Informationen und Interaktion mit der TOWER Awareness-Informationsumgebungen. Die entwickelten AwareBots sind Ambient Interfaces zur Präsentation von Awareness-Information via Roboter, welche mit dem LEGO Mindstorms Robotics Invention System (The LEGO Group, 2005) entwickelt wurden. Beispiele sind der RoboDeNiro AwareBot, der zwei Motoren verwendet zur Präsentation von Informationen und einen Berührungssensor zum Erfassen von Informationen; er kann seinen Hut heben, er kann seinen Torso rotieren und er kann erkennen, ob ein Benutzer seinen Arm drückt. Der EyeBot AwareBot kann seine Augen verrollen und hat eine TOWER-Flagge, welche die Benutzer nach vorne oder hinten hängen können. Rollende Augen bedeuten Informationen über Aktivitäten im gemeinsamen Arbeitsbereich im BSCW System an einem gemeinsamen Dokument, und mittels der Flagge können die Benutzer ihre Verfügbarkeit setzen, wobei eine Flagge im Hintergrund Verfügbarkeit bedeutet und eine Flagge im Vordergrund den Wunsch nach Verdecken oder Privatsphäre bedeutet.

5.6 Awareness-Informationsumgebungen

Awareness-Informationsumgebungen arbeiten anwendungsübergreifend, d.h. sie erfassen Informationen aus verschiedenen Anwendungen und aus anderen Quellen und präsentieren Informationen auf unterschiedlichste Arten (z.B. Laufbänder am Rechnerbildschirm oder im Raum oder aufgehende Fensterchen am Rechnerschirm). An dieser Stelle möchten wir kurz drei Arten von Awareness-Informationsumgebungen vorstellen: virtuelle Büroumgebungen, Ereignis-Benachrichtigungs-Infrastrukturen und kontextbasierte Benachrichtigungsanwendungen.

Virtuelle Büroumgebungen integrieren Funktionalität für Awareness, Kommunikation und Zusammenarbeit von verschiedenen Groupware-Anwendungen in eine integrierte virtuelle Umgebung. Beispiele sind DIVA und Orbit. Die DIVA Umgebung (Sohlenkamp & Chwelos, 1994) gründet auf einem abstrakten Büromodell, in welchem die Benutzer als kleine Icons mit Namensschild, Artefakte als kleine Datei-Icons und Schreibtische als einfache Tische dargestellt werden. Die Benutzer, die sich im gleichen Büro befinden, werden automatisch über Audio und Video verbunden. Das wOrlds System und der Nachfolger Orbit (Mansfield et al., 1997) fußen auf Locales, welche ähnlich zu virtuellen Büros sind. Sie aggregieren Werkzeuge und Ressourcen zur Interaktion zwischen Benutzern. In jedem Locale gibt es Kanäle, um Awareness über die Anwesenheit von Besuchern zu präsentieren und um asynchrone und synchrone Kommunikation zu unterstützen. Ein Navigator bietet die Möglichkeit zwischen Locales zu wechseln.

Ereignis-Benachrichtigungsumgebungen basieren auf Sensoren, Indikatoren und Infrastrukturen. Die Sensoren erfassen Informationen aus der Umgebung des jeweiligen Einzelbenutzers und aus der gemeinsamen Umgebung und senden diese typischerweise zu einem zentralen Ereignis-Server. Die Indikatoren präsentstieren die Awareness-Information an interessierte und autorisierte Benutzer. Beispiele sind Khronika und Elvin. Das Khronika System (Loevstrand, 1991) versucht die Awareness zu erhöhen, indem es ein Werkzeug zum Stöbern in und zur Benachrichtigung über Ereignisse anbietet. Es empfängt Informationen von verschiedenen Clients, speichert diese in einer Datenbank und schickt Benachrichtigungen an interessierte Benutzer. Die Benutzer können sich zu Ereignissen anmelden, an denen sie interessiert sind. Die Elvin Umgebung (Fitzpatrick et al., 2002; Fitzpatrick et al., 1999) bietet eine Infrastruktur zum Erfassen, Sammeln und Verteilen von Awareness-Informationen. Es beinhaltet verschiedene Präsentationsformen für Informationen wie beispielsweise Laufbänder am Rechnerbildschirm zur Darstellung textueller Informationen.

5.6.1   Beispiel: Die TOWER Umgebung

Die Theatre of Work Enabling Relationships (TOWER) Umgebung hat das Ziel, verteilte Arbeitsgruppen oder virtuelle Gemeinschaften im aktuellen Arbeitskontext mit Awareness-Informationen zu versorgen. Es bietet eine Infrastruktur zur Förderung von zufälligen Treffen und von spontanen Gesprächen zwischen verteilten Benutzern.

Zu diesem Zweck umfasst die Infrastruktur eine Reihe von Sensoren, welche Informationen über Benutzer und deren Aktivitäten erfassen, und eine Reihe von Indikatoren, welche Benutzer über die Präsenz, Verfügbarkeit, aktuelle Aktivitäten und Aufgaben anderer Benutzer informieren. Die Sensoren erfassen Aktivitäten in der TOWER Umgebung (z.B. Login und Logout), Benutzeraktivitäten in Win*-Plattformen (z.B. Veränderungen an Dateien, Freigaben von Verzeichnissen und Dateien, Starten von Anwendungen, Öffnen von Dokumenten), Benutzeraktivitäten in gemeinsamen Arbeitsbereichen (z.B. Hochladen oder Lesen von Artefakten im Basic Support for Cooperative Work (BSCW) System (Bentley et al., 1997)) sowie Zugriffe auf den Web-Server. Eine große Palette von Indikatoren präsentieren Awareness-Informationen. Beispiele sind schlanke Indikatoren wie aufgehende Fenster oder Laufbänder am Rechnerbildschirm mit kurzen Texten mit Informationen über andere Benutzer oder gemeinsame Artefakte; AwarenessMaps mit Awareness-Informationen im Kontext von gemeinsamen Arbeitsbereichen; die TowerWorld mit Informationen über Benutzer und gemeinsame Artefakte in einer dreidimensionalen Mehrbenutzerumgebung; mobile Clients mit verschiedenen schlanken Informationen usw.

Nachfolgend möchten wir uns primär auf die Indikatoren in TOWER beschränken. Informationen über die gesamte TOWER Umgebungen finden sich unter (Prinz et al., 2002). Da die

Ambient Interfaces von TOWER bereits weiter oben präsentiert wurden, stellen wir an dieser Stelle primär die TowerWorld vor.

Die TowerWorld ist eine dreidimensionale Mehrbenutzerwelt; sie besteht aus einer Bühne, die dynamische angelegt wird entsprechend dem Stand der gemeinsamen Arbeitsbereiche im BSCW (Bentley et al., 1997) oder anderer Dokumentenablagesysteme, und aus Avataren, die auf dieser Bühne navigieren und symbolische Aktionen durchführen.

Abbildung 5.3 zeigt Bildschirmphotos der TowerWorld: das Bild links zeigt eine Distanzansicht, in der die Benutzer einen guten Überblick über die gesamte Bühne mit allen Quadern, welche die gemeinsamen Artefakte abbilden, gewinnen können; das Bild rechts zeigt eine Nahaufnahme der selben TowerWorld mit mehr Details (z.B. Icons stellen die Dateitypen der gemeinsamen Dokumente dar, Avatare stellen den Aufenthaltsort der Benutzer im gemeinsamen Arbeitsbereich dar).

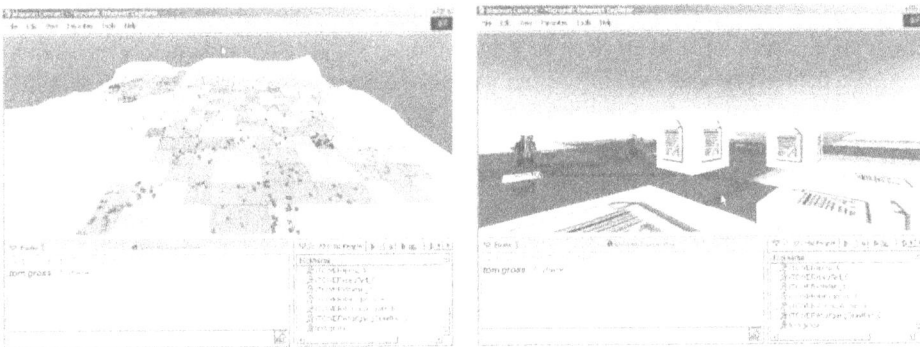

Abb. 5.3   Die TowerWorld: Überblick aus der Distanz (links); Details aus der Nähe (rechts).

Die Bühne entwickelt sich entsprechend der Aktionen der Benutzer im gemeinsamen Arbeitsbereich. Für die Erzeugung und Entwicklung der Bühne wird auf Regeln und semantische Abbildungen zurückgegriffen, welche von Benutzern festgelegt werden können. Verschiedene Attribute der Dokumente im gemeinsamen Arbeitsbereich können dargestellt werden wie beispielsweise der Dokumenttyp, die Häufigkeit von Veränderungen an einem Dokument, der Erzeuger eines Dokumentes, die Ähnlichkeit zwischen Dokumenten, usw. Diese Attribute können abgebildet werden auf die Größe der Quader in der TowerWorld, ihre Form, ihre Farbe, ihre Position, ihre Anordnung, usw. Ein weiteres Kriterium für die Erzeugung der Bühne ist die Granularität der Abbildung der Dokumente auf die Bühne. Benutzerworkshops haben gezeigt, dass die Meinungen diesbezüglich sehr unterschiedlich sein können – manche Benutzer bevorzugten eine sehr detaillierte Sicht, andere eine abstraktere und übersichtlichere. In der gegenwärtigen Implementation können die Benutzer aus verschiedenen Welten auswählen, von denen jede einzelne nach spezifischen Auswahlkriterien und – regeln zur Erzeugung und Abbildung angelegt wurde. In einer Überblickswelt beispielsweise werden nur Verzeichnisse dargestellt, während in einer Detailwelt auch alle einzelnen Dokumente dargestellt werden. In der Überblickswelt können Stellen mit hoher Aktivität leicht ausgemacht werden, andererseits können in der Detailwelt Ansammlungen von Dokumenten mit ähnlichen Eigenschaften leichter identifiziert werden.

Die Bühne der TowerWorld wird bespielt mit Avataren, welche die Benutzer und deren aktuelle Aktivitäten als symbolische Aktionen wie beispielsweise automatische Navigation durch die TowerWorld und Gesten darstellen. Die symbolischen Aktionen sollen dabei den Benutzern Kontextinformationen über die aktuellen Aufenthaltsorte und Aktionen der anderen Benutzer im gemeinsamen Arbeitsbereich geben. Zu jedem Zeitpunkt werden alle Benutzeraktionen als symbolische Aktionen dargestellt; daher kann es manchmal viel Aktivität in der TowerWorld geben, die aber stets den tatsächlichen Zustand der Arbeitsgruppe abbildet. Die Metapher hier ist „Let the system do the walking" – nicht die Benutzer navigieren aktiv durch die Welt, sondern ihre automatisch platzierten Avatare bieten eine Abbildung der tatsächlichen Aktivitäten.

Eine besondere Stärke von TOWER liegt in der Modellierung von Kontexten und in der damit verbundenen Möglichkeit der flexiblen Anpassung von Informationen an den jeweiligen Benutzer, seine aktuelle Situation und seine aktuelle Aufgabe. Die TOWER Umgebung erlaubt den Benutzern anzugeben, welche Informationen sie erhalten möchten, welche Indikatoren sie möchten und wann sie informiert werden möchten. Ein schlankes, aber mächtiges Kontextmodell ermöglicht die Strukturierung der erfassten Ereignisse und das bilden von semantisch kohärenten Aggregationen, welche für die Benutzer sinnvoller sind (Gross & Prinz, 2003). Bei der Entstehung werden Ereignisse dazu analysiert und Awareness-Kontexten zugewiesen. In analoger Weise werden Ereignisse, welche ein Benutzer produziert, analysiert und einem oder mehreren Aktivitätskontexten zugeordnet. Darüber hinaus können Benutzer für jeden Aktivitätskontext angeben, welche Informationen sie gerne hätten, wie diese präsentiert werden sollen und wie diese im Verlauf der Zeit dargestellt werden sollen (z.B. sofortige Präsentation, regelmäßige Präsentation wie etwa stündlich oder täglich, bestimmte Zeitpunkte wie beim Login oder beim Logout). Um die Spezifikation der Präferenzen zu erleichtern und um bessere gemeinsame Orientierung der Benutzer zu ermöglichen, bietet die TOWER Umgebung die Möglichkeit Präferenzen gemeinsam zu halten – d.h. Benutzer können ihre Präferenzen im gemeinsamen Arbeitsbereich veröffentlichen und andere Benutzer können diese Präferenzen dann beziehen.

5.6.2   Beispiel: Die Sens-ation Plattform

In diesem Einschub beschreiben wir das Konzept der Sens-ation Plattform: wir beginnen mit einem Anwendungsszenario, geben einen Überblick über die Funktionalität und Möglichkeiten und beschreiben die Prinzipien der Architekturkomponenten.

In einem industriellen Szenario gibt es zwei oder mehrere Abteilungen verschiedener Unternehmen an verschiedenen Standorten, welche eng zusammenarbeiten. Um die Koordination zwischen den Mitarbeitern dieser Abteilungen zu vereinfachen, benötigen diese Informationen übereinander (z.B. falls Mitarbeiter A spontan mit Mitarbeiter B der anderen Abteilung sprechen möchte, benötigt Mitarbeiter A Informationen über Bs Präsenz im Büro und Verfügbarkeit für ein Gespräch).

Aus technologischer Sicht wird für dieses Szenario das Folgende benötigt: verschiedene Sensoren in jeder Abteilung, welche Informationen über die Mitarbeiter erfassen (z.B. Sensoren, die die Präsenz und Verfügbarkeit ermitteln); eine Infrastruktur, welche den einfachen und schnellen Austausch der erfassten Daten ermöglicht und die Daten der Betroffenen entsprechend schützt; Indikatoren und Aktuatoren, welche die Informationen den interessierten und berechtigten Benutzern präsentieren.

Um solche Infrastrukturen entwickeln zu können, benötigen die Entwickler Plattformen, welche den folgenden Anforderungen genügen:

- Flexible Mechanismen für das Veröffentlichen, Validieren und Auswerten von Informationen über Sensoren, Sensordaten und Orte
- Reibungslose Einbindung von neuen Sensoren, unabhängig von spezifischen Schnittstellen (sowohl Hardware- als auch Software-Sensoren)
- Lose, bedarfsorientierte Koppelung der Komponenten
- Plattformunabhängige Server
- Persistenzschichten, um den Zugriff auf vergangene Daten zu ermöglichen
- Zusätzliche Datenanalysedienste zur Verarbeitung der Ereignisdaten (z.B. Aggregationen oder Interpretationen der Sensordaten)
- Flexible Abfragemechanismen zwischen den Servern
- Plattformunabhängige und einfach zu verwendende Schnittstellen zu anderen Systemen und Infrastrukturen (sowohl für Rich-Clients wie beispielsweise Rechneranwendungen, als auch für Thin-Clients wie beispielsweise mobile Anwendungen)

Zur Erfüllung dieser Anforderungen bietet Sens-ation (Gross, T., Egla, T. & Marquardt, N., 2006) eine interoperable Service-orientierte Sensorplattform, welche das Finden, den Zugriff und die Verwendung von Echtzeitdaten der über Kabel oder kabellos verbundenen Sensoren unterstützt. Das Service-orientierte Paradigma von Sens-ation beinhaltet Service-Anbieter, Service-Nachfrager und Service-Händler und ermöglicht standardisierte Kommunikation innerhalb der Plattform und zwischen der Plattform und den Sensoren. Jeder Sens-ation Server kann als Service-Anbieter auftreten und entsprechend alle die Hardware betreffenden Implementationsdetails der Sensoren verbergen. Sie bieten eine einfach einheitliche Schnittstelle für alle Anwendungen an, welche Echtzeitdaten oder gespeicherte Daten abfragen möchten. Die Service-Nachfrager sind unabhängig von den Service-Anbietern, sodass die Service-Nachfrager sich nicht um die Implementation der Service-Anbieter kümmern müssen. Ein Sensor-Händler bietet Informationen über Sens-ation Service-Anbieter wie beispielsweise deren registrierte Sensoren und Standorte. Ein Service-Nachfrager kann dann verfügbare Sensoren und deren Kontaktinformationen über den Händler bekommen.

Da diese Service-orientierten Mechanismen stark standardisiert sind (siehe z.B. Singh & Huhns, 2005), werden wir uns nachfolgend auf die Konzepte einzelner Service-Anbieter konzentrieren.

Abbildung 5.4 zeigt einen konzeptionellen Überblick über einen Sens-ation Server, welcher als Service-Anbieter fungiert, mit den Hauptschichten für Kommunikation und Sensordatenverarbeitung. Der grundsätzliche Datenfluss in der Sens-ation Plattform ist der folgende:

verschiedene Sensoren erfassen Daten und senden diese via Adapter zum Server; der Handling Layer verwaltet die registrierten Sensoren und der Persistence Layer speichert die Daten. Im Processing Layer können Inference Engines genutzt werden, um die rohen Sensordaten zu verarbeiten (z.B. Durchschnittswerte zu ermitteln). Schließlich können die Clients die Daten vom Server via verschiedene Gateways bekommen.

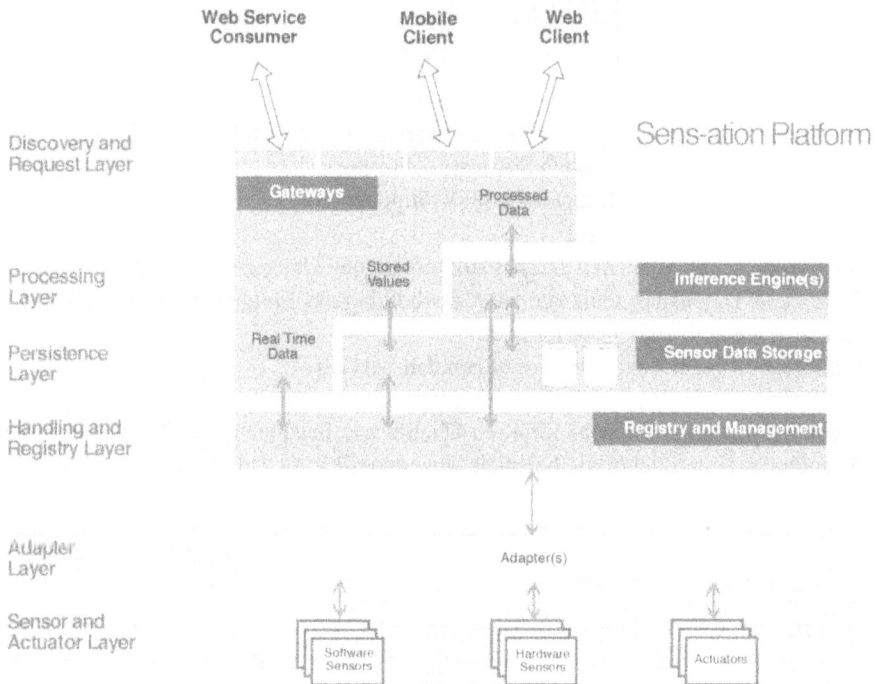

Abb. 5.4   *Das Schichtenmodell eines Sens-ation Service-Anbieters. Nach: (Gross, T., Egla, T. & Marquardt, N. 2006).*

Die Sens-ation Plattform unterstützt Hardware- und Software-Sensoren sowie –Aktuatoren. Hardware-Sensoren liefern Sensordaten aus der realen Welt (z.B. Temperatur oder Lichtverhältnisse). Software-Sensoren erfassen Informationen aus der elektronischen Welt (z.B. die Präsenzinformationen über Benutzer in einem IM-System). Auf Seite der Aktuatoren treffen wir dieselbe Unterscheidung: Hardware-Aktuatoren können die reale Welt beeinflussen (z.B. das Licht in einem Raum einschalten) und Software-Aktuatoren verwenden die graphische Oberfläche von Computern um Benutzer zu benachrichtigen (z.B. RSS-Feeds oder IM-Benachrichtigungen).

Sensor Adapters erleichtern die Kommunikation zwischen Sensoren und dem Server und abstrahieren von einzelnen Kommunikationsschnittstellen der Sensoren, welche zum Teil sehr spezifisch sein können. Sie puffern Sensordaten und agieren als Schnittstelle, um auch gleichzeitigen Zugriff auf Sensordaten von mehreren Clients zu unterstützen. Die Adapter unterstützen die Push- (hierbei sendet der Sensor-Adapter aktiv Benachrichtigungen an die Plattform) und die Pull-Methode (hierbei fragt der Client aktiv nach und erhält dann vom Sensor Adapter über den Handling Layer die Daten).

Der Handling Layer ist verantwortlich für die Verwaltung der Sensoren, Standorte und Sensortypen. Des Weiteren beinhaltet diese Schichte verschiedene Methoden zum Auffinden registrierter Sensoren und Standorte. Es gibt eine Sammlung von Nachschlagemethoden, welche via die Gateways angesteuert werden (z.B. um alle Sensoren in der Umgebung eines bestimmten Standortes zu erhalten, oder um alle registrierten Sensoren eines bestimmten Typs zu erhalten). Der Handling Layer leitet die erhaltenen Werte weiter an den Persistence Layer, welcher die Sensordaten dann speichert und späteren Zugriff ermöglicht.

Der Processing Layer stellt Inference Engines zur Verarbeitung von Daten – insb. zur Interpretation und Aggregation – von Sensorwerten von einzelnen Sensoren zur Verfügung. Diese Dienste können auch Werte von verschiedenen Sensoren kombinieren und Schlüsse ableiten, oder Daten über einen Zeitraum analysieren und Schlüsse ableiten. Beispielsweise falls die Durchschnittstemperatur benötigt wird, kann ein Dienst die Werte aller registrierten Temperatursensoren erfassen und einen Durchschnitt ermitteln; oder falls ein Überblick über die Bewegungen an verschiedenen Orten eines Gebäudes benötigt werden, kann ein anderer Dienst Bewegungswerte sammeln und eine Benachrichtigung senden, sofern in einem der beobachteten Bereich die Bewegung einen bestimmten Schwellwert überschreitet.

Der Discovery und Request Layer bietet Gateways zu Abfragemöglichkeiten über aktuelle und vergangene Sensorwerte für eine Anzahl von Clients. Diese Gateways geben die eingehenden Client-Anfragen an die verantwortlichen Schichten des Servers weiter (z.B. der Handling Layer für Echtzeitdaten, oder der Persistency Layer für vergangene Werte). Gateways bieten insgesamt Funktionen zur Abfrage von Echtzeitsensordaten; zum Auffinden von Standorten und Sensoren; zum Abbonement von Sensorereignissen; und zum Publizieren von Sensordaten.

5.7 Zusammenfassung

Die effektive und effiziente Zusammenarbeit in Teams, Communities und Organisationen erfordert zur gegenseitigen Koordination der Gruppenmitglieder die Bereitstellung von Information zur Herstellung einer gegenseitigen Awareness. Alle (echten) CSCW-Systeme unterstützen mehr oder weniger die Bereitstellung von Awareness – siehe hierzu auch die Diskussion von Awareness-Unterstützung als Kern-Charakteristikum für Groupware in Kapitel 1.

Awareness-Information umfasst dabei Informationen über die Benutzer, über gemeinsame Artefakte und über die Arbeitsumgebung.

Zur Strukturierung von Awareness (Unterstützung der Filterung) wurden räumliche Modelle, ereignisbasierte Modelle und Kontextmodelle eingeführt.

Awareness-Unterstützung kann modularisiert werden in die Erhebung von Ereignissen, die Verteilung von Ereignissen und die Visualisierung von Ereignissen (mit verschiedenen Filtern in der Pipeline). Die meisten Anwendungen haben die komplette Awareness-Pipeline integriert und unterstützen keine speziellen Schnittstellen zum Export oder Import von Awareness-Information. Die Modularisierung erlaubt es aber verschiedene Aspekte von Awareness-Unterstützung konkret herauszuarbeiten. Insbesondere sind dies die Sicherstellung von Privatheit (Datenschutz) über die Filterung und Rückmeldung der weitergegebenen Information bei der Erhebung von Ereignissen, und die geeignete (kontextsensitive) Filterung und Visualisierung von Ereignissen auf Seiten des Empfängers zur Minimierung der Ablenkung des Empfängers bei gleichzeitig maximalem Nutzen.

Neben einer kontextsensitiven Filterung können zur Reduktion des Aufwands für die Aufnahme von Awareness-Information Ambient Interfaces eingesetzt werden. Dabei wird die Fähigkeit von Benutzern zur periphären Wahrnehmung von Informationen ausgenutzt. Ambient Interfaces können weiterhin auch bei der Minimierung des Aufwandes für die Erhebung von Awareness-Information genutzt werden, z.B. durch automatische Ermittlung des Präsenzstatus eines Benutzers mittels Sensoren.

CSCW-Werkzeuge

In Kapitel 4 haben wir argumentiert, dass wir den Hauptteil dieses Buches nach Anwendungsklassen strukturieren, die in der Praxis gefunden werden können (und getrennt voneinander sinnvoll einsetzbar sind). Aus diesem Grund werden wir in den Kapiteln 5 bis 9 jeweils am Ende (im Abschnitt „CSCW-Werkzeuge") kurz zusammenfassen, was in dem behandelten Bereich für den aktuellen Praxiseinsatz relevant ist.

Bei Awareness-Unterstützung spielen momentan hauptsächlich Präsenz Awareness Systeme in der Praxis eine Rolle. Dabei sind diese meist in Instant Messaging Lösungen oder Web-Portale integriert. Die Bereitstellung solcher Werkzeuge (und die Einführung in Teams oder kleinen Organisationen) kann insbesondere bei Problemen im Bereich der Ad-hoc Koordination helfen.

Bei anderen CSCW-Anwendungen finden sich wie angesprochen momentan meist integrierte Lösungen (d.h. die Awareness-Pipeline ist in die Anwendung integriert). Die wichtigste Aufgabe in diesem Bereich (und damit Anforderung an zukünftige Software) ist die Suche nach Wegen, Standard-Notifikations-Infrastrukturen) wie zum Beispiel E-Mail, zur Verteilung der Awareness-Information aus den Anwendungen verwenden zu können. So sollte jede Anwendung zumindest eine Möglichkeit zur Verteilung von Awareness-Berichten über E-Mail anbieten. Noch besser wäre eine Bereitstellung von synchroner Awareness-Information (also den Ereignissen selbst) über entsprechende standardisierte Schnittstellen wie sie bisher aber nur in Forschungsprototypen vorhanden sind.

6 Kommunikationsunterstützung

Entsprechend der allgemeinen Definition von Kommunikation aus Abschnitt 2.3.1 dient Kommunikationsunterstützung dem Austausch von Nachrichten zwischen verschiedenen Benutzerinnen und Benutzern, zur gleichen Zeit oder zeitlich versetzt.

Um den Bereich der Kommunikationsunterstützung etwas zu strukturieren, kann Kommunikation eingeteilt werden in

- *Direkte Kommunikation*: Die an der Kommunikation beteiligten Akteure tauschen Nachrichten miteinander aus. Der Sender weiß dabei jeweils welcher Empfänger (oder welche Empfängergruppe) die Nachricht erhalten soll. Nach Absenden der Nachricht kann die Gruppe der Empfänger nicht mehr geändert werden.
- *Indirekte Kommunikation*: Die Sender einer Nachricht speichern diese in einer Datenbank und kategorisieren sie so, dass sie von potentiellen Empfängern gefunden werden kann (z.B. durch Hinzufügen eines aussagekräftigen Titels oder einer Einordnung in eine Menge von vorgegebenen Themen). Die Empfänger greifen dann zu einer beliebigen Zeit auf diese Datenbank zu und suchen Nachrichten nach verschiedenen Kriterien.

In diesem Kapitel werden wir hauptsächlich direkte Kommunikation behandeln. Indirekte Kommunikation deckt alle anderen Bereiche von Gruppenarbeit ab, ist also Inhalt der anderen Kapitel in Teil III dieses Buches – insbesondere des Kapitels 9 zu Community-Unterstützung.

6.1 Grundlagen der Kommunikationsunterstützung

Die Unterstützung direkter Kommunikation in CSCW hat dabei zwei primäre Ursprünge: die Telephonie und den Briefverkehr. E-Mail ist die elektronische Form des Briefverkehrs mit mehreren Ähnlichkeiten wie Informationen über Adressaten, Absender und die eigentliche Nachricht. Der Begriff E-Mail kann mit zwei Bedeutungen verwendet werden: entweder als der Brief per se oder als ein ganzes E-Mail-System. Heute wird mit E-Mail meist der Brief per se gemeint. Wenn man über das gesamte E-Mail-System spricht, wird oft der User Agent bzw. die Benutzungsschnittstelle (Frontend), welche die Funktionalität für die Benutzer bereithält, unterschieden von den Messaging Services oder Backend und dem Application Programming Interface, welche die beiden verbindet (siehe Abbildung 6.1).

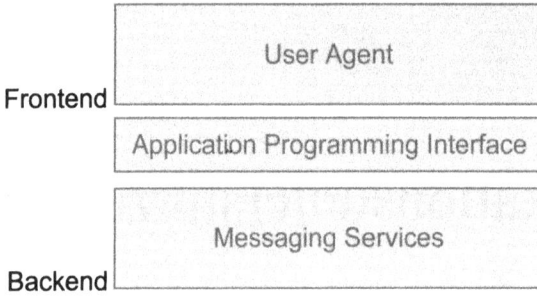

Abb. 6.1   *E-Mail-Architektur. Angepasst Nach: (Cole und Nast-Cole 1992, S. 87).*

Der User Agent ermöglicht es den Benutzern typischerweise E-Mail-Nachrichten zu erstellen, zu editieren und zu versenden sowie Nachrichten zu empfangen und zu lesen. Er bietet auch Benachrichtigungen über eingehende E-Mails. Die Messaging Services transferieren die Nachrichten von einem Agenten zum anderen. Abbildung 6.2 zeigt die detaillierte Architektur.

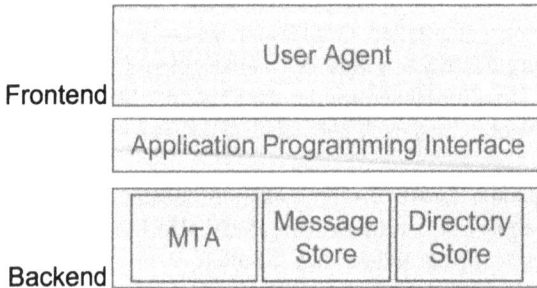

Abb. 6.2   *E-Mail-Architektur im detail. Angepasst. Nach: (Cole und Nast-Cole, 1992, S. 88).*

Der Message Transport Agent oder Message Transfer Agent (MTA) sammelt, sortiert und stellt E-Mail-Nachrichten von einem Computer zum anderen zu. In den meisten Systemen kopiert der MTA E-Mail-Nachrichten von einem Computer zum nächsten; manchmal werden Nachrichten auch verschoben, manchmal werden Nachrichten auch via einer gemeinsamen Datenbank ausgetauscht. Typischerweise bleiben diese technischen Details vor den Benutzern verborgen. Manche MTAs basieren auf offenen Standards (z.B. dem Simple Mail Transfer Protocol SMTP (Postel, 1982)), andere basieren auf geschlossenen Standards (z.B. Microsoft Exchange Server). Der Message Store speichert eingehende E-Mail-Nachrichten solange, bis die Empfänger diese auf ihre lokale Festplatte verschieben oder die Nachrichten löschen. Falls das E-Mail-Verzeichnis des Empfängers auf einem anderen Computer liegt, werden die Nachrichten entsprechend weitergeleitet (store and forward Prinzip). Der Directory Store stellt ein Adressbuch mit Einträgen zu Benutzernamen und E-Mail-Adressen und weiteren Informationen wie Telefon- und Faxnummern, Büroadressen, usw. zur Verfügung (Coleman, 1997).

Neben diesen technischen Aspekten können einige weitere Dimensionen für die Einteilung von Kommunikationsunterstützung identifiziert werden:

- *Geschwindigkeit der Zustellung und Antwort*: asynchrone Systeme wie beispielsweise E-Mail-Systeme erlauben es den Benutzern typischerweise, später zu antworten; Instant Messaging Systeme arbeiten typischerweise mit mittelfristigen bis kurzfristigen Antworten; synchrone Chat-Systeme basieren auf sofortigen Echtzeitantworten
- *Anzahl der Kommunikationspartner*: Paarkommunikationssysteme unterstützen zwei Benutzer; Kleingruppenkommunikationssysteme unterstützen sieben bis zwölf Benutzer; und Kanalsysteme unterstützen Hunderte von Benutzern gleichzeitig
- *Bekanntheit innerhalb der Benutzer*: bekannte oder unbekannte Teilnehmer
- *Speicherung der Nachrichten*: persistente Systeme speichern die Nachrichten ohne zeitliche Beschränkungen; flüchtige Systeme löschen Nachrichten nach bestimmten Verfallszeiten
- *Medium der Nachricht*: Textnachrichten enthalten typischerweise nur Text; formatierte Nachrichten enthalten Text mit Layout (z.B. Schriften, Farben); Audionachrichten enthalten Audiodaten; Videonachrichten enthalten Bewegtbilder
- *Umgebung und Mobilität*: Desktop-Nachrichtensysteme laufen auf Computern; mobile Nachrichtensysteme laufen auf mobilen Geräten (z.B. Notebooks); nomadische Systeme können auch unterwegs genutzt werden (z.B. Persönliche Digitale Assistenten)

6.2   Asynchrone Nachrichtensysteme

E-Mail-Systeme sind die am meisten bekannten asynchronen Nachrichtensysteme. Die ersten Systeme erlaubten es den Benutzern Nachrichten in reinem Text zu erzeugen, zu editieren und zu versenden. Spätere Systeme basierten auf dem Multimedia Integrated Mail Extension (MIME) Standard und erlaubten sowohl das Erzeugen, Editieren und Versenden von E-Mail-Nachrichten inklusive Textformatierungen und eingebetteten Bildern, als auch das Anhängen von verschiedenen Dokumenten an E-Mails. Beispielsweise das Andrew Message System (Borenstein & Thyberg, 1991) und das Slate System (Thomas et al., 1985) erlaubten es Benutzern formatierten Text, Graphiken und Tabellen auszutauschen.

Ursprünglich mussten die Sender alle Empfänger explizit nennen; spätere Systeme unterstützten Mailing-Listen – entweder als individuelle Listen, welche von einzelnen Benutzern gepflegt werden, oder gemeinsame Listen, welche von Benutzergruppen verwaltet werden. Diese traditionellen Systeme unterstützten nur unstrukturierte Nachrichten.

Frühe E-Mail-Erweiterungen von Nachrichtensystemen boten semi-strukturierte Nachrichten oder aktive Nachrichten mit eingebauten Mechanismen zur automatischen E-Mail-Verarbeitung. Sie zielte auf die Vereinfachung des Umgangs mit E-Mail und auf die Verwendung von E-Mail zur Koordination und Automatisierung von Gruppenaktivitäten ab.

Das Information Lens System (Malone et al., 1986) möchte die E-Mail-Kommunikation verbessern, indem das Versenden und Empfangen von relevanten E-Mail-Nachrichten erleichtert wird. Es führt semi-strukturierte Nachrichten, Interessensprofile und Filtertechniken aus dem Bereich der Künstlichen Intelligenz ein. Die semi-formalen Nachrichten haben standardisierte Felder mit einer Anzahl von vordefinierten Werten. Die Interessensprofile bestehen aus Feldern und Werten und bilden Themen ab, an denen Benutzer interessiert sind. Die Filterungs- und Klassifikationsregeln verarbeiten neue Nachrichten entsprechend ihres Betrefftextes und der Felder und Werte, vergleichen diese mit den Interessensprofilen und leiten die Relevanz jeder neuen Nachricht für die potenziellen Empfänger ab. Bei Übereinstimmung werden die Nachrichten automatische an die interessierten Benutzer weitergeleitet. Um private Nachrichten zu schützen, wird diese Verarbeitung nur angestoßen, wenn der Absender seine Nachricht als Public einstuft; dies kann getan werden, indem ein Platzhalterempfänger namens Anyone eingefügt wird. Das Object Lens System (Lai et al., 1988) ist ein Nachfolger des Information Lens Systems und stellt einen allgemeineren Ansatz dar. Es erlaubt den Entwicklern von Groupware-Systemen, Objekte in einem Objektspeicher anzulegen und zu verketten.

Das Cosmos System (Araujo et al., 1988) zielt darauf ab, E-Mail-Kommunikation durch Formalisierung und Abstimmung der Kommunikationsstränge zu vereinfachen. Das System basiert auf Kommunikationsstrukturen – optionale illokutive Akte – welche als Grundlage für den Verkettung von Nachrichten entsprechend lokaler Gegebenheiten herangezogen werden (z.B. nachdem eine Frage gestellt wurde, folgt häufig eine Antwort). Um diese Strukturen spezifizieren zu können, bietet Cosmos eine Structure Definition Language (SDL) sowie Rollen, Regeln, Nachrichtenobjekte und Bedingungen. Austausch kann dann als Aktion begriffen werden, bei der der Zugriff auf ein oder mehrere Nachrichtenobjekte zwischen Rollen transferiert wird.

Schließlich erlaubt das COORDINATOR System (Winograd & Flores, 1987) dem Absender festzulegen, welchen Typ von Antwort er erwartet (z.B. Anfragen, Zusagen zu vorherigen Nachrichten, Hintergrundinformationen). Das Chaos System (De Cindio et al., 1988), das Contract System (Marca, 1989), und das ConversationBuilder System (Kaplan et al., 1991) basieren ebenfalls auf ähnlichen Ansätzen. Siehe hierzu auch die Diskussion von asynchronen Nachrichtensystemen zur Unterstützung von Koordination in Abschnitt 7.2.4.

Insgesamt erhielten die semi-strukturierten Nachrichtensysteme gemischte Bewertungen. Speziell die hoch-strukturierten Ansätze waren in manchen Fällen zu starr. Beispielsweise haben Bullen und Bennett das COORDINATOR System evaluiert und herausgefunden, dass die Benutzer die Strukturierungsmöglichkeiten des Systems nicht verwendeten; vielmehr wurde das System für den regulären Austausch von E-Mail-Nachrichten verwendet (Bullen & Bennett, 1990).

6.3   Instant Messaging Systeme

Instant Messaging Systeme unterstützen Echtzeitkonversationen zwischen angemeldeten Benutzern, wobei der Text der Nachrichten meist zeilenweise übertragen wird – d.h. wenn der Absender seinen Satz abschlossen hat und die Eingabetaste drückt, wird die Nachricht versendet und beim angemeldeten Empfänger dargestellt. Instant Messaging Systeme wurden bereits weiter oben im Kapitel zu Awareness (insbesondere Präsenz Awareness, Abschnitt 5.4) beschrieben.

6.4 Synchrone Text-basierte Systeme

Synchrone text-basierte Systeme zur Kommunikationsunterstützung erlauben es den Benutzern, Nachrichten zwischen beliebig vielen Computern in reinem Textformat und in Echtzeit auszutauschen. Das UNIX Talk-Programm ist dafür ein sehr frühes und einfaches Beispiel. Es erlaubt Benutzern synchrone text-basierte Gespräche mit anderen angemeldeten zu initiieren. Während des Gesprächs wird jeder einzelne Buchstabe, den ein Benutzer tippt, zum Computer des anderen Benutzers transferiert und dort sofort dargestellt. Internet Relay Chat und Mulit-User Dungeons sind ein wenig umfangreichere Systeme dieser Klasse.

6.4.1 Internet Relay Chat

Der Internet Relay Chat (IRC) ist ein Chat-Netzwerk, welches einer Vielzahl von Benutzern erlaubt, über verschiedene Kanäle in Echtzeit mit einander zu kommunizieren. Das IRC basiert auf einem Client-Server-Modell. Benutzer, die am IRC teilnehmen möchten, benötigen einen Client mit dem sie sich zu einem IRC-Server verbinden und einen Kanal betreten können. Colloquy, Ircle und Xirc sind Beispiele für Clients für Mac OS X; mIRC, ViRC und XChat sind IRC-Clients für Windows.

IRC-Server bieten verschiedene Kanäle, welche drei Modi anbieten: *öffentlich* (Standardmodus, jeder kann teilnehmen, angemeldete Benutzer können sehen wer sonst noch angemeldet ist und in welchen Kanälen); *privat* (angemeldete Benutzer können andere sehen, aber nicht deren Kanäle); *unsichtbar* (angemeldete Benutzer werden nicht angezeigt). Der Modus kann nur vom Kanalwart geändert werden. Ein Benutzer kann Kanalwart werden, indem er entweder einen Kanal als erster betritt oder, indem er vom derzeitigen Wart ernannt wird.

Die Übermittlung von Nachrichten im IRC erfolgt zeilenweise – d.h. jede abgesendete Zeile wird angemeldeten Benutzern im selben Kanal sofort angezeigt.

Die wichtigsten IRC Befehle sind `help`, `quit`, `who`, `whois`, `list`, `topic`, `join`, `part`, `links`, `msg`, `silence names`, `stats`, `nick`, `away`, `info`, `clear`, `query`, `ignore mode`. Kanalwarte können zusätzlich Befehle wie `kick` verwenden, um andere Benutzer von einem Kanal rauszuschmeißen, `invite` um andere Benutzer bei einem Einladungs-basierten Kanal einzuladen und `topic` um das Thema eines Kanals anzugeben oder zu ändern (Pioch et al., 1997).

6.4.2   Multi-User Dungeons

Multi-User Dungeons, auch bekannt als Multi-User Dimensions oder Multi-User Dialogues (MUDs) sind text-basierte virtuelle Realitäten – d.h. Umgebungen in denen sich Benutzer mittels eines Textterminals einloggen können und wo die Benutzer verbale Beschreibungen des aktuellen Aufenthaltsortes und der Interaktionsmöglichkeiten bekommen. Eine Vielzahl von Benutzern kann gleichzeitig dasselbe MUD via Internet besuchen. Wenn sich mehrere Benutzer am gleichen Ort innerhalb eines MUDs befinden, können sie Textnachrichten austauschen.

Das erste MUD wurde Anfang der 1980er Jahre entwickelt und war ein Abenteuerspiel, welches auf Räumen, Rollenspielen und Chat basierte. Die meisten direkten Nachfolger sind ebenfalls dem Bereich der Abenteuerspiele zuzuordnen; Beispiele sind das AberMUD und das LPMUD (Bartle, 1990). Später entstanden immer mehr MUDs zur Unterstützung der sozialen Interaktion in virtuellen Gemeinschaften. Beispielsweise das TinyMUD unterstützt angemeldete Benutzer dabei, gemeinsam Zeit zu verbringen, Freunde zu treffen und Gespräche zu führen. Es erlaubt den Benutzern auch, eigene Räume in der virtuellen Welt anzulegen. Das LambdaMOO folgte dem TinyMUD; es handelt sich dabei um ein Multi-User Dungeon Object-Oriented (MOO) mit der besonderen Stärke, dass es über eine objektorientierte Programmiersprache verfügt mit der die Benutzer das System einfach erweitern, neue Räume anlegen und ausstatten können (Curtis, 1992, 1996).

Die Benutzer, die die MUDs und MOOs betreiben und verwalten werden Wizards genannt. Manche MUDs haben darüber hinaus noch Agenten, welche mit den Benutzern kommunizieren und Hilfe anbieten. Beispielsweise beinhaltet das TinyMUD einen Agenten namens Colin. Colin kann Fragen über das MUD und seine Benutzer, über seine Räume, usw. beantworten, Karten anzeigen und Nachrichten weiterleiten (Mauldin, 1994).

MUDs und MOOs werden für den Teleunterricht eingesetzt. Die Diversity University hat diese Technologie beispielsweise als einen interaktiven Hörsaal für viele Jahre verwendet. Im Hauptcampus MOO können sich Benutzer einloggen und die verschiedenen Hörsäle betreten (DU, 2006).

6.4.3   Synchrone Audio-Konferenzen

Synchrone Audio-Konferenzsysteme erlauben es den Benutzern, sich in Echtzeit zu unterhalten. Telefone – sowohl mit Kabel als auch ohne Kabel – sind ein einfaches Beispiel dieser Kategorie. Die meisten Telekommunikationsunternehmen bieten die Möglichkeit von Konferenzschaltungen, an denen mehr als zwei Gesprächspartner per Telefon teilnehmen können. Andere Beispiele von frühen Audio-Konferenzsystemen sind Maven, das Video Audio Tool (vat) und das Network Voice Terminal (nvt); diese laufen alle auf dem MBone (Kumar, 1995).

Mehrere aktuellere Systeme unterstützen ebenfalls synchrone Audio-Konferenzen. Ein derzeit sehr weit verbreitetes System ist Skype. Ähnlich wie bei text-basierten Instant Messaging Systemen erlaubt es Skype den Benutzern sich einzuloggen, ihren Online-Status zu setzen und Textnachrichten zu versenden. Zusätzlich können angemeldete Benutzer sehr einfach Audio-Konferenzen mit anderen angemeldeten Benutzern starten (Skype, 2006). In manchen Betriebssystemen sind Audio-Konferenzen in das System integriert; beispielsweise ist die iChat Anwendung Bestandteil von Mac OS X und unterstützt Audio-Konferenzen zwischen bis zu zehn Teilnehmern (Apple Computer, 2006).

Audio-Konferenzen können zur Herausforderung werden. Eine empirische Untersuchung von Nietzer (1991) zeigte, dass die Benutzer Schwierigkeiten hatten, dem Verlauf des Gesprächs zu folgen, weil Mimik und Gestik fehlten und weil man nicht klar sehen konnte, wer gerade spricht und wer gerade zuhört.

6.4.4   Synchrone Desktop-Videokonferenzsysteme

Synchrone Desktop-Videokonferenzsysteme erlauben es den Benutzern, Echtzeitgespräche basierend auf Audio oder Video durchzuführen. Das PICTUREPHONE war ein frühes System bei den Bell Laboratories; es basierte auf einem Telefon, welches auch die Übertragung und Darstellung von Video bot (Dorros et al., 1969).

Später wurden verschieden Forschungsprototypen zur Unterstützung von Desktop-Videokonferenzen entwickelt. Diese bieten typischerweise eine Kombination von Videokonferenz und Anwendungsteilung. Über die Videokonferenz wird dabei Audio und Video übertragen und dargestellt; über die Anwendungsteilung können die Benutzer Software-Anwendungen mit den Konferenzpartnern gemeinsam nutzen. Beispielsweise das Multi-Media Conferencing (MMConf) System kombiniert Kommunikationskanäle und geteilte Bildschirme und integriert gemeinsame Anwendungen wie Zeichenprogramme, Folienprojektionsprogramme und Dokumenteneditor (Crowley et al., 1990). Das Rapport System (Ahuja et al., 1988) ist ein weiterer Forschungsprototyp zu Desktop-Videokonferenzen.

Beispiele für aktuellere Desktop-Videokonferenzsysteme sind iChat, iVisit, NetMeeting und Skype.

Manche synchronen Desktop-Videokonferenzsysteme unterstützen mehrere Videokameras pro Teilnehmer. Somit sind die Teilnehmer frei, ihre Kameras zu positionieren (z.B. eine Videokamera kann auf das Gesicht des Teilnehmers gerichtet sein um die Mimik einzufangen, eine weitere Kamera kann an der Decke angebracht sein und den Schreibtisch des Teilnehmers zeigen). MERMAID ist ein Beispiel für ein solches System (Watabe et al., 1990).

Auch Media Spaces unterstützen informelle Awareness und Spontangespräche in informellen Situationen. Siehe hierzu Abschnitt 5.4.2.

6.5   Zusammenfassung

Bei (Unterstützung von) Kommunikation ist zu unterscheiden zwischen direkter und indirekter Kommunikation. Indirekte Kommunikation, also der allgemeine (nicht direkte) Austausch von Information zwischen den Mitgliedern einer Gruppe kann dabei so breit gefasst werden, dass alle Arten sozialer Interaktion darunter fallen – und somit alle Typen von Groupware als Anwendungen zur Kommunikationsunterstützung eingeordnet werden könnten. Aus diesem Grund haben wir uns in diesem Kapitel auf die Unterstützung direkter Kommunikation konzentriert.

Rechnergestützte Systeme zur Unterstützung der direkten Kommunikation gab es schon sehr früh (z.B. E-Mail, IRC). Diese frühen Systeme unterstützten meist das asynchrone oder synchrone Versenden von Textnachrichten. Später entstanden viele Systeme zur Unterstützung von Audio- und Videokonferenzen.

Eine aktuelle Entwicklungstendenz im Bereich der Kommunikationssysteme ist die Koppelung bzw. Integration der Kommunikationsfunktionalität mit Funktionalität zur Vermittlung von (Präsenz) Awareness.

CSCW-Werkzeuge

Werkzeuge zur Kommunikationsunterstützung widmen sich vor allem der Überbrückung von Raum- und Zeit-Grenzen bei der Zusammenarbeit (siehe hierzu auch die Diskussion zur Raum/Zeit-Matrix in Abschnitt 4.1).

Bei aktuellen Werkzeugen zur Kommunikationsunterstützung lassen sich vor allem die folgende Bereiche unterscheiden:

- E-Mail-Infrastrukturen
- Audio-/Videokonferenzinfrastrukturen
- Text-Chat (Instant Messaging)

Im Bereich der Audio/Video-Konferenzunterstützung gibt es dabei verschiedene mögliche Konfigurationen. Für direkte 1:1 Gespräche reicht die Bereitstellung von rein Client-basierten Lösungen aus. Bei einer intensiven unternehmensweiten Nutzung mit häufig mehr als zwei Konferenzteilnehmern muss aber über die Bereitstellung einer speziellen Infrastruktur für die Konferenzunterstützung nachgedacht werden. Letzteres gilt genauso für eine unternehmensweite Nutzung von Instant Messaging Anwendungen.

Grundsätzlich unterscheidet man im Bereich der Lösungen für Videokonferenzen weiterhin rein Desktop-basierte Lösungen sowie Raum-basierte Lösungen, bei denen über spezielle Hardware (große Wandbildschirme, fest installiertes Audio- und Video-System) ermöglicht wird, dass eine ganze Gruppe von einem Endpunkt aus an einer Telekonferenz teilnehmen kann.

Eine aktuelle Entwicklung unter dem Namen Unified Communications ist die Verknüpfung von Audiokonferenzen bzw. Internettelephonie und Groupware-Produkten mit der Office-Suite durch Microsoft und IBM. Damit wird es möglich, aus allen Produkten Audio-Verbindungen, Webkonferenzen oder Instant Messaging anzustoßen. Im Zentrum stehen dabei wieder Präsenzinformationen: Dem Nutzer wird in allen Kommunikationskanälen angezeigt, ob und wie ein Kollege gerade erreichbar ist.

7 Koordinationsunterstützung

Koordination ist einer der Interaktionstypen, die bei Kooperation beobachtet werden können. Dabei ist Koordination vor allem für den effizienten und zuverlässigen Ablauf von Kooperation verantwortlich, in dem Konsistenz und ein passender Ablauf von Teilaktivitäten garantiert wird. Aus diesem Grund war die Unterstützung von Koordination schon immer ein wichtiger Teilbereich von CSCW. Wegen der zentralen Bedeutung von Koordination für Gruppenaktivitäten ist ein Verständnis der Grundkonzepte zu Koordination aber nicht nur für Anwendungen, die sich speziell der Unterstützung von Koordination zuwenden, interessant, sondern für alle Varianten von Groupware.

In diesem Kapitel stellen wir zuerst die Koordinationstheorie (*coordination theory*) von Malone und Crowston vor, die versucht Koordination zu definieren und zu konzeptualisieren. Dann gehen wir auf einige Grundklassen von Koordinationsmechanismen und Werkzeugen ein, die wir als praktisch relevant identifiziert haben: Workflow Management, Konversationsunterstützung und Koordination über gemeinsame Artefakte wie z.B gemeinsame Terminkalender.

7.1 Koordinationstheorie

Schmidt und Simone (1996, S. 158f) stellen fest, dass kooperative Arbeit inhärent verteilt ist – nicht nur in dem Sinne, dass die Aktivitäten zu unterschiedlichen Zeiten und an unterschiedlichen Orten stattfinden, sondern vor allem dass unterschiedliche Akteure beteiligt sind, die semi-autonom agieren und sich dabei von unterschiedlichen Umständen und Strategien leiten lassen. Um ihre Ziele zu erreichen, müssen die Akteure ihre Aufgaben, Visionen, Zugriff auf knappe Ressourcen etc. koordinieren.

In der Übersicht zu CSCW-Konzepten, die wir in Kapitel 1 vorgestellt haben und in der Diskussion von allgemeinen Konzepten der Zusammenarbeit in Kapitel 2 haben wir bereits auf die Bedeutung von Koordination hingewiesen – für kooperative Arbeit im Allgemeinen und für (Kooperation in) Organisationen im Besonderen.

Arbeiten zum Thema Koordination finden sich in den unterschiedlichen Disziplinen - von der Informatik über die Sozialwissenschaften, Psychologie, Politikwissenschaften bis hin zu den Wirtschaftswissenschaften. Auch im Bereich CSCW gibt es Grundlagenarbeit zu Koordination, die von anderen Disziplinen inspiriert ist, z.B.

- beschreibt Holt (1988) eine Sprache zum Entwurf von Koordinationswerkzeugen, die teilweise auf Ideen von Petri-Netzen basiert,
- haben Winograd und Flores eine Methode zur Analyse von Gruppenaktivitäten entwickelt, die sich stark auf Ideen aus der Linguistik stützt (Sprechakte, siehe Flores, 1988; Winograd, 1986, 1988) und
- beschreiben Conklin und Begeman (1988) und Lee (1990) Systeme, um Gruppen darin zu unterstützen, die Struktur von Argumentationen aufzuzeichnen, die sich stark auf Ideen aus der Philosophie und Rhetorik stützen.

Trotz dieses Austausches zwischen den Disziplinen gab es bis zum Ende der 1980er noch keine klare, von verschiedenen Disziplinen befruchtete Konzeptualisierung von Koordination für CSCW. Diese Lücke schlossen Malone und Crowston, indem sie Konzepte zu Koordination aus unterschiedlichen Disziplinen zusammentrugen und damit ein neues Feld begründeten, das sie „Coordination Theory" nannten (Malone, 1988; Malone & Crowston, 1990, 1994).

Die Hauptbeiträge der Gruppe um Malone und Crowston zur Koordinationstheorie waren dabei nach (Crowston et al., 2005):

- eine klare Definition des Konzeptes Koordination
- ein (Modellierungs-)Rahmenwerk für Koordination
- eine Typologie von Abhängigkeiten (zwischen Aktivitäten) und Koordinationsmechanismen (um diese Abhängigkeiten zu adressieren)

In diesem Abschnitt werden wir diese Beiträge näher vorstellen und dann eine Übersicht von Systemklassen für die Koordinationsunterstützung ableiten, die den Rest des Kapitels prägen wird. Ein Großteil der Diskussion der Koordinationstheorie in den kommenden Unterabschnitten geht dabei zurück auf (Malone und Crowston 1990, 1994).

7.1.1   Definition und Rahmenwerk für Koordination

Zum Konzept Koordination wurden schon verschiedene Definitionen vorgeschlagen. Malone und Crowston (1994) und Weigand et al. (2003) tragen verschiedene davon zusammen, u.a.

- *„Structuring and facilitäting transactions between interdependent components"* (Chandler, 1962)
- *„The protocols, tasks and decision-making mechanisms designed to achieve concerted actions between interdependet units"* (Thompson, 1967)
- *„Composing purposeful actions into larger purposeful wholes"* (Holt, 1988)
- *„The integration and harmonious adjustment of individual work efforts towards the accomplishment of a larger goal."* (Singh & Rein, 1992)

Beginnend mit der Grunddefinition von Koordination als *„act of working together harmoniously"* und der Definition von Arbeit als *„physical or mental effort or activity directed toward the production or accomplishment of something"* (American Heritage Dictionary,

1981) arbeiten Malone und Crowston die folgenden Grundkonzepte für Koordinationsszenarien heraus:

- Akteure (*actors*) führen Aktivitäten bzw. Aufgaben (*activities, tasks*) aus, die auf bestimmte Ziele (*goals*) ausgerichtet sind.
- Die Aktivitäten sind nicht unabhängig voneinander. Sie müssen so ausgeführt werden, dass wünschenswerte Ergebnisse erreicht werden und ungewünschte Ergebnisse vermieden werden.
- Die zielrelevanten Zusammenhänge zwischen den Aktivitäten werden (gegenseitige) Abhängigkeiten (*interdependencies*) genannt.

Eine der Neuerungen in der Diskussion von Malone und Crowston ist, dass Abhängigkeiten zwischen Aktivitäten und nicht zwischen den Akteuren als Grundlage von Koordination konzeptualisiert werden. Damit fällt es leichter die Auswirkungen der Verschiebung von Aktivitäten oder Aufgaben auf andere Akteure zu modellieren.

Folglich definieren sie Koordination als (Malone & Crowston, 1990, S. 361)

> „*the act of managing interdependencies between activities performed to achieve a goal*"

Die Koordinationstheorie formalisiert die Abhängigkeiten zwischen Aktivitäten und stellt ein Rahmenwerk zur Analyse und zur Evaluation verschiedener Koordinationsansätze zur Verfügung.

Der Ausgangspunkt ist dabei die Identifikation verschiedener generischer Koordinationsprozesse oder –Aufgaben für die verschiedenen Komponenten:

- Ziele: Identifikation von Zielen
- Aktivitäten: Zuordnung von Zielen zu Aktivitäten (z.B. die Zerlegung von Zielen in Aktivitäten)
- Akteure: Auswahl von Akteuren, Zuweisung von Aktivitäten zu Akteuren
- Abhängigkeiten: „bewältigen" (*managing*) von Abhängigkeiten (z.B. Zuweisung von Ressourcen an unterschiedliche Akteure, gemeinsame Nutzung von Informationen)

7.1.2 Typologie der Abhängigkeiten und Koordinationsmechanismen

Eine Behauptung der Koordinationstheorie ist, dass die Abhängigkeiten zwischen Aktivitäten und die Mechanismen, um mit ihnen umzugehen, verallgemeinert werden können. Dies würde eine wichtige Grundlage zur Schaffung von Werkzeugen zur (allgemeinen) Koordinationsunterstützung schaffen. Malone und Crowston tragen hierzu eine Typologie von Abhängigkeiten und zugeordneten Koordinationsmechanismen bei.

Ausgangspunkt ihrer Arbeiten sind folgende generischen Typen von Abhängigkeiten (Koordinationsproblemen):

- Erzeuger/Verbraucher-Abhängigkeiten, Vorbedingung (*prerequisite*): Das Ergebnis einer Aktivität wird für die nächste Aktivität benötigt (Aktivitäten in eine Reihenfolge bringen, Information von einer Aktivität zur nächsten schaffen).
- Gemeinsame Ressource (*shared resource*): Ressourcen werden von verschiedenen Aktivitäten benötigt, stehen aber nur in beschränkter Zahl zur Verfügung (Allokation von Ressourcen).
- Gleichzeitigkeit (*simultaneity*): Manche Aktivitäten müssen zur selben Zeit stattfinden – z.B. die Anwesenheit verschiedener Akteure bei einem Treffen (Synchronisation von Aktivitäten).

Um diese Koordinationsprobleme in den Griff zu bekommen, müssen die Akteure zusätzliche Arbeit, in Form von Koordinationsmaßnahmen bzw. Koordinationsmechanismen aufwenden. Crowston et al. (2005) führen aus, dass es oft verschiedene konkrete Koordinationsmechanismen gibt, um eine Abhängigkeit zu lösen. So kann die Aufgabe, Akteure zu Aufgaben zuzuordnen 1) durch einen Manager gelöst werden, der einen Mitarbeiter auswählt, 2) dadurch gelöst werden, dass der erste verfügbare Akteur ausgewählt wird, oder 3) über Marktmechanismen gelöst werden, bei denen die Akteure für Aufgaben bieten.

Folgende Tabelle stellt den generischen Abhängigkeitstypen jeweils Beispiele für mögliche Koordinationsmechanismen zu deren Lösung gegenüber:

Tab. 7.1   *Beispiele für Koordinationsmechanismen. Nach: (Malone & Crowston, 1994).*

Abhängigkeit	Beispiel für Koordinationsmechanismus
Erzeuger/Verbraucher Abhängigkeiten	Benachrichtigung (wenn Aktivität abgeschlossen), Reihenfolgeplanung im Vorfeld, Fortschrittsverfolgung (durch nachfolgende Aktivität)
Gemeinsame Ressourcen	„First come/first serve", Prioritätsscheduling, Budgets, Managemententscheidung, Marktmechanismen
Gleichzeitigkeit	Terminplanung, Synchronisation

7.1.3   Klassen von Koordinationssystemen

Die allgemeine Diskussion von Koordination und Koordinationsmechanismen in der Koordinationstheorie kann genutzt werden, um Klassen von Systemen oder Funktionalitäten zur Unterstützung von Koordination in CSCW abzuleiten.

Es ergeben sich dann die drei Grundklassen:

- Aufgaben-Sequentialisierung (Workflow Management Systeme)
- Koordination des Zugriffs auf gemeinsame Ressourcen (Sperren, Nebenläufigkeitskontrollmechanismen)
- Synchronisation von Aktivitäten

Wir werden bei der Diskussion konkreter Systeme auf diese Klassen wieder zurückkommen.

Ein anderer Ansatz zur Strukturierung von Koordinationsunterstützung wird von Prinz (1989) vorgestellt. Er identifiziert abhängig von der Art der Modellierung und dem Ort der Abarbeitung von Abhängigkeiten vier verschiedene Klassen von Koordinationssystemen:

- Prozedur/Prozess-orientiert
- Formular-orientiert
- Kommunikations-orientiert
- Konversations-orientiert

Prozessorientierte Systeme bauen auf der zentralen Definition eines Workflows auf (siehe dazu auch den folgenden Abschnitt).

Formularorientierte Systeme stützen die Koordinationsunterstützung auf semi-strukturierte Nachrichten (Formulare). Diese Nachrichten werden mit einer prozeduralen Beschreibung verbunden, die dezentral modelliert wird, d.h. es werden dezentral Regeln definiert, wie mit eintreffenden Nachrichten umgegangen werden soll.

Kommunikationsorientierte Systeme modellieren organisatorische Strukturen, um Kommunikationsprozesse zu verbessern. Beispiele sind E-Mail-Systeme mit Gruppen-Aliasen, so dass der Absender einer Nachricht nicht mehr alle relevanten Empfänger kennen muss.

Konversationsorientierte Systeme modellieren die Konversation zwischen Akteuren und unterstützen dadurch die Abwicklung von Kommunikation. Basis dieser Klasse von Systemen ist meist die Sprechakttheorie von Austin und Searle. Siehe hierzu auch Abschnitt 2.3.1.

Eine weitere hilfreiche Unterscheidung bei der Betrachtung von werkzeugunterstützter Koordination ist die Unterscheidung bezüglich dem Grad der Automatisierung der Koordination. Dies kann durch die Unterscheidung zwischen impliziter und expliziter Koordination(sunterstützung) ausgedrückt werden:

- *Explizite Koordinationsunterstützung (Automatisierung)* bedeutet, dass ein Softwaresystem die Koordinationsaufgaben (Auswahl von Akteuren, Handhabung von Abhängigkeiten) voll übernimmt und dadurch die Koordination sicherstellt. Die Akteure müssen nur noch reagieren und sich den Entscheidungen des Systems unterordnen. Beispiele finden sich vor allem beim Workflow Management und in vielen Bereichen der expliziten Synchronisation und Nebenläufigkeitskontrolle.
- *Implizite Koordinationsunterstützung* bedeutet, dass das Softwaresystem nur (Awareness–)Information bereitstellt, die von den Akteuren zur erfolgreichen Koordination benutzt werden kann. Ein Beispiel wäre die Anzeige der Belegung eines Raumes, die aber

nicht automatisch mit einer Zugangssperre gekoppelt ist. Bei impliziter Koordination verlässt man sich mehr auf soziale als auf technische Protokolle.

Ein Problem mit der Automatisierung von Koordination ist, dass die Akteure dadurch voneinander isoliert werden – was wiederum den Grundcharakteristika von CSCW widerspricht (siehe Kapitel 1). Aus diesem Grund werden Workflow Management Systeme häufig aus der Diskussion von CSCW-Systemen ausgeklammert.

Im Rest dieses Kapitels werden wir explizite Koordination in Workflow Management Systemen und Konversationssystemen (Abschnitt 7.2) und die Unterstützung impliziter Koordination über die Bereitstellung von Awareness (Abschnitt 7.3) näher vorstellen.

7.2 Workflow Management und Konversationsunterstützung

Unter Workflow versteht man den operationalen Aspekt eines Arbeitsablaufs: Wie Aufgaben strukturiert sind, wer sie ausführt, in welcher Reihenfolge sie ausgeführt werden, wie sie synchronisiert werden etc.

Der Begriff Workflow kann dabei folgendermaßen definiert werden:

- *„A workflow is a finite set of sequential and/or parallel activities which are triggered by events. The activities have a defined start and completion. The terms procedure, process chain or business transaction are often used as synonyms for workflow."* (Borghoff & Schlichter, 2000, S. 332)
- *„The computerised facilitation or automation of a process, in whole or part"* (Hollingsworth, 1994)

Informell ist ein Workflow also die Spezifikation und Ausführung einer Menge von koordinierten Aktivitäten, die einen Geschäftsprozess in einer Organisation repräsentieren. Das kann eine große Menge von Akteuren und Softwaresystemen mit einschließen. Beispiele sind die Prozesse zur Abwicklung von Bestellungen oder Geschäftsreisen oder die Publikation von Dokumenten.

Die Unterstützung von Benutzern bei der Ausführung klar definierter Workflows – das sogenannte „Workflow Management" – wurde zu Beginn der Arbeiten an der Unterstützung von Zusammenarbeit im Büroumfeld als ein wichtiger Arbeitsbereich innerhalb von CSCW betrachtet.

Borghoff und Schlichter (2000, S. 332) charakterisieren Workflow Management (WFM) als *„encompasses all the functions of modelling, specifying, simulating, analysing, executing and monitoring a workflow."* Ein Workflow Management System (WFMS) ist in diesem Zusammenhang eine Sammlung von Werkzeugen, welche die Aufgaben und Funktionen von Workflow Management unterstützen.

Von der Workflow Management Coalition wird der Begriff Workflow Management System definiert als *„a system that completely definies, manages and executes workflows through the execution of software whose order of execution is driven by a computer representation of the workflow logic."* (Hollingsworth, 1994).

McCarthy und Bluestein (1991) charakterisieren Workflow Management Systeme schließlich noch folgendermaßen:

„Workflow Management software is a proactive computer system which managest the flow of work among participants according to a defined procedure consisting of a number of tasks. It coordinates user and system participants, together with appropriate data resources which may be accessible directly by the system or off-line to achieve defined objectives by set deadlines. The coordination involves the passing of tasks from participant to participant in correct sequence ensuring that all fulfill their required contributions taking default actions when necessary."

7.2.1 Die Geschichte von Workflow Management

Erste Versuche, Workflow Management in Büroumgebungen einzusetzen, datieren zurück zu den späten 1970ern. Die ersten Systeme waren dabei Scoop (Zismann, 1977) und Office-Talk-D (Ellis & Bernal, 1982). Hintergrund der Entwicklung dieser Systeme war das Streben nach einem papierlosen Büro. Diese ersten Systeme fanden allerdings keine Verbreitung. Ein Grund dafür war sicher auch die damals nur geringe Verfügbarkeit der notwendigen Infrastruktur wie persönlichen Rechnern und lokalen Netzwerken.

In der Mitte der 1980er Jahre wurde die benötigte Infrastruktur langsam in Büroumgebungen verfügbar. Seit damals finden Workflow Management Systeme erfolgreich Einsatz bei Aufgaben, die klar definierten Prozessen folgen. Beispiele dafür sind die Bearbeitung eingehender Aufträge oder allgemein Anfragen. Weiterführende Information über Workflow Management finden sich beispielsweise in den Büchern von Vossen und Becker (1996) und Jablonski et al. (1997).

Im Rahmen der immer stärkeren Integration wurde die Funktion Workflows zu modellieren und auszuführen in den 1990ern immer stärker modularisiert und auch in andere Anwendungen integriert. Eine Entwicklung war dabei die Verwendung von Workflow Management Systemen als Rückrat einiger Enterprise Application Integration Anstrengungen.

7.2.2 Typen von Workflow Management Systemen

Workflow Management Systeme können nach der Art des Prozesses kategorisiert werden, den sie hauptsächlich unterstützen:

* *Production Workflow*: Hierbei handelt es sich um gut strukturierte Prozesse, die eine große Anzahl von Malen auf genau dieselbe Art und Weise abgewickelt werden.
* *Administrative Workflow*: Als eine Untermenge von Production Workflows handelt es sich hierbei um einfache Prozesse, die mit der Weiterleitung und Genehmigung oder Bes-

tätigung von Dokumenten zu tun haben. Im Gegensatz zum klassischen Production Workflow müssen die Prozesse nicht immer ganz genau festgelegt sein – es ist möglich, bei einem konkreten Schritt den Folgeprozess umzudefinieren (mit Systemunterstützung).

- *Ad hoc Workflow*: Diese Form des Workflows führt die zuvor angesprochene Flexibilität fort und erlaubt in jedem Schritt die Definition des weiteren Vorgehens. Meist existiert kein klar definierter Prozess, sondern nur Muster für das Vorgehen, die für jede Instanz des Prozesses neu kombiniert werden.

Das größte Segment auf dem Workflow Management Markt ist momentan die Unterstützung von Production Workflows. Beginnend mit Werkzeugen zur Erfassung von Geschäftsprozessen in Standards wie den erweiterten ereignisgesteuerten Prozessketten (eEPKs) bis hin zu Workflow Management Servern, welche die Prozessbeschreibungen direkt einlesen und anwenden können, ist der Werkzeugmarkt hierfür breit gefächert.

Während die Unterstützung von Koordination an sich ganz klar dem Bereich Groupware zuzuordnen ist, gibt es laufend Diskussionen darüber, ob das auch für Production Workflow gilt. Die Gründe, die in der Diskussion aufgeführt werden, sind, dass die Eigenschaften der Arbeitssituationen in klassischer Groupware und in Production Workflows ziemlich unterschiedlich sind (siehe folgende Tabelle):

Tab. 7.2   *Vergleich von Workflow Management und Groupware.*

(Production) Workflow Management	Groupware (Ad hoc Workflow)
große Gruppen	kleine Gruppen
strukturierte Prozesse	unstrukturierte Prozess
oft wiederholt	nicht (oft) wiederholt
Koordinationsprozess ist im Vorfeld bekannt	Koordinationsprozess wird beim Ablauf erst entwickelt
Kommunikation kann geplant werden	ad hoc Kommunikation

Basierend auf der Diskussion in Kapitel 1 können wir feststellen, dass Workflow Management Systeme dann, wenn sie sich darauf stützen, die Benutzer streng voneinander zu trennen, nicht als Groupware klassifiziert werden sollten. Wenn aber die Benutzer über das System miteinander verbunden werden und ad hoc Prozesse, also die kollaborative Entwicklung eines Koordinationsprozesses, unterstützt werden, dann sind die Systeme klar der Kategorie Groupware zuzuordnen.

7.2.3   Workflow Management Coalition und Standardisierung

Eine Herausforderung bei Workflow Management Systemen ist die Interoperabilität. Prozessmodelle müssen zwischen verschiedenen Systemen austauschbar sein, Prozesse sollten über Systemgrenzen (Unternehmensgrenzen) hinweg definiert und ausgeführt werden können, und Werkzeuge verschiedener Hersteller sollten zusammen genutzt werden können.

Im Jahr 1993 wurde die Workflow Management Coalition (WfMC) ins Leben gerufen, um eine solche generische Terminologie und Interoperabilität für unterschiedliche Systeme zu definieren.

Die Anforderungen an Interoperabilität sind dabei im Workflow Reference Model der WFMC festgehalten. Das Modell definiert sechs funktionale Komponenten und fünf Schnittstellen, die Workflow Management Systeme (in einer standardisierten Art und Weise) bereitstellen sollten (Hollingsworth, 1994, siehe Abbildung 7.1).

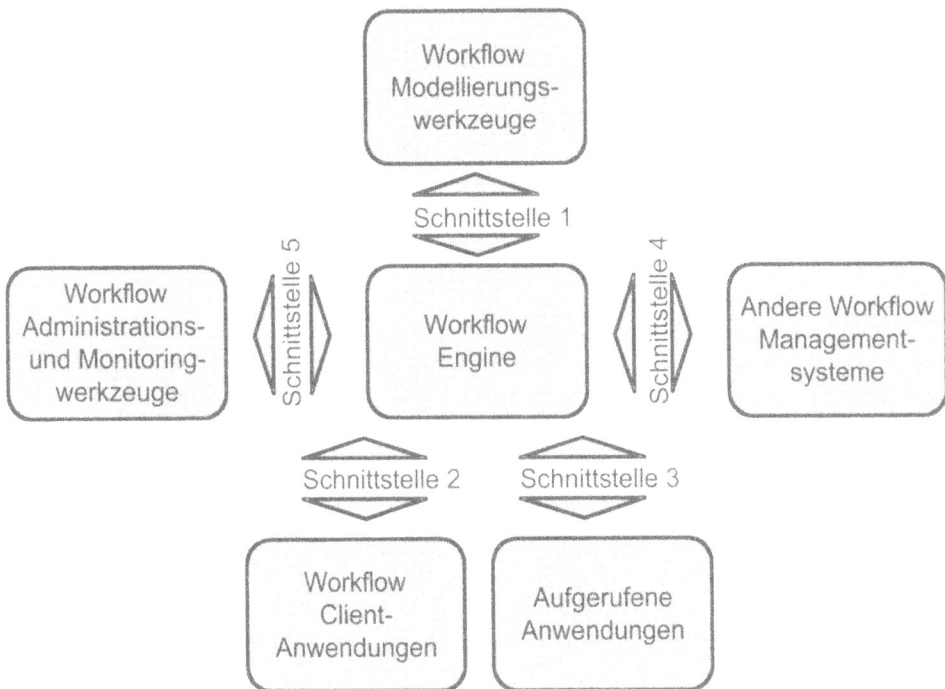

Abb. 7.1 *Workflow Referenzmodell der Workflow Management Coalition. Nach: (Hollingsworth 1994).*

- Workflow Modellierungswerkzeuge (*process definition tools*) zur Analyse, Modellierung und Beschreibung von Geschäftsprozessen. Die Ergebnisse der Prozessdefinition sollten dem eigentlichen Workflow Management System direkt zur Verfügung gestellt werden können (Schnittstelle 1).
- Workflow Client Anwendungen (*workflow client applications*), welche die Interaktion mit den Endbenutzern während des Workflows abwickeln (Schnittstelle 2).

- Aufgerufene Anwendungen (*invoked applications*) werden genutzt, um Daten zu Arbeitsobjekten zu speichern, weiterzuleiten oder anzuzeigen bzw. zu editieren (Schnittstelle 3).
- Workflow Service (*workflow enactment service*) stellt die eigentliche Laufzeitumgebung zur Ausführung von einem oder mehreren Workflows zur Verfügung.
- Administrationswerkzeuge (*administration & monitoring tools*) erlauben eine Kontrolle der gerade ausgeführten Arbeitsabläufe (Schnittstelle 5).

Mit diesen Schnittstellendefinitionen ist es möglich, die Werkzeuge verschiedener Anbieter im Bereich der Workflow-Unterstützung zu kombinieren, also zum Beispiel die Modellierungswerkzeuge eines Anbieters zur Modellierung von Workflows für den Workflow Engine eines anderen Anbieters zu nutzen.

7.2.4 Kommunikationsorientierte Koordinationsunterstützung

Während (Production) Workflow Management Systeme darauf basieren, dass der Workflow im Voraus modelliert wird und dann mehr oder weniger strikt verfolgt wird, stützen sich anderen Ansätze zur (automatisierten) Koordinationsunterstützung auf die Kommunikationsmodelle, die wir in Kapitel 2 diskutiert haben. Basierend auf dem Modell von Konversationen werden mit Elementen der Sprechakttheorie Netze von Sprechakten aufgebaut und dadurch gewisse Einschränkungen bzw. Hilfestellungen für die Abarbeitung von Prozessen vorgegeben.

Konversationssysteme implementieren eine Konversation als Sequenz von elektronischen Nachrichten, die zwischen den Teilnehmern der Konversation ausgetauscht werden. Die Übertragung der Nachrichten findet meist über die vorhandene E-Mail Infrastruktur statt. Meist werden auf der Seite der (E-Mail-)Clients dann Meta-Information und Regeln gespeichert, um dezentral über Reaktionen auf eintreffende Nachrichten entscheiden zu können.

Beispiel einer semi-strukturierten Nachricht in einem E-Mail-System:

> To: Projektteam
> From: Projektleiter
> Typ: Sitzungsankündigung
> Ort: 34/2003
> Termin: 20.12.2006 13:15
> Dauer: 45 Minuten
> Liebes Projektteam, hiermit darf ich Sie zu unserer Jahresabschlusssitzung
> herzlich einladen. Die Agenda finden Sie wie üblich im Projekt-Wiki.

Ein Großteil der administrativen Workflow Management Systeme fallen in diese Kategorie der Konversationsunterstützung, da sie meist dezentral auf der Basis der Klassifizierung von Nachrichten als Sprechakte und der regelbasierten Reaktion darauf, arbeiten. Historische Beispiele dafür sind die bereits am Anfang des Kapitels genannten Systeme Domino, Object Lens, Coordinator oder Amigo, sowie verschiedene Möglichkeiten, die heutige E-Mail-Systeme (oder nur E-Mail-Clients) zur Definition von Abarbeitungsregeln bieten.

7.3 Koordination über gemeinsame Ressourcen

Wenn es nicht um die Sequentialisierung und Steuerung der Ablaufabhängigkeiten von Aktivitäten geht, sondern um Koordination des Zugriffs auf gemeinsame Ressourcen, dann setzen Groupware-Anwendungen häufig Sperren-basierte Koordinationsprotokolle ein, die von der Kerninformatik inspiriert sind (siehe z.B. Borghoff & Schlichter, 2000). Auch mit den für Groupware geschaffenen ergänzenden Möglichkeiten sind solche automatischen und pessimistischen Verfahren zur Nebenläufigkeitskontrolle meist zu grob. Eine weniger automatisierte und strikte Unterstützung der Koordination, die den Benutzer mehr einbezieht, ist für viele Fälle wünschenswert.

In Kapitel 4 haben wir das Personen-Artefakt-Rahmenwerk vorgestellt und daran aufgezeigt, dass in einer CSCW-Umgebung eine reichhaltige Kommunikation zwischen den Kooperationspartnern über gemeinsame Artefakte passieren kann. Diese Idee wird zur Nutzung gemeinsamer Artefakte zur Unterstützung von Koordination eingesetzt.

Gemeinsame Artefakte sind Artefakte, auf die alle teilnehmenden Nutzer Zugriff haben. Dabei kann es sich um physische Objekte handeln, z.B. gemeinsame Whiteboards, oder auch um elektronische Objekte, z.B. eine Seite in einem Wiki. Jede Anwendung, die eine Anzeige bereitstellt, welche durch verschiedene Benutzer sichtbar und veränderbar ist, kann ein solches gemeinsames Artefakt darstellen. Einige dokumentierte Beispiele für die Koordination mittels gemeinsamer Artefakte sind Todo-Listen (Kreifels et al., 1993), gemeinsame Tagebücher, die von den Arbeitern einer Schicht geführt werden (Kovalainen et al., 1998), oder verschiedene „coordinative artifacts" im Krankenhausbereich (z.B. Bardran und Bossen 2005).

Die Koordinationsunterstützung über gemeinsame Artefakte ist dabei eng verwandt mit der Unterstützung von Awareness. Durch Aufmerksamwerden auf den Status des Artefakts oder über Änderungen am Artefakt wird implizite Koordination ermöglicht. Mit diesem Informationsfluss werden soziale Protokolle unterstützt. Über die gemeinsamen Artefakte erhalten die Benutzer alle Information, die sie selbst benötigen, um die Koordinationsentscheidungen zu treffen. Dies steht im Gegensatz zur automatisierten Koordinationsunterstützung, bei der die Koordinationsentscheidungen dem System überlassen werden.

Im Rest dieses Abschnitts stellen wir einige spezielle Klassen von Systemen vor, die zur Unterstützung von Koordination über gemeinsame Artefakte entworfen worden sind: gemeinsame Kalendersysteme, gemeinsame Tagebücher und gemeinsame (Wand–) Bildschirme.

7.3.1 Gemeinsame Kalendersysteme

Gemeinsame Kalendersysteme oder Gruppenkalendersysteme (*groupware calendar systems, GCS*) arbeiten folgendermaßen: Die Gruppenmitglieder führen ihre Terminkalender online auf dem System und geben anderen Benutzern Zugriff auf diese Daten. Neben Benutzerkalendern sind meist auch Kalender erlaubt, die Räumen oder anderen knappen Ressourcen zugeordnet werden können.

(Implizite) Koordination wird hauptsächlich durch die Sichtbarkeit der Kalender für andere und die damit erreichte implizite Kommunikation unterstützt. Ehrlich (1987) beschreibt gemeinsame Gruppenkalender deswegen auch als „communication devices". Verschiedene Systeme erlauben zusätzlich die Möglichkeit, Einladungen zu Terminen im Kalendersystem zu generieren und automatisch an die anderen Teilnehmer zu verschicken oder gleich automatisch in die Kalender der anderen Teilnehmer einzutragen. So können gemeinsame Treffen einfach vereinbart werden, indem bei allen eingeladenen Teilnehmern die Verfügbarkeit des Termins geprüft wird und dieser dann gleich automatisch reserviert wird (idealerweise in einer Transaktion).

Bei gemeinsamen Kalendersystemen handelt es sich um eine der ersten Groupware-Anwendungen überhaupt. Lösungen sind bereits seit Ende der 1970er verfügbar (White, 1977).

Anfang der 1980er hatten viele Unternehmen in ihren Büroumgebungen Systeme installiert, die einfache Online-Kalender enthielten. Grudin untersuchte die Verwendung dieser Lösungen am Ende der 1980er und dokumentierte dabei deren Fehlschlag. Am Beispiel der gemeinsamen Kalendersysteme arbeitete er einige allgemeine Gründe dafür her, warum die Einführung von Groupware fehlschlagen kann (Grudin, 1988):

- Missverhältnis zwischen Aufwand und Nutzen (bei den Kalendersystemen beispielsweise die aufwändige Pflege der zentralen Daten durch alle und der explizite Nutzen nur für wenige)
- Bedrohung vorhandener Machtstrukturen und fehlende kritische Masse der Nutzung
- Verletzung sozialer Tabus
- Unflexibilität, die allgemeinen Vorgehensweisen oder notwendigen Ausnahmen entgegensteht

Trotzdem wurden weiter Gruppenkalendersysteme entwickelt, beispielsweise von Beard et al. (1990), die ein prioritätsbasiertes Kalendersystem mit starkem Fokus auf die Visualisierung entwickelt haben. Aber auch hier zeigte sich im Feldtest, dass das Verhältnis zwischen Aufwand und Nutzen einem Erfolg entgegenstand, insbesondere, da keine Integration mit den Desktop-Anwendungen, in denen Benutzer inzwischen immer mehr Terminkalender führten, vorhanden war, und so Termine doppelt gepflegt werden mussten. Eine Schlussfolgerung von Beard et al. war, dass Gruppenkalender erst dann erfolgreich werden können, wenn mobile Rechner einige der Vorteile von papierbasierten Kalendern beseitigen und damit eine nahtlose Verfügbarkeit von Terminkalenderdaten garantieren.

Im Jahr 1995 untersuchten Grudin und Palen (1995) die Verbreitung gemeinsamer Kalendersysteme noch einmal bei Microsoft und Sun Microsystems und fanden dieses Mal eine unterschiedliche Situation vor. Sie berichteten über die erfolgreiche Einführung dieser Systeme und führten das unter anderem auf die bessere Integration und damit die Verringerung des Aufwands bei der Bereitstellung der Daten zurück.

Heute findet sich Kalenderfunktionalität in den meisten Office-Produkten. Dabei wird die Koordination viel weniger automatisch abgewickelt wie früher vorgeschlagen. So werden normalerweise keine Möglichkeiten angeboten, ohne Rückfrage Termine in die Kalender anderer einzutragen (selbst oder durch Agenten). Der Hauptnutzen der Kalender ist die Sichtbarkeit für alle (Awareness) – meist ergänzt durch eine konversationsorientierte Möglichkeit, Termine vorzuschlagen (Versand durch E-Mail und explizite Zustimmung durch die Empfänger).

Neben dem Einsatz gemeinsamer Kalender in Arbeitsumgebungen stellen Elliot und Carpendale (2005) beispielsweise Kalender als Koordinationsmedium für Familien vor. Weiterhin verbreitet sich immer mehr eine dezentrale Lösung mit dem Import und Export von Kalenderinformation zu gemeinsamen Terminen in lokale Kalenderlösungen. Zum Erfolg entsprechender Lösungen hat insbesondere die breite Akzeptanz des Kalender-Austauschformats vCalendar beigetragen.

7.3.2 Gemeinsame Tagebücher

Gruppenkalender sind ein Beispiel für gemeinsame (digitale) Artefakte, die Koordination unterstützen. Ein anders sind (halb-)öffentliche Tagebücher, die von einer Person oder einer Gruppe von Personen geführt werden. Allgemein versteht man dabei unter gemeinsamen Tagebüchern Systeme, in denen die Gruppe der Autoren Notizen sammelt, die für andere Benutzer sichtbar sind, und damit implizite Koordination unterstützen.

So berichten Auramäki et al. (1996) über eine ethnographische Studie in einer Papiermühle, in der die Zusammenarbeit (Koordination) der Arbeiter an einer großen Papiermaschine untersucht worden ist. Der aus der Studie abgeleitete Designvorschlag sah ein auf Lotus Notes basierendes von allen Arbeitern gemeinsam geführtes elektronisches Tagebuch vor, welches die Arbeiter darin unterstützt, Hinweise über den Status der Maschine und Probleme mit der Maschine untereinander auszutauschen und sich dadurch implizit auch über Schichten hinweg zu koordinieren.

Andere gut dokumentierte Arbeiten über gemeinsame Tagebücher stammen aus dem Bereich der Zusammenarbeit im Krankenhausbereich (Bardram & Bossen, 2005; Cabitza et al., 2005; Reddy et al., 2006). Hier wurden unterschiedliche gemeinsame Tagebücher zur Unterstützung der Koordination zwischen Schwestern und zwischen Schwestern und Ärzten gefunden.

Im weitesten Sinne können gemeinsame Tagebücher in all diesen Anwendungsfällen als Werkzeug zum Aufbau eines Organizational Memory gesehen werden. Dieser Begriff wird von Walsh und Ungson (1991) definiert als *„stored information from an organization's history that can be brought to bear on present decisions"*.

Gerade in den letzten Jahren hat sich auch eine generische Klasse von Werkzeugen entwickelt, die speziell gemeinsame Tagebücher unterstützen – die sogenannten Blog-Werkzeuge. Wie wir in Kapitel 9 sehen werden, versteht man unter Blogs öffentliche Tagebücher auf dem Web. Durch eine große Verbreitung gibt es inzwischen auch eine Menge von Werkzeugen für solche Blogs – und eine Reihe von Anwendungen in unterschiedlichen Gebieten - einschließlich der oben genannten Systeme zur Unterstützung von Organizational Memory (Picot & Fischer, 2006).

7.3.3   Gemeinsame Wandbildschirme

Ein wichtiger Aspekt der Koordination über gemeinsame Artefakte ist die Anzeige der Information (von dem gemeinsamen Artefakt) in einer Art und Weise, dass sie leicht erreichbar ist – idealerweise vielleicht sogar durch periphere Wahrnehmung – dass Personen sie einfach konsumieren und auf sie reagieren können.

Diese Anforderung kann beispielsweise dadurch adressiert werden, dass die Informationen auf großen, öffentlich einsehbaren Wandbildschirmen in zentralen Bereichen dargestellt werden.

Erste ethnographische Studien über die Nutzung großer Wandtafeln oder Wandbildschirme zur Anzeige von Information wurden beispielsweise im Krankenhausbereich durchgeführt. Hier finden sich schon heute analoge Lösungen zur Koordination der Belegungspläne von Behandlungszimmern und Operationssälen – sowohl langfristig als auch für kurzfristige Ausnahmen (Bardram et al., 2006).

Konkrete Lösungen in diesem Bereiche verfolgen die Idee, Information zu den Aktivitäten anderer für eine ganze Gruppe verfügbar zu machen. Die Systeme Library Mirror und Meeting Mirror (Koch et al., 2004; Koch, 2005) visualisieren beispielsweise Informationen aus der Nutzung einer Bibliothek bzw. über die Teilnehmer einer Tagung. Laborie et al. (2005) stellt schließlich noch eine Anwendung von großen Wandbildschirmen für die Verbesserung der Koordination in der Flugzeugproduktion vor.

Weitere Beispiele zur Nutzung von großen Wandbildschirmen zur Kommunikations- und Koordinationsunterstützung finden sich insbesondere im Bereich der Unterstützung von Communities of Practice. Lösungen wie Plasma Poster (Churchill et al., 2003) und Community Wall (Grasso et al., 2003) unterstützen beispielsweise eine Community darin, Information auf einen großen Wandbildschirm zu publizieren und dort zu annotieren.

7.4   Zusammenfassung

In diesem Kapitel haben wir das Grundprinzip Koordination und Möglichkeiten zur Unterstützung von Benutzern sich zu koordinieren vorgestellt.

Koordination wurde dabei im Rahmen der Koordinationstheorie von Malone grundlegend als Umgehen mit gegenseitigen Abhängigkeiten zwischen Aktivitäten definiert, die zur Erreichung eines Ziels ausgeführt werden. Die verschiedenen Abhängigkeiten lassen sich in drei große Gruppen zusammenfassen: Erzeuger/Verbraucher-Abhängigkeiten, Abhängigkeiten beim Zugriff auf knappe gemeinsame Ressourcen und Abhängigkeiten mit Gleichzeitigkeit. Entsprechend lassen sich auch verschiedene Grundklassen der Koordinationsunterstützung definieren: Aufgaben-Sequentialisierung, Zugriff auf gemeinsame Ressourcen, Synchronisation von Aktivitäten.

Für die praktische Betrachtung im Buch haben wir die Unterstützung von Koordination in folgende zwei Teilbereiche unterteilt:

- *Unterstützung expliziter Koordination*: Workflow Management, Konversationssyteme – die Maschine übernimmt die eigentliche Koordination
- *Unterstützung impliziter Koordination über die Bereitstellung von Awareness* – sowohl Desktop-basiert als auch mittels verschiedener ubiquitärer Anzeigemöglichkeiten wie großen Wandbildschirmen.

Die Unterstützung von Koordination über die Bereitstellung von Awareness ist dabei die in praktischer Groupware am häufigsten anzutreffende Möglichkeit der Koordinationsunterstützung.

Nicht eingegangen sind wir auf speziellen Technologien für die Implementierung von Low-Level-Koordiniationsaktivitäten wie Floor-Passing, Nebenläufigkeitskontrolle (wie der berühmte Grove Algorithmus). Information hierzu finden sich in spezialisierten Veröffentlichungen wie (Borghoff und Schlichter 2000).

CSCW-Werkzeuge

Die Anwendungsdomäne, die wir in diesem Kapitel vorgestellt haben, wendet sich hauptsächlich Koordinationsproblemen (und damit auch Informationsaustausch- oder Wissensmanagement-Problemen) in Team und Organisationen zu. Dabei gibt es zwei unterschiedliche Typen von Unterstützung:

- Automatisierung von Arbeitsprozessen: In diesem Bereich gibt es spezialisierte Workflow Management Systeme und Funktionalität zur Unterstützung von Workflow Management in Standardanwendungen (wie zum Beispiel in Content Management Systemen)
- Unterstützung impliziter Koordination über gemeinsame Artefakte: Hier finden sich hauptsächlich anwendungsspezifische Lösungen, die meist mit anderen Funktionen integriert sind. Zusätzlich finden sich einige generische Werkzeuge, die für diesen Zweck verwendet werden können, wie Wikis und Blogs.

Noch mehr als in den ersten beiden vorgestellten Anwendungsdomänen (Awareness und Kommunikation) sieht man hier, dass es weniger um die Auswahl eines speziellen Werkzeugs genau zur Unterstützung von Koordination geht, sondern mehr um die Integration von entsprechender Funktionalität in andere Werkzeuge oder die Nutzung eines generischen Werkzeugs mit entsprechender Einbettung in das soziale System. Dies kann klar am Beispiel von Wikis und Blogs gezeigt werden. Beide können für die Unterstützung von Koordination eingesetzt werden – aber das Team oder die Organisation, die sie dazu einsetzt, muss klare Regeln zur Nutzung aufstellen und einhalten – und die Nutzer motivieren, die Werkzeuge in der geplanten Art und Weise einzusetzen. Ein Wiki einfach nur zu installieren, unterstützt die Koordination nicht. Aber einige Features von Wikis oder Blogs machen es einfacher, Koordinationslösungen auf ihrer Basis zu erstellen.

8   Teamunterstützung

In diesem Abschnitt stellen wir Systeme und Prototypen zur Unterstützung von Zusammenarbeit in Teams vor. Unter Teams verstehen wir dabei wie in Abschnitt 2.2.2 definiert kleine Gruppen deren Mitglieder sich untereinander kennen und die an einer gemeinsamen (Teil-) Aufgabe arbeiten.

In den folgenden Auführungen unterscheiden wir asynchrone Unterstützung für Benutzer, welche zu verschiedenen Zeiten miteinander kooperieren, und synchrone Unterstützung für Benutzer, welche gleichzeitig miteinander kooperieren. Des Weiteren unterscheiden wir verschiedene Anwendungsszenarien wie beispielsweise Gruppeneditieren, Gruppenentscheidungsunterstützung und gemeinsame Arbeitsbereiche.

In der Realität ist die Arbeit in Teams allerdings viel breiter gefächert. Sharples (1993) unterscheidet verschiedene Formen der Gruppenarbeit beim kooperativen Schreiben; diese sollen exemplarisch einen Einblick bieten, wie vielfältig Gruppenarbeit sein kann:

- Bei paralleler Arbeit teilen sich die Gruppenmitglieder die Arbeit in Teilaufgaben und führen diese individuell durch
- Bei sequentieller Arbeit wird die Gesamtaufgabe auch geteilt, aber die einzelnen Teilaufgaben werden dann typischerweise chronologisch angeordnet und bauen oft auf den Resultaten der vorhergehenden Teilaufgaben auf
- Bei reziproker Arbeit sind die Aktivitäten der Gruppenmitglieder und die Teilaufgaben stark ineinander verwoben

Schmidt und Rodden (1996, S. 157) betonen, dass in der Alltagsarbeitspraxis häufig *„fluent transitions between formal and informal interaction"* vorgefunden werden und dass *„an inextricable interweaving of individual and cooperative work"* stattfindet. Sie schreiben auch, dass kooperative Systeme die folgenden Tatsachen berücksichtigen sollten: die sozialen Entitäten können beliebig groß werden; die sozialen Entitäten können eine instabile Mitgliedschaft aufweisen; die Interaktionsmuster zwischen den Teilnehmern können sich im Verlaufe der Zeit ändern und der Prozess kann über Zeit, Raum und Einfluss verteilt sein. Während prinzipiell all diese Unterscheidungen wichtig sind, unterscheiden wir an dieser Stelle – aus didaktischen Gründen – nur asynchrone und synchrone Gruppenarbeit.

8.1   Asynchrone Teamunterstützung

Systeme zur asynchronen Teamunterstützung stellen Funktionalität für Gruppen von Benutzern zur Verfügung, welche zu verschiedenen Zeiten miteinander kooperieren.

8.1.1   Asynchrone Gruppeneditoren

Gruppeneditoren erlauben es den Benutzern allgemein Dokumente anzulegen, zu editieren und zu beobachten, welche Änderungen andere Benutzer am Dokument vornehmen. Sharples (1993, S. 13) betont, dass es keine klare Definition von gemeinsamem Schreiben gibt:

> *„There is no single activity that can be described as collaborative writing. An episode of collaborative writing may range from a few minutes taken to plan a joint memo, to many years for writing a co-authored book. Nor is there a clear distinction between writing and non writing; ideas gained from browsing through a library or talking to colleagues over lunch may be incorporated in the document."*

Gruppeneditoren haben oft eine Funktionalität, die Einzelbenutzereditoren ähnlich ist, wie beispielsweise Funktionen zum Anlegen neuer Dokumente, Öffnen bestehender Dokumente, Editieren von Dokumenten und zum Speichern von Dokumenten. Zusätzlich bieten sie spezifische Unterstützung für folgende Punkte (Prakash, 1999):

- *Awareness* (Informationen über die Aktionen der anderen Benutzer, welche einen wichtigen Kontext fürs eigene Editieren bilden),
- *Fehlertoleranz und schnelle Antwortzeiten* (schnelles und zuverlässiges Laufzeitverhalten, unabhängig von der Verteilung der Benutzer und der Daten),
- *Nebenläufigkeitskontrolle* (Konsistenz, auch wenn zwei oder mehr Benutzer den selben Teil des Dokumentes editieren),
- *Mehrbenutzerfunktionen* fürs Rückgängigmachen und Wiederholen von Arbeitsschritten (Benutzeraktionen sollten widerrufbar und wiederholbar sein).
- *Benutzbarkeit als Einzelbenutzereditor* (der Editor sollte von einem einzelnen Benutzer auf dessen eigenem Computer verwendet werden können) und
- *reichhaltige Dokumentstrukturen* (Dokumentenvorlagen verschiedenster Art sollten vorliegen, beispielsweise für wissenschaftliche Veröffentlichungen).

Das Quilt System ist ein typischer Vertreter eines asynchronen Gruppeneditors. Es unterstützt die asynchrone Produktion von Dokumenten durch Benutzergruppen basierend auf Hypertext-Technologie. Die Benutzer können Ausgangsartikel anlegen und diese mittels verketteter Teildokumente annotieren. Quilt setzt soziale Rollen wie Koautor, Kommentator, Editor oder Leser durch. Verschiedene Dokumenttypen können diese Rollen beeinflussen. Beispielsweise kann im Dokumenttyp Exclusive nur der Erzeuger und Autor eines Dokumentes dieses verändern (Fish et al., 1988; Leland et al., 1988).

8.1.2 Asynchrone Gruppenentscheidungs-unterstützungssysteme

Gruppenentscheidungsunterstützungssysteme vereinfachen die Vorbereitung und das Fällen von Gruppenentscheidungen. Sie helfen beim Strukturieren und Aufzeichnen und machen Gruppenentscheidungen dadurch transparenter, sowohl während der Entscheidungsfindung als auch danach. Insbesondere danach kann es für später hinzukommende Personen wichtig sein, den Entscheidungsprozess nachvollziehen zu können (Teufel et al., 1995).

Asynchrone Gruppenentscheidungsunterstützungssysteme basieren meist auf der Issue-Based Information System (IBIS) Methode. Diese Methode strukturiert den Abstimmungs-prozess in Issues, also grundlegende Themen, welche diskutiert werden sollen; in Positions, also grundlegende Meinungen zum jeweiligen Thema; und in Argumente, also Begründun-gen für Positionen (Rittel & Kunz, 1970).

Das graphical IBIS (gIBIS) System ist ein Hypertext-basierter IBIS-Ansatz. Es bietet eine graphische Visualisierung der Issues, Positions und Arguments, welche in einer relationalen Datenbank gespeichert werden. Örtlich verteilte Benutzer können auf die gIBIS-Datenbank übers Netz zugreifen und semantische Netze von Issues, Positions und Argumenten anlegen (Conklin, 1988; Yakemovic & Conklin, 1990).

8.1.3 Gemeinsame Arbeitsbereiche

Gemeinsame Arbeitsbereiche erlauben es Gruppen von Benutzern, gemeinsam Dokumente zu verwalten. Sie bieten typischerweise Funktionen zum Hinzufügen, Verändern und Lö-schen von Artefakten sowie Benachrichtigungen über die Aktivitäten anderer Benutzer im gemeinsamen Arbeitsbereich. Dabei können gemeinsame Arbeitsbereiche als um Kooperati-onserfordernisse erweiterte Variante allgemeiner gemeinsamer Informationsräume betrachtet werden.

Bei der Entwicklung von gemeinsamen Arbeitsbereichen ist die Zugriffskontrolle von ent-scheidender Bedeutung für die Gestaltung und Implementierung. Allgemein versteht man unter Zugriffskontrolle in kooperativen Anwendungen die Verwaltung von Rechten, die einzelne Benutzer oder Benutzergruppen auf einzelne Dokumente oder Dokumentgruppen haben. Zugriffskontrolle wird benötigt, um Sicherheitsverletzungen (z.B. ein Benutzer ver-sucht auf Daten zuzugreifen, die der andere Benutzer gar nicht freigeben möchte); Fehlern (z.B. ein Benutzer löscht versehentlich wichtige Teile des Server-Betriebssystems); die Überbelastung von begrenzten Ressourcen (z.B. zu viele Benutzer wollen gleichzeitig ein bestimmtes Dokument herunter laden und der Server kann nicht so viele gleichzeitig bedie-nen) vorzubeugen. Dewan und Shen (1998) schlagen die folgenden Gestaltungsprinzipien für Zugriffskontrolle in Mehrbenutzeranwendungen vor:

- *Erlaubnis anstatt Ausschluss*: Systeme sollten von Haus aus sicher sein und die Benutzer schützen, im Bedarfsfall soll weiteren Personen Zugriff gewährt werden
- *Vordefinierte generische Rechte*: Systeme sollten eine Reihe von allgemeinen Rechten anbieten, welche gewährt werden können

- *Erweiterbarkeit*: Systeme sollten eine flexible Anpassung der vordefinierten Rechte zulassen
- *Feingranulare Rechte und feingranulare Objekte*: Systeme sollten spezifische Rechte für einzelne Operationen und einzelne Objekte unterstützen
- *Ausnahmebasierte allgemeine Regelungen*: Systeme sollten den Konfigurieraufwand dadurch reduzieren, dass sie es ermöglichen, dass allgemeine Rechte spezifiziert werden und dann bei Bedarf Ausnahmen festgelegt werden
- *Negative Rechte*: Systeme sollten es erlauben, negative Ausnahmen zu spezifizieren; falls beispielsweise alle Benutzer bis auf einen etwas erlaubt bekommen sollen
- *Rechteimplikationen*: Systeme sollten ausgereifte Implikationen von Rechten haben; falls beispielsweise jemand Schreibrecht erhält, soll es eine Regelung geben, ob diese Person dann automatisch auch lesen darf

Das Basic Support for Cooperative Work (BSCW) System, das SharePoint Team Services System, das Groove System und das Lotus Notes System sind Beispiele von gemeinsamen Arbeitsbereichen.

Das BSCW System (Bentley et al., 1997) erlaubt es Benutzern gemeinsame Arbeitsbereiche einzurichten und Dokumente unterschiedlichen Typs gemeinsam zu halten. Es basiert auf standardisierter Web-Technologie und kann mit standardisierten Web-Browsern ohne Erweiterung verwendet werden. Es hat spezielle Stärken bezüglich der einfachen und konsistenten Verwaltung von Rechten, den eleganten und informativen Awareness-Mechanismen wie beispielsweise dem täglichen Arbeitsplatzbericht, der die Benutzer täglich über Änderungen in den von ihnen einsehbaren gemeinsamen Arbeitsbereichen informiert. Das BSCW System bietet WebDAV und XML-RPC Schnittstellen.

Das SharePoint Team Services System von Microsoft bietet interaktive Web-Seiten mit Informationen über nahende Sitzungen, Aufgabenlisten, Dokumenten und Diskussionsforen. Seine besondere Stärke liegt in den anpassbaren Sichten durch Filter und Abonnements von Benachrichtigungen.

Das Groove System ist den bisher vorgestellten Systemen sehr ähnlich, weist aber einen entscheidenden Unterschied bei der Systemarchitektur auf: Groove ist grundsätzlich als Peer-to-Peer-Lösung ausgelegt. D.h. es existiert kein spezieller Server, auf dem alle Daten gespeichert werden, sondern die Nutzer installieren ein Client-Programm auf ihren Rechnern, das mit den anderen Client-Programmen Daten austauscht und diese lokal speichert. Dies bringt im Gegensatz zu den Web-basierten Lösungen BSCW und SharePoint den Vorteil, dass auch ohne Verbindung ins Internet gearbeitet werden kann.

Das Lotus Notes System ist ein Produkt der Lotus Development Corporation, welche zum IBM-Konzern gehört. Es stellt einen gemeinsamen Arbeitsbereich basierend auf Dokumenten und Datenbanken zur Verfügung und erlaubt die Anpassung durch Sichten und Formulare. Eine besondere Stärke ist die effiziente Replikation der Datenbanken – d.h., Benutzer können eine Kopie der Datenbank auf ihrem eigenen Computer haben, sich dann abmelden und beim nächsten Login einfach und schnell die Änderungen synchronisieren.

8.1.4   Teamräume

Gemeinsame Arbeitsbereiche wie eben vorgestellt werden häufig auch als (virtuelle) Team-räume bezeichnet. Im Allgemeinen stellen Teamräume aber noch weitergehende Kooperati-onsunterstützung zur Verfügung – z.B. Unterstützung für Kommunikation und Koordination im Team mit asynchronen Text-Foren und gemeinsamen Terminkalendern. Da sie auf per-sistenten virtuellen Räumen basieren, können sie außerdem sowohl asynchrone als auch synchrone Unterstützung für Zusammenarbeit bieten.

Im Forschungsumfeld werden Teamräume mit erweiterten Funktionalitäten – insbesondere bei der Visualisierung des Raumes – erprobt. Das DIVA Virtual Office Environment (Sohlenkamp & Chwelos, 1994) basiert auf virtuelle Räume, welche Personen, Dokumente und Schreibtische beinhalten können. Sie wurde bereits weiter oben beschrieben. Ein weite-res Beispiel ist das wOrlds System (Fitzpatrick, 1998; Fitzpatrick et al., 2002) – es wurde bereits oben beschrieben.

8.1.5   Beispiel: BSCW

Bei BSCW (Basic Support for Cooperative Work) handelt es sich um eine Web-basierte Teamraum-Lösung (gemeinsamen Arbeitsbereich oder Informationsraum) für geographisch verteilte Teams (siehe z.B. Bentley et al., 1995; Appelt, 1999). Das Produkt wird seit 1995 entwickelt – zuerst als Forschungsprototyp bei der Gesellschaft für Mathematik und Daten-verarbeitung (GMD, jetzt Fraunhofer Gesellschaft FIT) und seit 1998 auch kommerziell bei der OrbiTeam Software GmbH (www.orbiteam.de).

Grundsätzlich stellt BSCW Unterstützung zur Verfügung für

- die Verwaltung von gemeinsamen Team-Arbeitsbereichen über das Internet
- die Speicherung und den Zugriff auf Dokumente in diesen Arbeitsbereichen
- die Diskussion und Abstimmung von Themen und Terminen in Diskussionsforen und (Gruppen-)Terminkalendern

Von Anfang an wurde dabei größter Wert auf die Integration eines Ereignismechanismus zur Benachrichtigung von Gruppenmitgliedern bei Änderungen im gemeinsamen Arbeitsberei-che gelegt (Awareness-Unterstützung).

Der Zugriff auf die Funktionalität wird dabei hauptsächlich über normale Web-Browser abgewickelt.

BSCW

| Datei | Bearbeiten | Ansicht | Optionen | Anzeigen | Hilfe |

Arb-Ber Öffntl Ablage Papierk Adrsb Kalend Aufträge Lesez

Ihre Position: kochm / Lehrerbildung

bestätigen versenden kopieren verweisen ausschneiden entfernen einfrieren archivieren bewerten

Lehrerbildung   6 Einträge

Lehrerfortbildung und -ausbildung im Rahmen des Schulfachs Informatik. Betreuer Hubwieser

Name	Größe	Teilen	Erzeugt von	Letzte Änderung	Neu	Aktion
Fortbildung-Informatik6	3		Hubwieser	2006-02-11 12.02		
Materialien für die Lehrerfortbildung zum Pflichtfach Informatik in der 6. JGSt der Gymnasien						
Nachqualifikation	4		Hubwieser	2004-09-09		
Material für die flächendeckende Nachqualifikation						
Pilotkurs	3		Hubwieser	2001-07-25		
Materialien für den Pilotkurs zur Nachqualifikation in Informatik						
Lehrteam	9		Hubwieser	2002-02-21		
interne Materialien für das Lehrteam						
München-Intern	12		Hubwieser	2003-08-27		
interne Materialien des Münchner Pilotkurses						
Teilnehmer	3		Hubwieser	2002-08-16		
Arbeitsbereiche der Teilnehmer						
zertifikat.tar	75.5 K		MarkusSchne	2004-01-20		
2003_09_18.zip	32.1 M		MattSpohrer	2003-10-01		
INFOS-Bilder Teil 1						

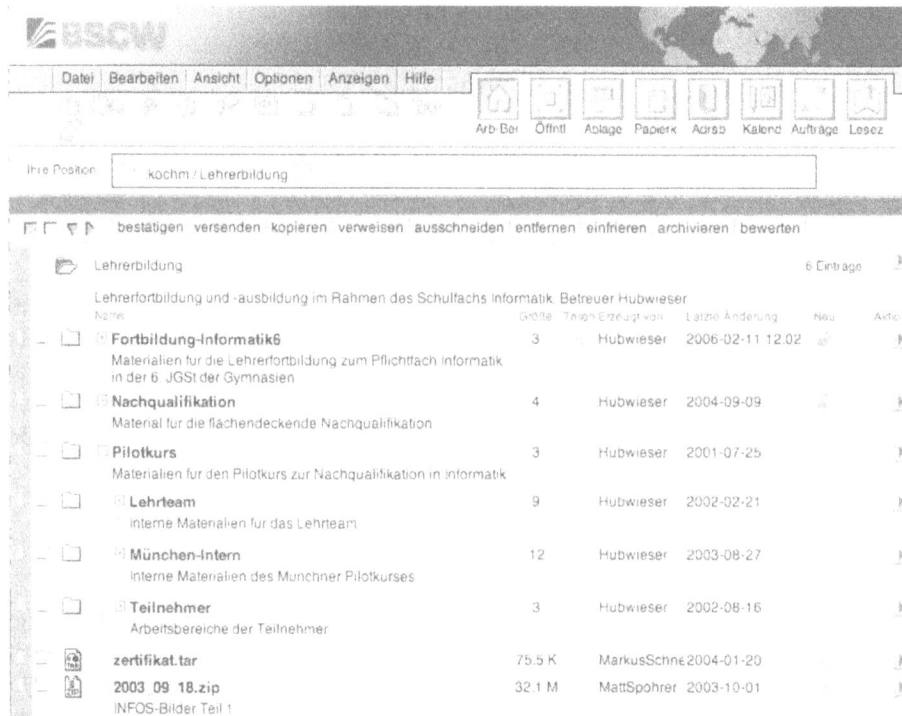

Abb. 8.1   *BSCW Arbeitsbereich.*

In Abbildung 8.1 ist ein Beispiel der BSCW-Benutzungsoberfläche abgebildet. Unterhalb des Menüs im oberen Drittel ist ein Teil eines Arbeitsbereiches auf dem Server dargestellt. Dabei sind folgende Elemente erkennbar:

- Ober- und Unter-Arbeitsbereiche (teilweise mit anderen Zugriffsberechtigten als der Haupt-Arbeitsbereich – indiziert durch das Personen-Icon in der vierten Spalte)
- Dokumente im aktuellen Ordner
- Meta-Informationen zu den Ordnern und den Dokumenten
- Awareness-Information (Icons in der siebten Spalte, die Informationen darüber bereit stellen, ob das Dokument neu erstellt, geändert oder gelesen worden ist bzw. ob der Ordner neu erstellte, geänderte oder gelesene Dokumente enthält)

Über Sie Auswahl in der letzten Spalte hat der Benutzer Zugriff auf zusätzliche Funktionen zu den Dokumenten und Objekten im Arbeitsbereich. Bei normalen Dokumenten findet man zum Beispiel:

- Funktionen zum Zugriff auf (und zum Editieren von) Meta-Information zum Dokument und auf Awareness-Information (insbesondere die Historie der Zugriffe auf das Dokument)

- Funktionen zu Ersetzen oder Versionieren (Erzeugen einer neuen Version) des Dokuments
- Funktionen zum Löschen und Kopieren des Dokuments (in den Arbeitsbereichen)
- Funktionen zum Sperren oder Entsperren des Dokuments (explizite Nebenläufigkeitskontrolle)
- Funktionen zum Annotieren und Bewerten des Dokuments

Neben einfachen Dokumenten und Ordnern lassen sich in die Arbeitsbereiche auch URLs, Gruppenkalender, Diskussionsforen und Umfragen einfügen, für die besondere Funktionalität bereitgestellt wird. Weiterhin ist es möglich, Ordner als Electronic-Circulation-Folder zu markieren, was dazu führt, dass für sie ein einfacher Workflow definiert werden kann. Entsprechend dem Workflow wandern die Ordner dann zwischen den Wurzel-Arbeitsbereichen verschiedener Benutzer.

Wie schon angesprochen, war den Entwicklern von BSCW die Unterstützung von Awareness besonders wichtig. Weitere wichtige Aspekte bei der Entwicklung waren die Unterstützung einer möglichst flexiblen und benutzerdefinierten Rechtevergabe und die Erweiterbarkeit und Integrationsfähigkeit des Produkts.

Awareness-Unterstützung: Neben den schon angesprochenen Änderungs-Icons und Historien zu Dokumenten, die in die Darstellung des Arbeitsbereiches eingeblendet werden, wenn man darauf zugreift, bietet BSCW eine Möglichkeit über Änderungen am Arbeitsbereich per E-Mail zu informieren. Dazu wird sofort wenn die Änderung erfolgt oder täglich gesammelt ein Bericht erstellt und an die voreingestellt E-Mail-Adresse des Benutzers geschickt. Damit ist es möglich, über den Status der Zusammenarbeit informiert zu bleiben, ohne regelmäßig im Arbeitsbereich nach Neuigkeiten zu suchen. Diese Benachrichtungsfunktionalität (sowohl im Arbeitsbereich als auch per E-Mail) ist stark konfigurierbar. Zusätzlich zu diesen eher asynchronen Awareness-Mechanismen bietet BSCW inzwischen auch eine Unterstützung für Präsenz Awareness und synchrone Benachrichtigung.

Rechtevergabe: In BSCW können (berechtigte) Benutzer eines Arbeitsbereiches selbständig neue Benutzer ein- und auch wieder ausladen. Es ist also kein Hinzuziehen eines speziellen Administrators notwendig. Die Zugriffsrechte auf Arbeitsbereiche und Unter-Arbeitsbereiche können auch von den für die Arbeitsbereiche zuständigen Benutzern geändert werden – durch Definition von Zugriffslisten basierend auf einem mächtigen Gruppenkonzept (Sikkel, 1997). Dazu gehört auch eine einfache Möglichkeit, die aktuell zugriffsberechtigten Benutzer für einen Ordner abzufragen.

Erweiterbarkeit/Integrierbarkeit: BSCW unterstützt verschiedene Möglichkeiten zur Integration des eigentlich geschlossenen Systems in IT-Umgebungen. Dazu gehören beispielsweise die Möglichkeit, einen LDAP-Verzeichnisdienst zur Benutzerverwaltung zu nutzen, sowie die Möglichkeit über WebDAV auf BSCW-Arbeitsbereiche und darin enthaltene Dokumente zuzugreifen. Besonders mächtig ist die Möglichkeit, den BSCW-Server über XML-RPC anzusprechen, was einen Zugriff auf alle Dienste ermöglicht (siehe auch Abschnitt 10.3.3). Mit diesen Möglichkeiten wurden schon verschiedene Projekte auf BSCW aufbauend realisiert, z.B. das in Abschnitt 5.6.1 vorgestellte Projekt TOWER.

8.1.6   Beispiel: SharePoint Team Services

Die Microsoft SharePoint-Produkte stellen eine Portalumgebung für team- und projektorientiertes Arbeiten zur Verfügung. Der Sharepoint Portal Server zusammen mit den Windows SharePoint Services bietet also Möglichkeiten, direkt einsetzbare interaktive Web-Sites (Portale) zur Unterstützung verschiedener Untergruppen (Teams) zu erstellen. Auf den Web-Sites können neben klassischen Dokumentmanagement-Funktionen (siehe unten) verschiedene weitere Dienste für die Unterstützung der Kooperation kombiniert werden:

- Mitteilungen
- Terminankündigungen
- Aufgaben(verwaltung)
- Verweise (URLs)
- Diskussionsforen

Während BSCW (siehe vorhergehenden Abschnitt 8.1.5) eine feste Benutzungsoberfläche bereitstellt in der der Hauptfokus auf dem gemeinsamen Informationsraum und der Awareness-Vermittlung liegt, stellt SharePoint eine allgemeine und leicht anpassbare Portal-Oberfläche zur Verfügung, in die verschiedene Dienste sehr flexibel eingebaut werden können.

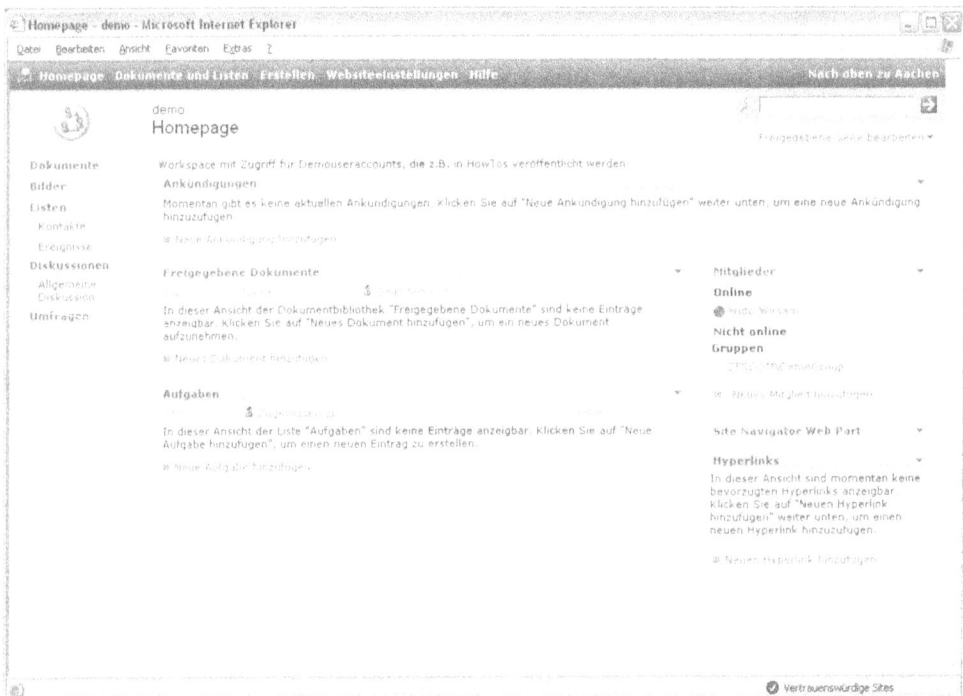

Abb. 8.2   SharePoint Arbeitsbereich.

Wie bei BSCW gehen die Dokumentenmanagement-Funktionen der Windows SharePoint Services über die von anderen Microsoft-Produkten wie MS Office und MS Windows angebotenen Möglichkeiten (Netzwerk-Dateisysteme, Freigaben, Dokumenteigenschaften) weit hinaus:

- Ablage von unterschiedlichen Versionen von Dokumenten und Verfolgung der Historie inklusive Sperrmechanismen mit Ein- und Auschecken der Dokumente.
- Ablage von weiteren Informationen wie internen und externen Web-Seiten und Verknüpfungen (Links) darauf, Einbindung des Inhalts von Dateisystemen, Web-Servern, Datenbanken und Kommunikationswerkzeugen
- Klassifikation von Inhalten über frei erstellbare, hierarchische Kategorienschemata; die automatische Kategorisierung von Dokumenten wird dabei ebenfalls unterstützt
- Suche über den Volltext aller Inhalte sowie über Metadaten und Kategorien
- Automatisches Benachrichtigen über neue und geänderte Inhalte (Awareness-Unterstützung)
- Rollenbasiertes Berechtigungskonzept zur Steuerung der Zugriffe der Benutzer und Benutzergruppen

Die Dienste des Portals können über normale Web-Browser genutzt werden. Darüber hinaus bietet Microsoft aber auch eine sehr enge Integration der Dienste mit seinen Desktop-basierten Office Werkzeugen. Über eine .NET API und bereits implementierte Web Services lassen sich die gruppenunterstützenden Funktionalitäten mit anderen Applikationen verknüpfen.

8.2   Synchrone Teamunterstützung

Systeme zur synchronen Teamunterstützung stellen Funktionen für Benutzer zur Verfügung, die in Echtzeit zusammenarbeiten, entweder am gleichen oder an verschiedenen Orten.

8.2.1   Synchrone Gruppeneditoren

Wie bereits gesagt wurde, erlauben Gruppeneditoren im Allgemeinen die Produktion und das Editieren von Dokumenten in Teams und bieten Informationen über Änderungen durch andere Benutzer. Zusätzlich zu den Funktionen von Einzelbenutzereditoren und über asynchrone Gruppeneditoren hinaus ist für synchrone Editoren die Nebenläufigkeitskontrolle von zentraler Bedeutung.

Nebenläufigkeitssteuerung in Gruppeneditoren wird benötigt, um den Gesamtzustand des Dokumentes in einer replizierten Architektur in einem konsistenten Zustand zu halten – sogar falls zwei oder mehr Benutzer gleichzeitig versuchen dieselbe Stelle des Dokumentes zu verändern. Ein Lösungsansatz sind Ordered Broadcast Protocols: sie stellen sicher, dass alle Befehle der Benutzer, welche zu den anderen Benutzern geschickt werden, von allen Parteien in der gleichen Reihenfolge empfangen werden; der Nachteil ist leider, dass der

Absender auf den eigenen Broadcast warten muss, bevor er weitermachen kann (Prakash, 1999). Da dies nicht effizient ist, wurden zur Lösung viele andere pessimistische und optimistische Nebenläufigkeitssteuerungsmechanismen vorgeschlagen. Bei den Pessimistischen verbietet es das System von vornherein, dass mehrere Benutzer gleichzeitig denselben Teil eines Dokumentes editieren. Dabei ist es oft erforderlich, dass Teile gesperrt werden und dass die Sperren von den anderen Benutzern freigegeben werden müssen, bevor ein Benutzer editieren darf. Dies kann zeitaufwendig sein. Bei den Optimistischen dürfen die Benutzer oft ihre Veränderungen an ihren lokalen Kopien sofort durchführen und diese werden dann erst später per Broadcast verteilt. Daher muss das System genaue Aufzeichnungen über alle Benutzeraktionen und deren Zeitstempel führen. Im Falle von Inkonsistenzen müssen Aktionen rückgängig gemacht werden und anhand der Aufzeichnungen synchronisiert werden.

Nachfolgend beschreiben wir Vertreter von synchronen Gruppeneditoren: ShrEdit, GROVE und SubEthaEdit.

ShrEdit (McGuffin & Olson, 1992; Neuwirth, 1995) ist ein Beispiel eines Gruppeneditors mit pessimistischer Nebenläufigkeitssteuerung. Es unterstützt das gemeinsame Editieren von Benutzern, welche sich im gleichen realen Raum treffen. Nebenläufigkeit wird über Sperren an der Eingabestelle des jeweiligen Benutzers organisiert – d.h. in jedem Bereich kann nur ein Benutzer Änderungen durchführen. Es hat keine Rollen. ShrEdit bietet sofortige Aktualisierungen aller Veränderungen aller Benutzer auf allen Bildschirmen. Die Benutzer können Find und Track Funktionen verwenden, um Informationen über die Positionen und Aktivitäten der anderen Benutzer im Dokument Informationen zu erhalten. ShrEdit unterstützt ausdrücklich keine Kommunikation und andere Funktionen für asynchrones Editieren wie beispielsweise Versionskontrolle.

Der GRoup Outline and View Editor (GROVE) ist ein Repräsentant der Klasse von synchronen Gruppeneditoren mit optimistischer Nebenläufigkeitssteuerung. Ausgehend von einer optimistischen Perspektive auf den Editierprozess sind vom System kaum Regelungen vorgesehen: es gibt keine Rollen und standardmäßig können alle Benutzer alle Teile desselben Dokuments synchron und nebenläufig lesen und bearbeiten. Die Benutzer können diese Einstellungen ändern; sie können Sperren einschalten, wenn dies gewünscht wird. GROVE bietet elegante Funktionen zur Verwaltung von privaten und geteilten Ansichten auf Teile des Dokuments: in der privaten Sicht können die Benutzer Teile des Dokumentes nur für sich selbst sichtbar machen. Sie können in diesem Teil dann Änderungen durchführen, aktualisieren und ausbessern und diese danach veröffentlichen. Die öffentlichen Teile werden immer sofort bei jeder Aktion für alle sichtbar aktualisiert. Im gemeinsamen Dokument werden private Sichten als Wolken dargestellt, die wieder verschwinden, sobald die privaten Teile freigegeben werden. GROVE unterstützt keine Kommunikation – es wurde davon ausgegangen, dass es bereits viele Systeme zur Kommunikationsunterstützung gibt, die mit GROVE gemeinsam verwendet werden können (z.B. Audiokonferenzen oder Telefone) (Ellis et al., 1991).

Der SubEthaEdit (TheCodingMonkeys, 2005) Editor ist ein herausragender Editor; er hat mehrere Preise erhalten (z.B. den 2003 Apple Design Award for Best Mac OS X Student Project). Die Verwendung von SubEthaEdit ist einfach und konsistent: die Benutzer starten die Anwendung, legen ein neues Textdokument an oder öffnen ein bestehendes und beginnen mit dem Editieren. Diese privaten Dokumente können dann durch einfaches Drücken eines Announce-Knopfes öffentlich gemacht werden und andere Benutzer können dann jederzeit am Editierprozess dieses öffentlichen Dokumentes teilnehmen.

8.2.2 Synchrone Gruppenentscheidungsunterstützung

Systeme zur synchronen Gruppenentscheidungsunterstützung vereinfachen das Finden von Kompromissen auf mehrere Arten. Verglichen mit herkömmlichen Ideenfindungssitzungen bieten sie viele Vorteile: die Teilnehmer können ihre Meinungen und Beiträge gleichzeitig in den Computer eingeben und diese werden sofort auf der gemeinsamen Projektion für alle sichtbar gemacht; das System speichert alle Äußerungen automatisch und erleichtert daher das Produzieren von Protokollen maßgeblich, usw. Es gibt zwei Typen: einfache Software-Anwendungen und komplexe Software- und Hardware-basierte Systeme.

Das real-time Issue-Based Information System (rIBIS) ist eine einfache synchrone Erweiterung vom oben beschriebenen gIBIS System. Es handelt sich um eine auf Hypertext basierende graphische Oberfläche mit der Benutzer Issues, Positions und Arguments verwalten können, welche dann in einer Datenbank gespeichert werden. Die Benutzer können mit rIBIS synchron IBIS-basierte Argumentationsbäume editieren und verwalten. Wie GROVE erlaubt es auch private Sichten auf Daten, die vor anderen Benutzern verborgen werden (Rein & Ellis, 1991).

Electronic Meeting Room Systeme (EMS) sind komplexer und bestehen aus Software und Hardware. Sie machen den Entscheidungsprozess effizienter und erlauben mehreren Benutzern im gleichen Raum Entscheidungen mittels vernetzer Computer vorzubereiten, durchzuführen und zu dokumentieren. Die Computer werden typischerweise im Kreis angeordnet. Das GroupSystems war eines der ersten EMS (Applegate et al., 1986; Nunamaker et al., 1991). Das CoLab System war auch ein frühes, dennoch ausgereiftes EMS. Es bestand aus sechs vernetzten Computern und einem großen zentralen berührungssensitiven Monitor mit einer Tastatur (Stefik et al., 1987). Das Dolphin System verwendete ein Xerox Liveboard für die Projektion, was komfortable stiftbasierte Eingabe ermöglichte (Mark et al., 1995; Streitz et al., 1994).

8.3 Zusammenfassung

Entsprechend der Definition des Begriffs Team geht es bei Teamunterstützung hauptsächlich um die Unterstützung von kleinen Gruppen untereinander bekannter Personen bei der Arbeit an gemeinsamen Artefakten bzw. Dokumenten und der dafür notwendigen Kommunikation und (impliziten) Koordination.

Bei den asynchronen Systemen zur Teamunterstützung finden sich vor allem Gruppeneditoren zum gemeinsamen Bearbeiten von Text und Bildern, Systeme zur Unterstützung von Gruppenentscheidungen sowie gemeinsame Arbeitsbereiche oder Teamräume.

Diese Systeme zur asynchronen Teamunterstützung (insbesondere die gemeinsamen Arbeitsbereiche oder Teamräume) sind dabei häufig in Intranet-Portale integriert.

Im Gegensatz zu Betriebssystem-Funktionalität zum gemeinsamen Bearbeiten von Dokumenten (z.B. verteilte Dateisysteme), bieten gemeinsame Arbeitsbereiche meist spezielle Unterstützung für Awareness und die Vergabe von Rechten.

Bei den synchronen Systemen zur Teamunterstützung finden sich Gruppeneditoren zum gemeinsamen gleichzeitigen Bearbeiten von Text und Bildern und Systeme zur Echtzeitunterstützung von Gruppenentscheidungen.

CSCW-Werkzeuge

Wie zuvor angesprochen, stellen gemeinsame Arbeitsbereiche oder Teamräume das Hauptwerkzeug zur Unterstützung der Zusammenarbeit in Teams dar. In der Praxis stellen solche Werkzeuge folgende Funktionalität zur Verfügung:

- Gemeinsame Arbeitsbereiche zum Austausch von Dokumenten – mit Awareness-Unterstützung
- Asynchrone Kommunikation (Forum)
- Gemeinsame Kalender
- Gemeinsame Datenbanken (z.B. Kontaktdatenbank, Projektmanagement)

Beispielsysteme sind die schon vorgestellten Lösungen BSCW und Microsoft SharePoint Team Services. Andere kommerzielle Lösungen sind von verschiedenen Portal-Anbietern als Teil ihrer Portallösungen verfügbare (Plumtree, Oracle, SAP) sowie von anderen auf virtuelle Teamräume spezialisieren Unternehmen (z.B. Teamspace). Weiterhin gibt es Teamraum-Systeme auch als OpenSource Produkte, z.B. OpenGroupware (www.opengroupware.org), phpGroupWare (www.phpgroupware.org) oder Kolab (www.kolab.org).

Die verschiedenen Systeme unterscheiden sich hauptsächlich in den darin zusammengefassten Diensten, den Integrationsmöglichkeiten mit anderen Lösungen, ihrer Konfigurationsmöglichkeiten und ihrer Fähigkeit, Awareness-Information bereitzustellen (insbesondere über alternative Kanäle wie z.B. E-Mail).

9 Community-Unterstützung

Neben Organisationen gibt es zwei Haupttypen von sozialen Entitäten, die bei der Behandlung von Kooperationsunterstützung unterschieden werden sollten: Teams (Arbeitsgruppen) und Communities oder Netzwerke. Während Teams klein sind, sich die Mitglieder untereinander kennen und an gemeinsamen Artefakten arbeiten, sind Communities typischerweise groß und die Mitglieder kennen sich nicht zwangsweise. Communities finden in letzter Zeit häufig Erwähnung, wenn Wissensmanagement in Organisationen diskutiert wird. Die Unterstützung so genannter Communities of Practice zeigt den neuen Ansatz von Wissensmanagement – Personen dabei zu unterstützen sich direkt miteinander auszutauschen, anstelle anonyme Datenbanken zu füllen. In diesem Kapitel geben wir einen Überblick zu Anwendungen zur Communitiy-Unterstützung sowie zu wichtigen Konzepten und Anforderungen in diesem Bereich.

9.1 Grundlagen der Community-Unterstützung

In diesem Abschnitt stellen wir zuerst die Grundbegriffe und Konzepte rund um die Unterstützung von Communities vor. Die folgenden Abschnitte präsentieren dann verschiedene Unterstützungskonzepte und Anwendungstypen aus dem Bereich Community-Unterstützung.

9.1.1 Communities

Wie in Kapitel 2 charakterisiert, ist eine Community eine freiwillige Verbindung von Personen, die nicht direkt voneinander abhängig sind und keine direkten gemeinsamen Ziele haben, sich aber potentiell in der Erreichung der individuellen Ziele unterstützen können.

Bezüglich der verschiedenen Typen von sozialen Entitäten, die wir in Kapitel 2 präsentiert haben, ist es besonders wichtig, die Unterschiede zwischen Communities und Teams herauszuarbeiten:

- Communities haben normalerweise mehr Mitglieder als Teams – während Teams aus 2-15 Mitgliedern bestehen, variiert die Mitgliederzahl bei Communities zwischen 10 und mehren Millionen.
- In Communities hängen die Mitglieder nicht voneinander ab, es gibt kein gemeinsames Ziel – während ein gemeinsames Ziel gerade ein Hauptcharakteristikum eines Teams ist.

- In Communities kennen sich die Mitglieder nicht unbedingt alle gegenseitig.
- Communities haben normalerweise keine klare Struktur oder Organisation.

Wegen des Fehlens einer klaren Organisation fehlt bei Communities häufig auch ein klares extrinsisches Motivationssystem. Wegen der daraus folgenden Notwendigkeit intrinsischer Motivation sind Nutzungsanzreize und eine möglichst einfache Nutzung wichtige Aspekte bei der Entwicklung von Unterstützung für Communities.

Bei der Diskussion von Communities im Kontext von Organisationen wird häufig der Begriff Community of Practice (CoP) anstelle des Begriffs Community benutzt. Eine Definition des Begriffs kann in der Grundlagenarbeit von Lave und Wenger gefunden werden: *„A community of practice is a set of relations among persons"* (Lave & Wenger, 1991, S. 98). Diese Definition wird von Wenger später umformuliert in (Wenger, 1998):

> *„(A community of practice is) a group of people bound by informal relationships who share information, insight, experience and tools about an area of common interest"*

und schließlich noch ergänzt um (Wenger et al., 2002, S. 4)

> *„ ... who share a concern, a set of problems, or a passion about a topic, and who deepen their knowledge and expertise in this area by interacting on an ongoing basis"*

Communities of Practice sind also eine spezielle Form der allgemeinen Community.

Nach Wenger et al. (2002) sind für Communities of Practice drei charakteristische Dimensionen bestimmend:

- gemeinsames Unternehmen (*shared enterprise*)
- Engagement der Mitglieder
- Gemeinsames Repertoire/Kompetenz

Bei aktuellen Anwendungen aus der Praxis finden sich als Communities of Practice meist Netzwerke von Personen

- mit einem gemeinsamen (Fach-)Hintergrund
- mit ähnlichen Problemen (am Arbeitsplatz)
- die normalerweise nicht in Teams zusammenarbeiten

Ein Beispiel für eine Community of Practice sind Wartungstechniker. So hat Xerox beispielsweise mehrere Projekte durchgeführt, um ihre Mitarbeiter in der Kopiererwartung beim Austausch von Wissen zu unterstützen (Projekt Eureka, z.B. in (Bobrow & Whalen, 2002)). Ein anderes Beispiel für einen typischen Anwendungsbereich ist die Beratungsbranche, in der auch isoliert gearbeitet wird, alle aber viel von einem Wissensaustausch profitieren können. Mehr zu diesem Thema (Community-Unterstützung und Wissensmanagement findet sich in Abschnitt 9.2).

9.1.2   Community-Unterstützung

Neben der Community-spezifischen Interaktion zwischen den Mitgliedern selbst, sind die Hauptaktivitäten in Communities die Kommunikation (zum Teilen von Information) und das Finden von Personen zur Kommunikation. Community-Unterstützungssysteme stellen deshalb meist einen (virtuellen) Platz zur Verfügung, der von den Mitgliedern zur (direkten und indirekten) Kommunikation untereinander und zum Finden anderer Personen genutzt werden kann.

Der Einsatz vernetzter Computer zur Unterstützung von Communities kann bis in die Anfänge der Vernetzung und speziell des Internets verfolgt werden. So wurde der zweite Dienst im ARPANet, der File-Transfer-Dienst, schon kurz nach dessen Einführung entgegen dem ursprünglichen Plan verwendet, um Nachrichten an andere Personen zu übermitteln (Hafner & Lyon, 1996). Kurz darauf folgten Mailinglisten und Newsgroup-Dienste – sowohl auf dem Internet (ARPANet) als auch auf alternativen Netzwerken, die sich aus lose gekoppelten Computern zusammensetzten (z.B. FidoNet). Diese ersten Community-Unterstützungs-Dienste existieren immer noch, wurden aber in den letzten Jahren teilweise durch verschiedene Web-basierte Plattformen ersetzt, die virtuelle Räume für Communities bereitstellen.

Heute gibt es ein breites Spektrum von Anwendungen, welche die Kommunikation und das Finden von Kommunikationspartnern in Communities unterstützten. In unserer praktischen Arbeit unterscheiden wir folgende Klassen von Anwendungen, die wir im weiteren Kapitel auch noch näher vorstellen werden:

- asynchrone (Text-basierte) Diskussionsforen
- gemeinsame Informationsräume (zur indirekten Kommunikation)
- Social Bookmarking Anwendungen (als Erweiterungen zu gemeinsamen Informationsräumen)
- Expertenfinder, Yellow Pages Anwendungen
- (Soziale) Netzwerk-Anwendungen

9.1.3   Virtuelle Gemeinschaften

Unter einer Virtuellen Gemeinschaft (Online Community) versteht man eine Community, in der ein Hauptteil der Kommunikation und Interaktion zwischen den Mitgliedern über elektronische Medien abgewickelt wird (Carotenuto et al. 1999).

Der Begriff Online Community geht dabei zurück auf Rheingold, der ihn bei der Beschreibung der virtuellen Gemeinschaft The Well 1993 das erste mal benutzt hat (Rheingold, 1993). Die Idee hinter dem Begriff ist aber schon so alt wie die der Vernetzung von Computern. So schrieb J. C. R. Licklider, der die Entwicklung des Internets maßgeblich beeinflusst hat, schon in den 1960ern (Licklider & Taylor, 1968):

„ ... life will be happier for the on-line individual because the people with whom one interacts most strongly will be selected more by commonality of interests and goals than be accidents of proximity. "

Die Abwicklung der Kommunikation über elektronische Medien bringt einige Vor- und Nachteile mit sich, die virtuelle Communities charakterisieren:

- *Abtrennung vom realen Raum*: Dadurch ist es möglich mehr Personen anzusprechen als wenn man durch die Notwendigkeit räumlicher Nähe beschränkt ist. Dies macht Communities möglich, die anderweitig nicht zusammen gekommen wären, beispielsweise Communities von Personen, die unter einer seltenen Krankheit leiden oder Communities von Personen mit Behinderungen, die sie immobil machen.
- *Möglichkeit von Anonymität*: Durch die Möglichkeit, andere Identitäten anzunehmen oder seine reale Identität zu verbergen, ergeben sich sowohl Vor- als auch Nachteile. Vorteile wären beispielsweise, eine höhere Motivation etwas zur Diskussion beizutragen, Nachteile bestehen in der Gefahr des Ausschaltens von sozialen Protokollen und damit einhergehenden Interaktionsproblemen (Turkle, 1995).
- *Enger Kommunikationskanal*: Die Anonymität ist ein Nebeneffekt des engen Kommunikationskanals bei Online-Kommunikation. Wie schon in früheren Kapiteln motiviert, sind spezielle Awareness-Unterstützung und andere Methoden zur Kommunikation des fehlenden Kontextes notwendig.

In Berichten zu Community-Unterstützung oder Online Communities findet man häufig eine inkonsistente Benutzung von verschiedenen Begriffen zur Beschreibung der sozialen Entität, der technischen Unterstützungssysteme oder des kompletten soziotechnischen Systems. Folgende Begriffe sollten klarerweise unterschiedenen werden:

- *Community*: soziale Entität
- *Community-Unterstützungssystem*: Software zur Unterstützung von Communities
- *Community-Plattform*: Instanz der Software, die meist auf einem Server für eine bestimmte Community betrieben wird (technisches System)
- *Virtuelle Gemeinschaft/Online Community*: Gruppe von Personen, die hauptsächlich online interagieren. Der Begriff wird aber auch als Synonym für (Web-basierte) Community-Plattform inklusive der Benutzer genutzt – also für das komplette soziotechnische System.

Hummel hat fünfzig virtuelle Gemeinschaften untersucht und daraus vier konstituierende Elemente von Community-Plattformen erarbeitet (Hummel, 2005; siehe Abbildung 9.1). Abhängig von Ausprägung und Art der virtuellen Gemeinschaft, kommt den einzelnen Elementen verschiedene Bedeutung bzw. Wichtigkeit zu.

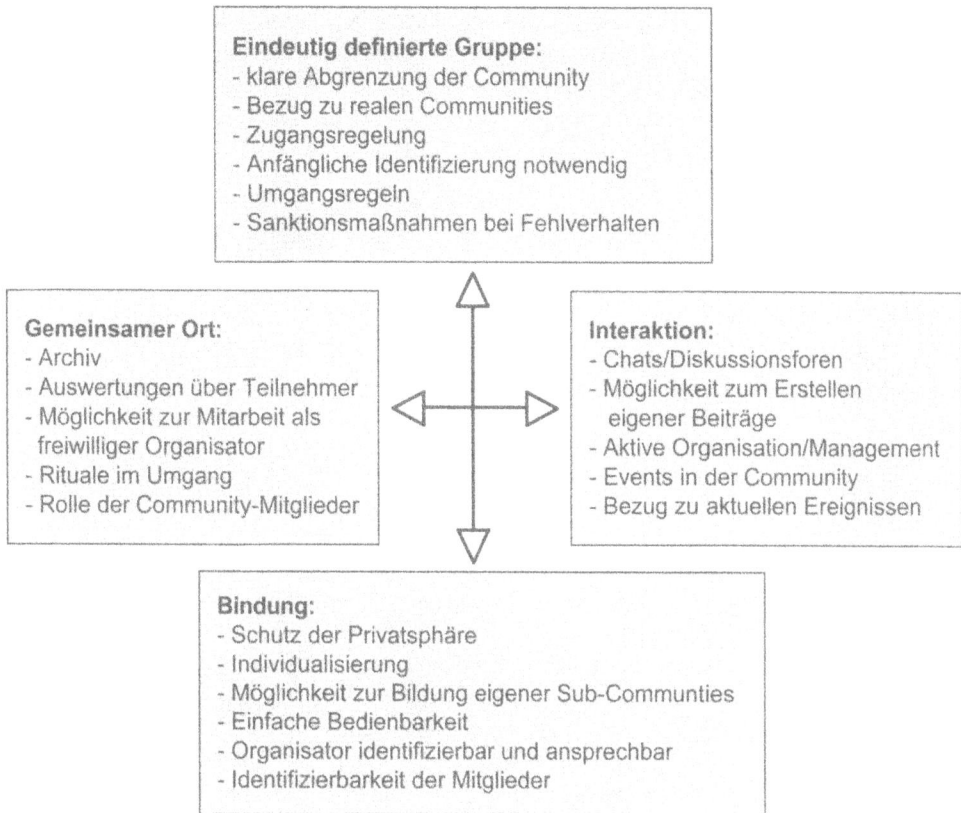

Eindeutig definierte Gruppe:
- klare Abgrenzung der Community
- Bezug zu realen Communities
- Zugangsregelung
- Anfängliche Identifizierung notwendig
- Umgangsregeln
- Sanktionsmaßnahmen bei Fehlverhalten

Gemeinsamer Ort:
- Archiv
- Auswertungen über Teilnehmer
- Möglichkeit zur Mitarbeit als freiwilliger Organisator
- Rituale im Umgang
- Rolle der Community-Mitglieder

Interaktion:
- Chats/Diskussionsforen
- Möglichkeit zum Erstellen eigener Beiträge
- Aktive Organisation/Management
- Events in der Community
- Bezug zu aktuellen Ereignissen

Bindung:
- Schutz der Privatsphäre
- Individualisierung
- Möglichkeit zur Bildung eigener Sub-Communties
- Einfache Bedienbarkeit
- Organisator identifizierbar und ansprechbar
- Identifizierbarkeit der Mitglieder

Abb. 9.1 *Allgemeine Gestaltungselemente von virtuellen Gemeinschaften. Nach: (Hummel & Becker, 2001, S. 26, Hummel, 2005, S. 148).*

9.2   Gemeinsame Informationsräume und Wissensmanagement

Wie zuvor ausgeführt, konzentriert sich die Unterstützung von Communities und speziell von Communities of Practice häufig auf die Sammlung und den Austausch von Wissen. Dieser Abschnitt widmet sich diesem interessanten Anwendungsbereich.

9.2.1   Wissen und Wissensmanagement

Unter Wissen versteht man üblicherweise Fähigkeiten von Personen, die es ihnen ermöglichen, Probleme zu lösen. Aus diesem Grund wird häufig auch argumentiert, dass Wissen als Problemlösungsfähigkeit gar nicht von Personen entkoppelt existieren kann – vor allem nicht in Form von Papierdokumenten oder Datenbankinhalten. Nachdem sich diese Einschätzung in den vergangenen Jahren zumindest teilweise als richtig erwiesen hat, entwickelt sich die Unterstützung von Wissensaustausch in Unternehmen immer mehr von reinen Datenbanklösungen hin zu Community-Unterstützungs-Lösungen, bei denen die Wissensträger miteinander in Kontakt gebracht werden, um voneinander zu lernen.

Wissensmanagement ist die Disziplin der Managementlehre, die sich darauf konzentriert, Wissen als Unternehmensressource zu analysieren und zu entwickeln. Dabei deckt Wissensmanagement ein breites Spektrum ab:

- der Erwerb neuen Wissens (Ausbildung, Training, Einkauf)
- der Austausch von Wissen im Unternehmen (zwischen den Mitarbeitern)
- der Pflege von Wissen und der Entsorgung von nicht mehr benötigtem Wissen

Die Möglichkeiten des Wissensmanagement umfassen dabei sowohl technische Hilfsmittel als auch Änderungen in Kultur und Prozessen (also die Gestaltung kompletter soziotechnischer Systeme).

9.2.2   Unterstützung von Communities of Practice

Zur Unterstützung von Wissensmanagement über Communities of Practice gibt es eine Reihe von Werkzeugen, welche alle den schon am Anfang des Kapitels angesprochenen Grundkonzepten der Kommunikationsunterstützung und der Matchmaking-Unterstützung folgen. Wenger hat 2001 eine Zusammenstellung von Technologien für Communities of Practice vorgenommen (Wenger, 2001). Der Bericht kommt zu dem Schluss, dass es keine einzelne Anwendung gibt, die eine komplette Unterstützung für Communities of Practice bietet. Stattdessen wird das ideale System verschiedene Werkzeuge (in das soziale System) integrieren. Als Werkzeugklassen identifiziert Wenger:

- *Knowledge worker's desktop* – Integration von Arbeit und Wissen (z.B. PlumTree, K-Station)
- *Project spaces* – Durchführung von Arbeit (z.B. eRoom, QuickPlace)
- *Website Communities* – Soziale Strukturen (z.B. Communispace, TalkCity)
- *Discussion groupwebs* – Konversationen (z.B. WebCrossing, eGroups)
- *Synchronous Interactions* – Spontane Interaktion (z.B. Webex, SameTime)
- *E-Learning Space* – Instruktion (z.B. LearningSpace, WebCT)
- *Access to Expertise* – Wissensaustausch (z.B. Tacit, Discovery)
- *Knowledge Bases* – Dokumentenmanagement und Suche (z.B. Autonomy, Notes)

Im Hinblick auf die Grundaktivitäten in Communities lassen sich aus den Werkzeugklassen von Wenger folgende beiden Basisklassen herauskristallisieren:

- Gemeinsame Informationsräume (zur direkten und vor allem zur indirekten Kommunikation)
- Expertenverzeichnisse und Unterstützung für soziale Netzwerke

9.2.3   Wikis

Eine Technologie, die häufig zur Unterstützung gemeinsamer Informationsräume in Communities (of Practice) vorgeschlagen wird, sind so genannte Wikis.

Das Grundkonzept von Wikis wurde durch Ward Cunningham entwickelt. Sein Ziel war es, ein System zu bauen, das Programmierer darin unterstützt, Systeme, die sie entwickeln zu dokumentieren. Um die Nutzungsschwelle so niedrig wie möglich zu setzen, sollte das System schnelles und einfaches Editieren und Verlinken von Inhalten unterstützen. Daneben sollte eine Änderungshistorie und ein Versionsmanagement implementiert werden, so dass Benutzer einfach zu vorhergehenden Versionen zurückwechseln können.

Die Originalbeschreibung bezeichnete Wikis (oder auch WikiWikis oder WikiWikiWebs) als *„simplest online database that could possibly work"* (Schwall, 2003).

Nach Cunningham (2005) sollten Wikis verschiedenen Designprinzipien folgen. Einige Beispiele aus seiner Liste sind:

* *Offen*: Seiten sollten für jeden Leser editierbar sein;
* *Inkrementell*: Seiten sollten andere Seiten zitieren können (mit anderen Seiten verlinkt werden können) – sowohl mit Seiten, die schon angelegt sind als auch mit Seiten, die noch nicht existieren;
* *Einfach*: die Formatierungssprache sollte nur eine kleine (überschaubare) Zahl von Möglichkeiten bieten;
* *Universell*: dieselben Mechanismen sollten für das Bearbeiten von Seiten und für die Organisation von Seiten verwendet werden, so dass jeder Autor sowohl Inhalte bereitstellen kann als auch die gesamte Struktur ändern kann;
* *Einheitlich*: die Namen von Seiten sollten aus einem flachen Namensraum entnommen werden, so dass kein zusätzlicher Kontext benötigt wird, um die Namen zu interpretieren;
* *Beobachtbar*: die Aktivitäten auf einer Website sollten für jeden Besucher der Site sichtbar sein (öffentliche Änderungshistorien).

Ein Wiki besteht im Grunde nur aus einem Server, der über Web-Browser die Möglichkeit bietet, Web-Seiten einfach zu erzeugen und zu editieren. Das Erstellen von Seiten mit formatiertem Text wird dabei durch die Nutzung einer so genannten Wiki-Sprache anstelle von purem HTML erleichtert.

Heute ist eine Vielzahl an Wiki-Implementierungen verfügbar, die einfach installiert und eingesetzt werden können. Die Lösungen unterscheiden sich hinsichtlich der implementierten Funktionalität sehr. Bei fast allen findet man aber einen Mangel an Awareness-Funktionalität. Die für erfolgreiche Groupware so wichtige Information über die Aktivitäten anderer ist meist nur auf explizite Nachfrage (über die Historien oder Subscriptions einzelner Seiten) erhältlich.

9.3   Social Software

Der große Erfolg von persönlichen Tagebüchern im Web (den so genannten Weblogs oder Blogs) hat aufgezeigt, dass Nutzer bereit sind, Information für andere bereitzustellen und diese durch Anmerkungen weiterzuentwickeln. Basierend auf den Grundprinzipien der Blogs – Teilen, Verlinken und Kommentieren – sind weitere Anwendungstypen wie soziale Bookmarkmanager oder soziale Photomanager entstanden. Diese Anwendungen haben alle gemeinsam, dass Benutzer des Internets Inhalte für andere bereitstellen (URLs, Bilder, Literaturreferenzen, ...) und diese Inhalte von den Bereitstellern oder anderen Benutzern mit Metainformation annotiert oder kommentiert werden können (Kommentare, Bewertungen, Schlüsselworte – so genannte „tags", Verweise auf andere Inhalte, ...).

Zur Bezeichnung dieser Klasse von Software wurde der Begriff „Social Software" eingeführt. Coates (2005) liefert beispielsweise folgende Definition für den Begriff: *„software that supports, extends, or derives added value from human social behaviour"*. Weitere Definitionen und Charakterisierungen finden sich beispielsweise in Schmidt (2006). Während wir den Begriff auf die oben charakterisierten Anwendungstypen beschränken, ist in der Verwendung aber auch eine Ausdehnung auf alle Typen von Software, die menschliche Kommunikation und Zusammenarbeit unterstützen, zu beobachten – also Social Software als Synonym für Groupware.

Schmidt (2006) unterscheidet drei unterschiedliche Zwecke, die Social Software für den Benutzer erfüllen kann:

- *Informationsmanagement*: Ermöglichung des Findens, Bewertens und Verwaltens von (online verfügbarer) Information
- *Identitätsmanagement*: Ermöglichung der Darstellung von Aspekten seiner selbst im Internet
- *Beziehungsmanagement*: Ermöglichung Kontakte abzubilden, zu pflegen und neu zu knüpfen.

In diesem Abschnitt werden wir drei Typen von Social Software näher vorstellen: Social Bookmarking Anwendungen, die einen Schwerpunkt auf die kollaborative Annotation von Inhalten legen, Social Navigation, in dem es allgemein um die Annotation von Ressourcen mit Links zu Personen und die Nutzung dieser Information für die Generierung von Empfehlungen geht, und schließlich die schon erwähnten Blogs, welche eher die Idee der gemeinsamen Informationsräume umsetzen.

9.3.1   Social Bookmarking

Das Wiederfinden von Information, die man für interessant befunden hat, ist eine der größten Herausforderungen in großen Informationsräumen (Millen et al., 2005). Ein Lösungsansatz sind persönliche Bookmarks wie sie bereits von verschiedenen Web-Browsern unterstützt werden. Basierend auf persönlichen Bookmarks sind in der Vergangenheit verschiedene Systeme zum Austausch von Bookmarks in Teams entwickelt worden (Marais & Bharat,

1997; Wittenburg et al., 1998; Keller et al., 1997, Glance et al., 1998, 1999). Beim Einsatz dieser Systeme hat sich aber gezeigt, dass die zum Wieder finden von Ressourcen notwendige Klassifizierung der Inhalte im kollaborativen Umfeld noch weniger erfolgreich realisiert werden kann als im persönlichen Umfeld.

Der klassische Ansatz zur Kategorisierung basiert nämlich auf einer vordefinierten Menge von Kategorien, die eventuell in hierarchischen Strukturen (Taxonomien) organisiert sind. Alle Benutzer des Systems müssen sich an die Syntax und Semantik der gewählten Taxonomie halten, wenn sie Inhalte kategorisieren. Dies ist für die Benutzer, welche Informationen einordnen, aufwändig und in Community-Lösungen kaum anwendbar.

Ein komplett neuer Ansatz für die Kategorisierung erlaubt es Benutzern Inhalten beliebige Schlüsselworte (so genannte Tags oder Label) zuzuordnen. Dabei ist von besonderem Interesse, wenn viele Personen bei der Kategorisierung einer Information mitwirken. Eine gewisse Konsistenz wird dabei nur dadurch erreicht, dass die benutzten Tags auch für andere Benutzer sichtbar sind (Awareness). In Anlehnung an den Begriff der Taxonomie wurde dieser Kategorisierungsprozess von Vander Wal als „folksonomy" bezeichnet. Andere häufig verwendete Begriffe sind *„grassroots classification"* (Mathes, 2004), *„ethnoclassification"* (Merholz, 2004) oder *„social classification"* (Hammond, 2005).

Neben den zuvor angesprochenen Lösungen zum Austausch von Bookmarks gibt es auch neuere Arbeiten zum Social Bookmarking in Unternehmen. Millen et al. (2005) stellen beispielsweise ein System namens „dog ear" vor, das bei IBM eingesetzt wird. Die am weitesten verbreiteten Lösungen zum Social Bookmarking sind aber sicher die global verbreiteten Web-basierten Lösungen wie del.icio.us (http://del.icio.us/), flickr (www.flickr.com) und citeUlike (www.citeulike.org) oder BibSonomy (www.bibsonomy.org). Diese Systeme nehmen die Idee von Folksonomien auf und implementieren mit Mitteln des Web2.0 einfach benutzbare Benutzungsschnittstellen dazu.

9.3.2   Soziale Navigation

Der Mensch nutzt ein breites Spektrum an sozialer Information für das Finden von relevanter Information bzw. die Navigation in großen Informationsräumen. Solche Information wird durch Interaktion mit anderen oder durch Beobachtung anderer gesammelt (Dieberger, 2000; Höök, 2003). Beispiele dafür sind das Fragen von Freunden nach Empfehlungen oder das Ableiten von Empfehlungen aus den Aktivitäten anderer (zum Beispiel den Anschaffungen des Nachbarn).

Soziale Navigation beschäftigt sich nun mit der Navigation (Auswahl) basierend auf Informationen, die andere Benutzer zu Produkten hinterlassen haben bzw. basierend auf den Verbindungen zwischen anderen Benutzern und den zur Wahl stehenden Produkten.

Dabei können zwei Typen sozialer Navigation unterschieden werden: direkte und indirekte soziale Navigation (Dieberger, 1999; Höök, 2003). Direkte soziale Navigation bezieht sich auf direkte Interaktion mit anderen Personen. Empfehlungen werden also direkt erfragt oder ungefragt an eine bestimmte Person oder Gruppe gegeben (siehe hierzu zum Beispiel Twidale et al., 1997) und (Nichols et al., 1997)). Indirekte soziale Navigation nutzt Information, die von Benutzern hinterlassen worden ist, um diese den suchenden Benutzern anzuzeigen oder um automatisch Empfehlungen zu generieren. Beispiele für absichtlich hinterlassene Information für andere sind persönliche Linksammlungen im Internet oder Kommentare zu Produkten. Beispiele für nicht absichtlich hinterlassene Information für andere sind Informationen dazu, wie häufig Seiten besucht oder Produkte gekauft worden sind. Bei automatischer Generierung spricht man auch von Automatischem Kollaborativem Filtern (siehe hierzu auch Koch, 2001).

Neben verschiedenen aktuellen Beispielen von sozialer Navigation im E-Commerce (wie dem oben angesprochenen Online-Shop von Amazon) finden sich auch verschiedene Forschungsprototypen. Das erste und am besten dokumentierte Beispiel war die Anwendung automatischer indirekter sozialer Navigation auf Usenet Newsgroups (Resnick, 1994). Ein Beispiel für ein aktuelles System ist Kalas (Svensson, 2003).

Insgesamt werden in immer mehr Anwendungen durch die Bereitstellung von Awareness-Information und der Möglichkeit, Anmerkungen zu hinterlassen, dazu ausgebaut, soziale Navigation zu erlauben. Soziale Navigation ist also kein isolierter Bereich, sondern eine Basisfunktionalität in Groupware, die eng mit dem Konzept der Awareness verwandt ist. Neue Aspekte in sozialer Navigation sind die automatische Auswertung von Metainformation, um daraus Empfehlungen zu generieren.

9.3.3   Blogs

Ein Blog ist eine Website, für die ein Individuum oder eine Gruppe regelmäßig (typischerweise täglich) neue Inhalte erzeugt. Die Einträge werden dabei in der Regel umgekehrt chronologisch sortiert ausgegeben. Dadurch haben Blogs die Charakteristik von elektronischen Tagebüchern – weshalb wir sie auch schon in dem entsprechenden Abschnitt im Kapitel 1 angesprochen haben.

Blogs kombinieren persönliche Web-Seiten mit Tools, um einfach Einträge zu erstellen und miteinander verlinken zu können. Auch ist es für die Besucher eines Blogs einfach möglich, die Einträge nach verschiedenen Kriterien zu filtern oder zu sortieren. Durch die Möglichkeiten zum Verlinken und zum Annotieren kann ein Netzwerk entstehen, das einem dezentralen Forum gleicht.

Der Grund für die Nutzung von Blogs bzw. die Bereitstellung von persönlichen Informationen in einem weltweit zugänglichen Blog sind sehr unterschiedlich. Nardi et al. (2004) führten eine Studie über die Motivation von Benutzern, die regelmäßig Blog-Einträge erstellt haben durch und identifizierten folgende fünf Typen von Motivationen:

- Blogs um das eigenen Leben zu dokumentieren: Benutzer erzeugen Einträge um Ereignisse zu dokumentieren, an denen sie teilgenommen haben – als öffentliches Tagebuch, Photoalbum oder Reisebericht
- Blogs als Kommentar: Benutzer erzeugen Einträge, um Themen zu kommentieren, die sie für relevant halten

- Blogs zur Entspannung: Benutzer erzeugen Einträge, um ihre Gedanken aufzuschreiben und dadurch zu organisieren, was auch helfen kann Druck abzubauen.
- Blogs zur Muse: Benutzer publizieren Ideen und prototypische Arbeiten auf dem Blog um Feedback von anderen zu bekommen.
- Blogs als Community-Forum: Benutzer schreiben Artikel, um Erfahrungen mit anderen auszutauschen.

9.4 Suche von Kommunikationspartnern

Wie bereits ausgeführt, ist das Finden von Kommunikationspartnern eine wichtige Aufgabe der Community-Unterstützung. Eine Möglichkeit zur Unterstützung dieses Prozesses ist in der Bereitstellung von Awareness-Information zu sehen. Durch Verlinkung von Inhalten mit den publizierenden Benutzern kann auf die Expertise von Benutzern geschlossen werden. Dies ist beispielsweise in Newsgroups und Foren zu beobachten. Neben diesen eher indirekten Möglichkeiten gibt es aber auch spezielle Anwendungen zur Suche von Personen in Communities, z.B. Expertenverzeichnisse.

9.4.1 Expertenverzeichnisse und Expertisemanagement

Die einfachste Form eines Expertenverzeichnisses sind sogenannte Gelbe Seiten. Darunter versteht man einfache Verzeichnisse von Personen (in einer Organisation oder Community), die nicht nach dem Namen aufgelistet sind, sondern nach verschiedenen Metainformationen (z.B. der Expertise in bestimmten Bereichen) durchsuchbar sind. Diese Verzeichnisse helfen Community-Mitgliedern andere zu finden.

Ein Problem mit den Anwendungen ist die Aktualisierung der Informationen. Dieses Problem wird von speziellen Expertenfindern auf verschiedene Art und Weise angegangen. Entweder durch Integration mit Personal-Prozessen in Unternehmen, oder häufiger noch durch den Versuch, die Information über die Expertisen eines Mitarbeiters automatisch aus den Dokumenten zu extrahieren, die dieser Mitarbeiter erstellt und liest.

Eine der ersten Arbeiten im Bereich Expertenfinder ist das System Answer Garden (Ackerman, 1994; Ackerman & McDonald, 1996). Von den selben Autoren stammen auch verschiedene Feldstudien zu Expertise und Expertensuche (McDonald & Ackerman, 1998).

Aktuelle Arbeiten im Bereich des Expertisemanagement bzw. der Expertensuche sind (Becks et al., 2004), (Reichling & Veith, 2005) und (Zhang & Ackerman, 2005).

9.4.2 Anwendungen Sozialer Netzwerke

Die Definition von Mynatt et al. (1998, S. 124) zu Communities sagt *„community is a social phenomenon that deals with establishing and working meaningful connections between people"*. Diese Verbindungen zwischen den Mitgliedern einer Community können zu Graphen oder Netzwerken zusammengefasst werden, so genannten sozialen Netzwerken. Siehe hierzu auch Kapitel 1.

Ein Teilbereich von Social Software beschäftigt sich mit der Unterstützung sozialer Netzwerke bzw. mit der Nutzung der Information zu sozialen Netzwerken (also den Verbindungen) zur Unterstützung der Community-Mitglieder. Die Unterstützung besteht dabei meist darin, die Netzwerke zu analysieren und zu visualisieren.

Die Analyse sozialer Netzwerke (*social network analysis, SNA*) kombiniert folgende Aktivitäten:

- Sammlung von Daten – dabei Beschreibung der Knoten im Netzwerk und der Beziehungen zwischen den Knoten – hier wird meist von einem Benutzerverzeichnis wie im vorherigen Abschnitt vorgestellt ausgegangen.
- Ermittlung von quantitativen Aussagen zum Netzwerk oder zu einzelnen Beziehungen
- Analyse und Visualisierung von Mustern, die im Netzwerk gefunden werden.

Ein Ziel der Analyse sozialer Netzwerke ist die Beschreibung verschiedener Aspekte in sozialen Systemen, die für eventuelle Unterstützung relevant sein könnten. Garton (1997) stellt beispielsweise Anwendungen vor, bei denen die sozialen Netzwerke vor und nach Einführung eines neuen Kommunikationssystems untersucht worden sind. Andere Möglichkeiten der Nutzung finden sich im Community Management (siehe Abschnitt 9.6).

Neben der zielgerichteten Suche nach Kommunikationspartnern mittels Metainformationen kann man in Benutzerverzeichnissen oder sozialen Netzwerken auch interaktiv browsen.

Eine andere interessante Nutzungsmöglichkeit der Netzwerkinformation ist für den Aufbau von Vertrauen. Dabei wird das Problem adressiert, dass man in großen Communities (bzw. Gelbe-Seiten-Verzeichnissen) auf dem Internet oft keine vertrauenswürdigen Informationen über dort gefundene potentielle Kommunikationspartner hat. Durch Identifikation gemeinsamer Bekannter, die eventuell vor einer Kontaktaufnahme befragt werden können, kann das Problem entschärft werden. Diese Identifikation gemeinsamer Bekannter kann in sozialen Netzwerken aber einfach durch Suche eines Pfades zwischen zwei gegebenen Knoten gelöst werden.

Entsprechende Funktionalität findet sich in verschiedenen Social Network Diensten wie Friendster (www.friendster.com), Open Business Club (www.openbc.com), LinkedIn (www.linkedin.com) oder Orkut (www.orkut.com).

9.5   Social Proxies

Die Unterstützung von informeller Kommunikation und Awareness ist für Communities genauso wichtig wie für Teams, um die gemeinsame Basis (*common ground*) zu entwickeln, die für Kommunikation und Beziehungen notwendig ist. Clark definiert in seinem Buch

„Using Language" (Clark, 1996, S. 92) *„common ground"* als Information, die zwei Parteien teilen und von der sie sich bewusst sind, dass sie sie teilen.

> *„Everything we do is rooted in information we have about our surroundings, activities, perceptions, emotions, plans, interests. Everything we do jointly with others is also rooted in this information, but only in that part we think they share with us."*

Die Diskussionen zu Common Ground und Awareness legen nahe, dass die Bereitstellung einer detaillierten und zusammenfassenden Sicht auf eine Community den Mitgliedern der Community bei ihren Aktivitäten helfen kann. Dabei kann man verschiedene Typen von Information identifizieren, die für Community-Mitglieder interessant sein können (siehe auch Koch, 2005): Information über andere Community-Mitglieder, Information, die von anderen Community-Mitgliedern bereitgestellt wurde, und Information zu Aktivitäten im Community-Informationsraum.

Information über Community-Mitglieder: Information über bereits bekannte Community-Mitglieder kann bei der Koordination von Aktivitäten helfen (z.B. Presence-Information). Bei unbekannten Community-Mitgliedern könnte Information zur Kontaktaufnahme verhelfen. Zusätzlich zu spezifischer Information über einzelne Mitglieder könnte auch aggregierte Information über die Mitglieder einer Community für Mitglieder und Nicht-Mitglieder interessant sein (z.B. um zum Beitritt zu motivieren).

Information, die von anderen Community-Mitgiedern bereitgestellt wird: Communities fassen Personen mit ähnlichen Interessen zusammen. Deshalb ist Information, die von Mitgliedern im Kontext der Community beigetragen wird auch für andere Mitglieder von potentiellem Interesse. Auch hier ist sowohl detaillierte Information (einzelne Beiträge) als auch aggregierte Information (z.B. die Anzahl der Beiträge, die pro Tag publiziert werden) von Interesse.

Information zu Aktivitäten im Community-Informationsraum: Ein spezieller Typ von Information, der von den Community-Mitgliedern implizit beigetragen wird, ist Information über Aktivitäten, die Community-Mitglieder (im Community-Informationsraum) durchführen. Diese Ereignisse können wiederum in detaillierter oder aggregierter Form anderen Community-Mitgliedern dabei helfen, Informationen oder Personen zu identifizieren.

Während man im Bereich Teamunterstützung hauptsächlich von Awareness und Awareness-Anwendungen spricht, hat sich im Bereich der Community-Unterstützung ein anderer Begriff für die Visualisierung der anderen Mitglieder und ihrer Aktivitäten entwickelt: *Social Proxy.*

Das Wort „Proxy" bezeichnet hierbei eine Art Schnittstelle, welche zwischen dem einzelnen Client und der Gesamtheit der User vermittelt. Mittels der gesammelten Informationen von den einzelnen Clients versucht ein Social Proxy somit ein Abbild der kompletten Kommunikationsstruktur zu erstellen. Das Spektrum der Komplexität dieser Darstellung hängt dabei vom erwünschten Effekt im Programm ab. So kann es für manche Anwendungen durchaus ausreichen, eine Liste der aktive Benutzer anzuzeigen. Normalerweise wird man beim Design des Social Proxy aber darauf achten, eine einfache, jedoch informationsreiche Darstellung zu finden.

Erickson und Kellogg (2003) führen im Zusammenhang mit der Diskussion von Social Proxies den Begriff „translucent" (durchscheinend) für die Visualisierung von Personen und
deren Aktivitäten in Informationssystemen ein. Im Unterschied zu einer vollkommenen
Transparenz wollten sie mit „translucent" ausdrücken, dass im Sinne der Privatheit jeder
Kontrolle über das hat, was andere von ihm oder ihr sehen. Außerdem ist sich jeder Benutzer
über den Grad der Transparenz seiner Aktivitäten bewusst. Diese Basisanforderungen aus
dem Bereich des Datenschutzes haben wir bereits bei der Diskussion von Awareness angesprochen.

Im Gegensatz zu allgemeinen Awareness-Systemen haben Erickson und Kellog (2003) zwei
wichtige Features für Social Proxies identifiziert: Erstens erlauben Social Proxies keine persönlichen Sichten um sicherzustellen, dass jeder dasselbe sieht und somit einen gemeinsamen Kontext hat. Zweitens werden die Informationen in Social Proxies immer aus der Sicht
einer dritten Person dargestellt.

9.6   Community Management

In der Einleitung des Kapitels haben wir argumentiert, dass Communities sich von Teams
dahingehend unterscheiden, dass sie keine Organisation haben und hauptsächlich auf intrinsischer Motivation der Community-Mitglieder basieren. Das bedeutet allerdings nicht, dass
Communities keine Führung benötigen.

Das Vorgehen bei der Installation einer Community wird in verschiedenen Publikationen
thematisiert, beginnend mit Hagel und Armstrong (1997) hin zu anderen wie (Figallo, 1998)
und (Gruban, 2001). Wie auch aus unserer Diskussion über soziotechnische Systeme in Kapitel 2 hervorgeht, ist eine Hauptkenntnis dieser Publikationen, dass die Installation einer
Community als rein technisches System (nur die Community-Plattform) nicht gelingen kann.
Communities setzen sich aus Personen zusammen (soziale Systeme) und können nicht wie
technische Systeme aufgebaut werden. Anstelle eine Community zu „bauen", muss man eine
Community vorsichtig auf ein gewünschtes Ziel hinführen, die Community „managen".

Unter Management versteht man allgemein den Prozess eine Organisation oder Teile davon
so zu beeinflussen, dass ein vorgegebenes Ziel erreicht wird. Die Managementtheorie unterscheidet dabei fünf Managementfunktionen: Planung, Organisation, Führung, Koordination
und Kontrolle.

Wenn man Managementtheorie auf Communities anwendet, kann man drei Basisfunktionen
für Community Management identifizieren (Ljepoja, 2005; Koch, 2006): Beobachtung (Monitoring), Moderation und Motivation.

- *Beobachtung*: Die Hauptaktivität der Beobachtung ist es, die Informationen zu einer
  Online-Community zu ermitteln, die zum Treffen von Managemententschiedungen notwendig ist. Diese Information kann dabei sowohl für dedizierte Community Administra-
  toren als auch für allgemeine Community-Mitglieder interessant sein. Nachdem Community Management meist zumindest teilweise als Selbstkontrolle der Mitglieder implemen-

tiert ist, kann die Bedeutung dieser (Awareness-)Information für alle Mitglieder nicht unterschätzt werden.

- *Moderation*: Die Aufgabe eines Moderators ist es, die Interaktion in einer Community im Gleichgewicht mit den Normen und Werten der Community zu halten. Auch hier ist wieder die mögliche Selbstregulation der Community, d.h. die Beteiligung „normaler" Mitglieder an der Moderation bzw. die vollständige Abwicklung notwendiger Moderationsaktivitäten durch die Mitglieder, zu bedenken.

- *Motivation*: Es gibt verschiedene Gründe, einer Community beizutreten und zu ihrem Informationsraum beizutragen. Gemeinsam ist allen Gründen, dass die Mitglieder einen Mehrwert erhalten. Dieser Mehrwert kann für unterschiedliche Mitglieder aber sehr unterschiedlich sein. So helfen einige Personen, weil ihnen in der Vergangenheit selbst geholfen worden ist oder sie hoffen, dass ihnen in Zukunft, dann wenn sie es brauchen, geholfen werden wird (Prinzip der Gegenseitigkeit). Andere helfen, um als Experten anerkannt zu werden (Prinzip der Anerkennung). Siehe hierzu auch (Hall & Graham, 2004; Ludford, 2004). Durch geeignete Visualisierung von Informationen aus der Community kann die Motivation beider Gruppen unterstützt werden (Koch, 2006).

9.7   Zusammenfassung

Im Bereich Community-Unterstützung lässt sich die Unterstützung von (indirekter) Kommunikation – gemeinsame Informationsräume, Wissensaustausch – und die Unterstützung des Findens von Kommunikationspartnern unterscheiden. Bei beiden Unterstützungskonzepten kann die Bereitstellung von Awareness-Information eine wichtige Rolle spielen (siehe hierzu die Ausführungen zu Social Proxies).

Grundsätzlich ist bei Community-Unterstützung die aktive Beteiligung der Community-Mitglieder an der Diensterbringung von größter Bedeutung (gegenseitige Hilfe). Aufgrund der Freiwilligkeit und der Bedeutung von (intrinsischer) Motivation spielt dabei das Management der Community eine wichtige Rolle. Die Verantwortung für Management-Aktivitäten kann allerdings auf die Mitglieder der Community selbst verteilt sein.

Mit Social Software etabliert sich ein Bereich von Software, der die (indirekte) gegenseitige Unterstützung – z.B. bei der Klassifizierung (Tagging) von Informationen – unterstützt. Aktuelle Beispiele für Social Software sind auf Wikis und Blogs basierende Systeme sowie Social Bookmarking und Social Network Anwendungen.

CSCW-Werkzeuge

Werkzeuge zur Unterstützung von Communities sind im wesentlichen Kommunikations- und Awareness-Werkzeuge – und das hauptsächlich in der asynchronen Variante.

Beispiele hierfür sind Foren in verschiedenen Varianten. Foren-Funktionalität gibt es speziell für bestimmte Plattformen sowie als Basismodule zu Content-Management-Systemen oder Portal-Systemen. Zusätzlich gibt es spezielle Lösungen um Foren aufzusetzen, z.B. phpBB (www.phpbb.com), und die Möglichkeit Foren auf Application-Service-Provider Plattformen einzurichten, z.B. bei Yahoo.Groups (groups.yahoo.com).

Foren unterstützen die Kommunikation untereinander, nicht aber den geordneten Aufbau eines Community-Informationsraumes. Hierzu können generische Werkzeuge wie Wikis und Blogs oder spezialisierte Werkzeuge wie Social Bookmarking Werkzeuge und andere Social Software eingesetzt werden (siehe Verweise auf konkrete Systeme in Abschnitt 9.3).

Es gibt also eine Reihe von generischen Werkzeugen, um Kommunikation oder gemeinsame Informationsräume bereitzustellen. Die Installation eines solchen Werkzeuges ist aber selten ausreichend für eine erfolgreiche Unterstützung. Zusätzlich wird Motivation und Management benötigt – bei der Initiierung der Lösung und im laufenden Betrieb. Eine Mindestanforderung dabei ist die Einbettung der technischen Lösung in den organisatorischen Rahmen, d.h. die Einführung und Dokumentation dessen, was mit der Lösung erreicht werden soll und wie die Lösung dazu benutzt werden soll. Dies kann teilweise durch die technische Lösung erleichtert werden, wird aber nie ganz abgenommen werden.

10 Technische Integration

In Kapitel 4 bis 9 haben wir verschiedene Klassen von CSCW-Anwendungen vorgestellt und diskutiert. Zu jeder Anwendungsklasse haben wir dabei auch konkrete Produkte genannt. Die Situation ist heute tatsächlich so, dass die verschiedenen Funktionalitäten zur Unterstützung für Zusammenarbeit hauptsächlich in Form einzelner, isolierter Anwendungen angeboten werden. Zwar handelt es sich dabei nicht mehr um Nischenprodukte, sondern um ausgereifte und komplexe Systeme, es fehlt aber häufig noch die Möglichkeit, die Systeme in die IT-Architektur von Unternehmen zu integrieren. Um Software zur Unterstützung von Zusammenarbeit noch stärker in Unternehmen zu etablieren ist es notwendig, verschiedene CSCW-Anwendungen zu integrieren, CSCW-Anwendungen mit Standard-Anwendungen zu integrieren, und Anwendungen an die individuellen Nutzer und die unterstützten Gruppen und Organisationen anzupassen. In diesem Kapitel stellen wir verschiedene Ansätze und Technologien vor, um dies zu erreichen.

10.1 Integration und Interoperabilität

In den vorhergehenden Kapiteln haben wir einige grundlegende Charakteristika und Anforderungen für Software zur Unterstützung von Zusammenarbeit besprochen. In diesem Zusammenhang war die einfache Nutzbarkeit als Beitrag zur Minimierung des Missverhältnisses von Aufwand und Nutzen zur Erreichung einer kritischen Masse der potentiellen Benutzer von größter Bedeutung.

Ein wichtiger Aspekt bei der Einfachheit der Nutzung ist es nun, die Unterstützung der Zusammenarbeit möglichst gut von Standard-Anwendungen aus zugänglich zu machen – also Arbeit und Zusammenarbeit möglichst nahe zusammen zu bringen. Dies wird von heutigen Lösungen noch nicht ausreichend erfüllt. Funktionalität zur Zusammenarbeit ist meist von Funktionalität zur (individuellen) Erfüllung normaler Aufgaben getrennt – sowohl hinsichtlich der Benutzungsschnittstelle (unterschiedliche Fenster) als auch bezüglich der Daten (unterschiedliche Dateisysteme, unterschiedliche Benutzerverzeichnisse). Die Funktionalitäten können nicht in integrierter Weise genutzt werden.

In den folgenden Abschnitten werden wir verschiedene Ansätze zur Bereitstellung von Integration und Interoperabilität vorstellen – für Software im Allgemeinen und Groupware im Besonderen. Zuerst soll aber noch genauer betrachtet werden, was Integration eigentlich ist.

Unter *Integration* versteht man allgemein einen Prozess der Kombination und Ansammlung. Konkreter geht es um die Kombination von Teilen oder Objekten, die gut zusammen arbeiten. Im Kontext von Groupware wird Integration mehr in der Bedeutung von „Enterprise Application Integration" verwendet, welche als Nutzung von Software und Computer-Architekturprinzipien zum Zusammenbringen (integrieren) einer Menge von Computer-Anwendungen verstanden werden kann.

Es gibt verschiedene Wege und Stufen, um Integration durchzuführen. Folgende (unvollständige) Liste nennt einige Beispiele:

- Integration der Benutzungsschnittstellen verschiedener Anwendungen in einer Benutzungsschnittstelle. Die Zusammenstellung und Anordnung der Teil-Benutzungsschnittstellen kann den Anforderungen und Wünschen des Benutzers entsprechend angepasst werden. Diese Idee geht zurück auf erste Fenstersysteme und wird heute in Portalen perfektioniert.
- Integration von Funktionalität in Form von Modulen in eine Basisanwendung (z.B. unter Nutzung des Framework-Patterns, d.h. der Basiscode ruft die zusätzlichen Module oder Plug-Ins auf wenn notwendig). Normalerweise wird hierbei der Objektcode des Plugins zum Objektcode der Basisanwendung hinzugefügt und dynamisch gelinkt.
- Integration zusätzlicher Funktionalität (Services) über Remote-Procedure-Call – Diese Variante erfordert die Publikation einer klaren Schnittstelle (API) für den Service – und idealerweise auch die Einigung verschiedener Hersteller auf einen Schnittstellenstandard.
- Integration unabhängiger Anwendungen ohne Anpassung durch gemeinsame Austauschplattformen.

Im Zusammenhang mit Integration fällt auch immer der Begriff *Interoperabilität*. Zu diesem Begriff führt beispielsweise Forrer (2005) folgende beiden Definitionen auf:

- „Als Interoperabilität bezeichnet man die Fähigkeit zur Zusammenarbeit von verschiedenen Systemen, Techniken oder Organisationen. Dazu ist in der Regel die Einhaltung gemeinsamer Standards notwendig."
- „Interoperabilität ist die Fähigkeit unabhängiger, heterogener Systeme, möglichst nahtlos zusammen zu arbeiten, um Informationen auf effiziente und verwertbare Art und Weise auszutauschen bzw. dem Benutzer zur Verfügung zu stellen."

Unter Interoperabilität versteht man also die Fähigkeit von Systemen, sich einfach integrieren zu lassen.

In den folgenden Abschnitten werden wir die für CSCW wichtigsten Konzepte zu Integration und Interoperabilität näher beleuchten:

- Portale (Abschnitt 10.2)
- Contextual Collaboration und CSCW-Dienste/APIs (Abschnitt 10.3)
- Agenten und Semantic Web Technologien (Abschnitt 10.4)

10.2   Portale

Portale fassen verschiedene Dienste, die in unterschiedlichen Komponenten implementiert sind, in einer Benutzungsschnittstelle zusammen. Ein Portal implementiert in seiner Reinform also selbst keine Dienste, sondern stellt nur einen Container für die Integration verschiedener Anwendungen oder Dienste zur Verfügung. Bei dieser Integration handelt es sich im einfachsten Fall nur um die Abwicklung der Interaktion mit den Anwendungen über eine gemeinsame Benutzungsschnittstelle.

Während der Begriff „Portal" sehr breit ausgelegt werden kann, wird er in der Praxis meist nur als Synonym für „Web-Portal" benutzt. Hierbei findet die Integration der Benutzungsschnittstellen der verschiedenen im Portal integrierten Anwendungen typischerweise auf einer Menge von Web-Seiten statt. Einer Anwendung wird dabei ein Teil einer Webseite zugewiesen. Diese Zuweisung und Anordnung kann vom Benutzer meist an seine Wünsche angepasst werden.

Zusätzlich zur Zusammenfassung verschiedener Dienste unter einer Benutzungsschnittstelle mit Personalisierungsmöglichkeiten behandeln Portale normalerweise auch die Authentifizierung der Benutzer bei den unterschiedlichen Diensten und stellen so genannte Single-Sign-On Lösungen zur Verfügung. Das bedeutet, dass sich der Benutzer für alle Dienste nur einmal beim Portal authentifizieren muss und dieses die Authentifizierung weiterreicht.

Zusammenfassend stellen Portale also folgendes zur Verfügung:

* ein Framework zur Verwaltung von Web-Seiten und Komponenten in Seiten, die Informationen und Dienste aus unterschiedlichen Quellen zugänglich machen
* Eine Menge von „Portlets" (die Komponenten, welche die Integration mit Inhalten und Diensten realisieren und diese in der einheitlichen Benutzungsoberfläche repräsentieren)
* Möglichkeiten zur Personalisierung der Zusammenstellung für individuelle Benutzer und Benutzergruppen
* Ein Single-Sign-On zu den Diensten, die über das Portal zugänglich sind.

Im Rest dieses Abschnitts gehen wir kurz auf die Evolution von Portalen, aktuelle Entwicklungen bezüglich Interoperabilität zwischen verschiedenen Portal-Herstellern und auf CSCW-Funktionalität in Portalen ein.

10.2.1   Evolution von Portalen

Bei frühen Generationen von Portalen handelte es sich meist um Lösungen zum Zugriff auf oder zur Zusammenfassung von statischen Inhalten (*content access/aggregation portals*). Die Web Site importierte Inhalte von verschiedenen Quellen und stellte diese dem Benutzer zur Verfügung – mit Möglichkeiten zur Personalisierung der Auswahl und des Layouts.

In modernen Lösungen wird nicht nur der (passive) Zugriff auf Inhalte angeboten, sondern auch verschiedene interaktive Dienste. Das Spektrum reicht dabei von Abfrage von Adressverzeichnissen und Management-Informationssystemen über verschiedene Workflow-

Systeme (z.B. Eingabe oder Abfrage zu Reiseanträgen) bis hin zu Funktionalität zur direkten Unterstützung von Zusammenarbeit.

Wegner (2002) spricht in diesem Zusammenhang auch von einer Entwicklung des Konzepts Portal von einer einfachen Integration verschiedener Inhalte hin zu *„a place where users live"*. In manchen Unternehmen wird nach dem Start des Rechners das Portal geöffnet und alle weitere Arbeit hierüber abgewickelt (Informationsnachfrage, Zusammenarbeit mit Kollegen, etc.). Diese Entwicklung zeigt sich auch in der Idee von *„portals as workspaces"* (Marshak & Seybold, 2003). Unter dem Titel Unternehmensportal oder Intranet-Portal beginnen Portale zum personalisierten Arbeitsbereich des Benutzers zu werden, in dem die aktuelle Arbeit erledigt wird. Portale stellen also nicht mehr nur noch die Information zum Arbeiten zur Verfügung, sondern auch die Werkzeuge, die Benutzer brauchen um ihre Aufgaben zu erfüllen. Office-Anwendungen stehen hier meist noch außen vor. Extreme Entwicklungen in diesem Bereich gehen dahin, komplette Office-Werkzeuge (Textverarbeitung, Tabellenkalkulation etc.) in Portalen zur Verfügung zu stellen.

Einige Features eines Unternehmensportals sind:

- *Integration*: Bereitstellung der Daten und Dienste aus verschiedenen Systemen unter einem Dach – das Portal wird zur zentralen Ressource für alle Informationsdienste des Unternehmens.
- *Dokumenten- und Inhaltsmanagement*: Bereitstellung von Diensten für den kompletten Lebenszyklus des Dokumentenmanagement inklusive der Indizierung und der Suche in Dokumenten
- *Kommunikation*: Nutzer des Portals können synchron (über Chat oder Messaging) und asynchron (Foren, E-Mail und Blogs) kommunizieren
- *Personalisierung*: Möglichkeit für Benutzer explizit verschiedene Inhalte und Dienste zu abonnieren und die Umgebung auch sonst an ihre Anforderungen und Wünsche anzupassen

Insbesondere im Zusammenhang mit Unternehmensportalen ist zu beobachten, dass der Unterschied zwischen Portal-Servern und Content-Management-Servern immer mehr verschwimmt. Portal-Server bieten Dienste zur Verwaltung von und dem Umgang mit beliebigen „Portal-Objekten" und Content-Management-Server bieten immer mehr die Möglichkeit zur Integration zusätzlicher Dienste (über Portlets).

Die nächste Generation von Portalen werden nach Marshak und Seybold (2003) adaptive Portale sein. Dieser Typ von Portalen zeichnet sich durch die automatische Anpassung der dargestellten Informationen und Werkzeuge an den Arbeitskontext des Benutzers aus. Idealerweise wird es nicht mehr notwendig sein, aktiv im Portal zu navigieren. Zum für die Auswahl berücksichtigten Kontext sollen dabei auch Informationen über Kollegen und deren Status gehören (Koexistenz, Awareness). Um diese Vision möglich zu machen, muss die Integration von Diensten und Daten noch um einiges fortschreiten. Wir werden im nächsten Abschnitt (Contextual Collaboration) kurz darauf eingehen.

10.2.2   Architektur von Portalen – Portlets

Portale organisieren normalerweise den Webspace, den sie für Web-Browser anbieten in einzelne (Web-)Seiten, von denen jede ein oder mehrere Portlets enthält. Diese Portlets sind die Komponenten, die den Zugriff auf interne oder externe Dienste realisieren und dazu eine HTML-Benutzerschnittstelle bereitstellen.

Portlets bestehen üblicherweise aus einer Menge von Klassen (Objektcode) und Templates plus Konfigurationsdateien, die im Framework eines Portlet-Containers in einem Portal geladen und genutzt werden. Wenn die Portal-Umgebung bzw. der Portal-Server eine Anfrage eines Web-Browser für eine Seite erhält, dann ruft er entsprechende Methoden der Portlets auf, die auf der angefragten Seite organisiert sind, um die Anfrage zu verarbeiten und HTML-Ausgaben für ihren jeweiligen Seitenbereich zu generieren. Diese HTML-Ausgaben werden dann zu einer kompletten Web-Seite kombiniert und an den Web-Browser ausgeliefert. Dabei können mehrere Instanzen eines Portlets mit verschiedenen Parametern auf einer Web-Seite existieren.

Portlet-to-Portal Kommunikation
Die APIs zur Programmierung von Portlets bieten den Portlets Zugriff auf verschiedene Teile der Portal Infrastruktur, z.B. auf

- Profil des aktuellen Benutzers
- Darstellungsbereich für Ausgaben des Portlets (Portal-Fenster)
- Action- und Event-Modell des Portal-Fensters
- Information zum Web-Client
- Information zum Portal(-Server)
- Möglichkeiten zur persistenten Speicherung und zum Auslesen von Daten zum Benutzer oder zur Portlet-Instanz

Portlet-to-Portlet Kommunikation
Neben den oben aufgeführten Möglichkeiten zum Zugriff auf den Portal-Kontext, bietet die Schnittstelle zwischen Portlet und Framework meist auch noch eine Möglichkeit mit anderen Portlets zu kommunizieren bzw. Daten und Ereignisse mit ihnen auszutauschen.

Portlet-to-External Kommunikation
Abhängig vom Portal-Server stehen Portlets schließlich noch unterschiedliche Möglichkeiten zum Zugriff auf externe Dienste zur Verfügung. So können in J2EE-basierten Portal-Servern alle Möglichkeiten genutzt werden, die auch Servlets zur Verfügung stehen, da Portlets als Spezialisierung von Servlets realisiert sind. Natürlich können Portlets zusätzlich entsprechend den Rechten, die sie haben, auch einfache IP-Verbindungen aufbauen oder RPC-Frameworks nutzen.

10.2.3   Standardisierung von Portlets

Portale (bzw. Portal-Server) litten in den vergangenen Jahren unter verschiedenen Interope-rabilitätsproblemen. Wegen unterschiedlicher Framework-Schnittstellen mussten Portlets zur Ermöglichung des Zugriffs auf bestimmte Dienste für unterschiedliche Portal-Server jeweils separat angepasst oder neu geschrieben werden.

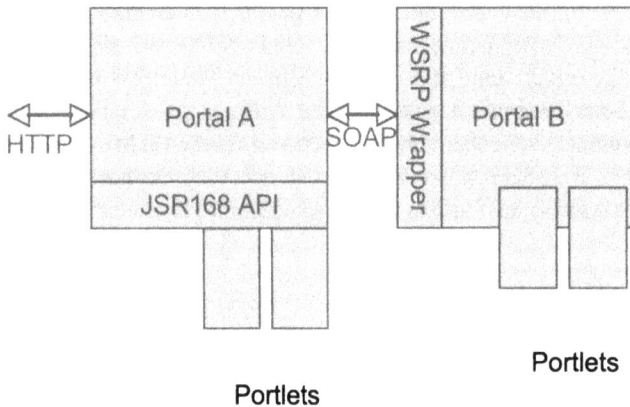

Abb. 10.1   *Möglichkeiten zur Bereitstellung von Portlets über standardisierte Schnittstellen. Nach: (JSR168 und WSRP).*

Als Lösung dieses Problems wurden verschiedene Standards für Portal-Frameworks (bzw. genauer für die Schnittstelle vom Portal-Framework/Server zu Portlets) entwickelt. Im J2EE-Umfeld ist der am weitesten verbreitete Standard die Java Portlet Specification (JSR 168) von Sun. Mit Web Services for Remote Portals (WSRP) steht ein weiterer plattformübergrei-fender Standard zur Verfügung.

Java Portlet Specification (JSR 168)
Sun Microsystems's Java Portlet Specification (auch bekannt unter JSR 168) definiert eine Standard-API für Portlets. Portlets, die gemäß dieser API erstellt werden (die das Interface dieser API implementieren) können auf jeden J2EE-Portal-Server, der JSR 168 unterstützt, genutzt werden.

WSRP (Web Services for Remote Portals)
Während Portlets nach dem JSR 168 Standard direkt in der Java Virtual Machine des (Java-basierten) Portal-Servers ablaufen, ermöglicht der WSRP-Standard die Ausführungsumge-bungen von Portal-Server und Portlet zu trennen (und potentiell auch Java-Umgebungen mit nicht-Java-Umgebungen zu mischen).

Web Services for Remote Portals (WSRP) Version 1.0 von OASIS definiert ein Interface und Protokoll zur Erstellung interaktiver Web-Services, die in Portalen eingebunden werden können. WSRP standardisiert dazu Web-Services in der Präsentationsschicht. WSRP Dienste können von mehreren Portal-Servern genutzt werden. Dabei ist es auch möglich, JSR 168 Portlets über WSRP bereitzustellen.

10.2.4 Portal-Dienste zur Unterstützung von Zusammenarbeit

Nachdem ein Großteil der Funktionalität zur Unterstützung asynchroner Zusammenarbeit bisher schon als Web-Anwendungen implementiert worden ist, haben Portal-Anbieter schnell begonnen, diese Funktionalität in ihre Portale zu integrieren, bzw. Portlets bereitzustellen, die CSCW-Funktionalität anbieten. Mit diesen Werkzeugen können Unternehmen ihre Intranet-Portale zu Kollaborationsplattformen ausbauen. Neben den Portalanbietern haben auch verschiedene Hersteller proprietärer Groupware-Lösungen begonnen, Portlets anzubieten, mit denen ihre Server angesprochen werden können, um es Unternehmen zu ermöglichen, die Dienste leichter und besser in bestehende Infrastrukturen zu integrieren.

Bei der angeboten CSCW-Funktionalität in den Portalen gibt es bisher weder eine Einigung beim Umfang noch bei der Granularität oder Art und Weise in der sie angeboten werden. Es können aber einige gemeinsame Entwicklungen beobachtet werden. So bieten fast alle Portale folgende Funktionalität:

- Zugriff auf persönliche E-Mail
- Bereitstellung eines Portalbereichs für Teams, in dem Portal-Objekte ausgetauscht und gemeinsam genutzt werden können (Teamspace)
- Bereitstellung von Funktionalität zum Annotieren von Portalobjekten
- Asynchrone Kommunikationsmöglichkeiten über Text-Konferenzen (Foren)
- Gemeinsame Kalender und gemeinsame Task-Listen (inklusive Synchronisationsmechanismen mit lokalen Anwendungen und PDAs)
- Anbindung von synchronen Kommunikationsmöglichkeiten (Chat, Voice over IP, Web-Conferences)

Wie zuvor schon angesprochen, wachsen dabei die Bereiche Content-Management-Server und Portal-Server immer mehr zusammen. Dies gilt auch für die Verfügbarkeit von CSCW-Funktionalität in Content-Management-Lösungen. So bieten heute typische Content-Management-Produkte wie Typo3 (www.typo3.org) oder Plone (www.plone.org) auch schon verschiedenste Module zur Unterstützung der Zusammenarbeit an.

10.2.5 Beispiel: SAP NetWeaver Enterprise Portal

Das SAP NetWeaver Enterprise Portal (siehe (Goebel und Ritthaler 2004) oder www.sap.com) erlaubt es, wie auch andere Portale, Anwendungen in eine Präsentationsumgebung zu integrieren. Neben vielfältigen Möglichkeiten, Zugriff auf die ERP-Anwendungen von SAP bereitzustellen, werden von SAP für das Portal auch die „SAP Knowledge Management and Collaboration Services" angeboten.

Das Grundkonzept der Collaboration Services ist der „SAP collaboration room". Darunter versteht man einen virtuellen Projektraum für Portalnutzer, der mit Standard-Portalobjekten realisiert wird.

In Projekträumen werden folgende Möglichkeiten geboten:

- Dokumentenaustausch (Folders)
- Team News, Discussions
- Team Calendar
- Task Management
- Kontaktlisten
- Instant Messaging und Chat
- Application Sharing

Zusätzlich können Produkte von Drittanbietern wie WebEx, Microsoft Exchange und Lotus Domino integriert werden oder mit den Daten im Portal synchronisiert werden.

10.2.6   Beispiel: Vignette Collaboration

Vignette Collaboration (siehe www.vignette.com) stellt Web-basierte gemeinsame Arbeitsbereiche zur Verfügung, die gut mit Desktop-Werkzeugen wie E-Mail, Dokumentenverzeichnissen, Productivity-Tools und Kalenderanwendungen integriert sind.

Der Vignette Server stellt folgende Funktionalität zur Verfügung:

- Gemeinsame Arbeitsbereiche zum Austausch und zur Diskussion von Inhalten
- Suchmöglichkeiten
- „Knowledge Agents" um Awareness bereitzustellen (durch Abonnements von Informationen zu Dokumenten, Workspaces etc).
- E-Mail-Integration
- Task-Management und Kalender
- Umfragen

Vignette bietet für ihre Lösung sowohl ein proprietäres Web-Interface als auch eine „Collaboration Portlet Library" zur Integration in andere Portale an.

Die Vignette Collaboration Portlet Library umfasst dabei folgende (stark konfigurierbare) Portlets:

- communities home viewportlet: Personalisierter Zugang zu Arbeitsbereichen und Funktionalität in den Arbeitsbereichen
- browse communities portlet
- private and public folder views portlet
- recent communities portlet

- personalized community list portlet
- personalized notifications portlet
- search portlet
- custom collaboration views portlet

10.3   CSCW-Dienste

Während die Grundidee bei Portalen ist, verschiedene Dienste unter einer gemeinsamen Benutzungsschnittstelle bereitzustellen (Integration auf der Ebene der Benutzerinteraktion), ist auch eine tiefere Integration denkbar. Dies wird beispielsweise unter dem Schlagwort „Contextual Collaboration" propagiert.

10.3.1   Contextual Collaboration

Unter Contextual Collaboration versteht man einen neuen Ansatz zur Bereitstellung von Funktionalität zur Unterstützung von Zusammenarbeit. Anstelle die Dienste zur Unterstützung von Zusammenarbeit von den Diensten zur Unterstützung der individuellen Arbeit zu trennen (wie es auch in modernen Portalen noch der Fall ist), sollen alle relevanten CSCW-Funktionalitäten wie Instant Messaging, Gemeinsame Kalender, (Presence) Awareness jeweils Kontext-sensitiv in die Benutzungsschnittstellen von Anwendungen wie Textverarbeitungsprogrammen oder ERP-Systemen eingebettet werden. Damit soll ermöglich werden, dass die Nutzer aus jeder Anwendung heraus miteinander zusammen arbeiten können und Daten sofort untereinander austauschen können.

Folgende Funktionalität wird für den ersten Schritt zu Contextual Collaboration diskutiert:

- *Präsenz Awareness*: Es sollte möglich sein zu sehen, ob Nutzer online und erreichbar sind – wie in heutigen Instant Messaging Anwendungen mit dem Unterschied, dass diese Information in anderen Anwendungen (Kontext-spezifisch) sichtbar ist
- *Echtzeitkommunikation*: Es sollte möglich sein, direkt per Text- oder Voice-Chat zu kommunizieren
- *Resource Sharing*: Es sollte möglich sein, Dokumente mit anderen auszutauschen und gemeinsam zu bearbeiten.

Neben der in Standardanwendungen integrierten Bereitstellung der erwähnten Dienste bedeutet Contextual Collaboration aber auch, dass die (Unterstützung der) Zusammenarbeit abhängig von den Umständen und dem Kontext der Arbeitssituation der unterstützten Nutzer erfolgt. Für Zusammenarbeit (z.B. implizite Koordination) wichtige Information soll im Arbeitskontext bereitgestellt werden und Zusammenarbeit soll direkt aus dem Arbeitskontext heraus gestartet werden können. Idealerweise werden diese Dienste nicht explizit vom Benutzer aufgerufen, sondern werden automatisch bereitgestellt, wenn sie benötigt werden. Ein CSCW-Subsystem sollte alle Kontextabhängigkeiten von Nutzern und ihren Aufgaben mitbekommen und jeweils passende Dienste anbieten. Um dieses Ideal zu erreichen, müssen die

Systeme den Kontext der Nutzer verstehen, z.B. durch Analyse und Interpretation ihre Aktivitäten und über aussagekräftige Profile.

Eine weitere, nicht minder schwer zu erreichende Anforderung ist, dass Kollaborationsdienste klar gekapselt in einer Service-orientierten Architektur zur Verfügung stehen. Als Basistechnologie werden dabei durchgehend WebServices genannt. Diese Festlegung schafft aber nur eine Interoperabiliät auf der untersten Ebene und legt nicht fest, wie CSCW-Dienste genau aussehen sollen. Auf diesen Punkt gehen wir im folgenden Abschnitt näher ein.

10.3.2   CSCW-APIs und CSCW-Standards

Um Contextual Collaboration und einfachere Szenarios der Integration von CSCW-Diensten in andere Anwendungen zu ermöglichen, müssen CSCW-Dienste von ihren Benutzungsschnittstellen getrennt werden und klare Dienste und Schnittstellen dafür definiert werden. Das schließt die Definition von Datenmodellen für die Objekte mit ein, die in der (Unterstützung der) Zusammenarbeit benötigt werden. Der BSCW-Shared-Workspace Server hat dies für sich beispielsweise schon gemacht. Nachdem diese APIs und Datenmodelle für unterschiedlichste Zusammenarbeits-Szenarien gültig sein müssen, müssen sie so generisch und erweiterbar wie möglich sein. Zusätzlich sollten die APIs und Datenmodelle zwischen verschiedenen Anbietern standardisiert oder austauschbar sein.

Zum Entwurf solcher erweiterbarer APIs und Datenmodelle kann auf Ideen aus dem Bereich der Softwareagenten und des Semantic Web zurückgegriffen werden (siehe dazu auch Abschnitt 10.4). Bevor mit diesen Technologien gearbeitet werden kann, muss aber zuerst geklärt werden, was genau CSCW-Dienste sein sollen, wie genau die Granularisierung aussehen soll. Hierzu ist noch einige Evolution notwendig, die gerade bei unterschiedlichen Anbietern abläuft.

Insbesondere IBM ist gerade dabei ein komplettes, skalierbares und erweiterbares Architekturframework für integrierte CSCW-Dienste zu erstellen und in Produkten umzusetzen. IBMs Java-basierter Ansatz stützt sich dabei stark auf den WebSphere Portal-Server und auf den Workplace Client.

Neben den Aktivitäten der großen Portal- und Dienste-Anbieter lassen sich im Markt auch einige erste (De-Facto) Standards beobachten, die dem Bereich Collaboation APIs zuzuordnen sind. Dies sind:

- WebDAV – Zugriff auf Inhalte
- Radius, LDAP, SAML, LibertyAlliance – Zugriff auf Autentifizierungs- und Authorisierungs-Information (inklusive Benutzerprofile)
- SIP, Jabber – (Instant) Messaging, Präsenz Awareness
- Business Process Execution Language for Web Services BPEL4WS – Kombination von Diensten in Workflows

Ein weiterer interessanter Standard für die Interoperabilität im Groupware-Bereich ist der iCal Standard zur Darstellung von Terminen und Tasks. Mit iCal kann man Kalenderinformation von beliebigen Kalender-Anwendungen exportieren und in andere Anwendungen importieren.

Speziell im Bereich der Community-Unterstützung (wo es kaum globale Gruppenkalenderlösungen gibt) ist schon häufig zu sehen, dass wichtige Daten für die Community als iCal-Datei für alle Community-Mitglieder zur Verfügung gestellt werden. Auf Web-Sites wie www.icalshare.com findet man inzwischen verschiedenste iCalendar Dateien.

Aber auch im Bereich der Teamunterstützung hat der einfache Austausch von Kalenderinformation über das iCalendar-Format seinen Platz. So ist es beispielsweise möglich, auf dem BSCW Shared Workspace Server spezielle Kalenderobjekte anzulegen, die von allen Team-Mitgliedern über die Web-Schnittstelle aktualisiert werden können, die aber auch über iCalendar exportiert und damit in die privaten Kalender der Team-Mitglieder importiert werden können.

Die verschiedenen Aktivitäten führen alle dahin, CSCW-Dienste in Form von Services zu definieren (also eine Service-orientierte Architektur für CSCW). Abbildung 10.2 zeigt eine mögliche Aufteilung der Dienste in einer zukünftigen Arbeitsumgebung. CSCW-Dienste nutzen dabei Content Management Dienste und werden von Aggregation Frameworks und anderen aufgerufen.

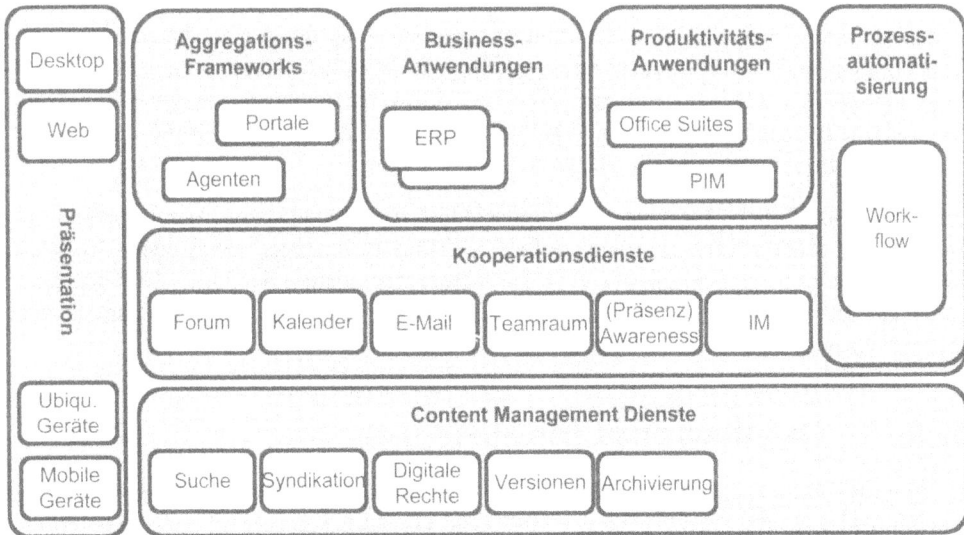

Abb. 10.2 *Verschiedene Dienste in einer potentiellen zukünftigen Arbeitsumgebung.*

10.3.3   Beispiel: BSCW XML-RPC API

Die in Kapitel 1 vorgestellte Groupware-Lösung BSCW (Web-basierte gemeinsame Arbeitsbereiche) bietet bereits eine umfangreiche API auf die Funktionen des Servers an. Damit ist es einfach möglich, die Funktionalität des BSCW-Servers (Ablage von Dokumenten, Awareness-Information etc.) von beliebigen anderen Anwendungen zu nutzen. Unter anderem konnte damit ein Rich-Client für BSCW auf Eclipse-Basis entwickelt werden (siehe www.bscweasel.de). Die API und die Datenstrukturen richten sich dabei aber noch sehr an der Kernfunktionalität aus.

Zusätzlich zur XML-RPC API bietet BSCW auch einen eingeschränkten Zugriff auf die Informationen über eine WebDAV-Schnittstelle. Damit ist beispielsweise eine einfache Integration in Standard-Dateisysteme möglich (und damit eine Nutzung von BSCW vom Windows Dateisystem-Explorer aus).

Informationen zur XML-RPC API zu BSCW sind auf der Website des Herstellers (www.orbiteam.de) zu finden (im Bereich Download/Dokumentation).

10.4   Softwareagenten

Während Portale auf der Ebene der Benutzungsschnittstelle integrieren, haben Contextual Collaboration und CSCW-Dienste eine enge Integration von CSCW-Funktionalität miteinander und in allgemeine Anwendungen zum Ziel. Softwareagenten können dabei die Interaktion zwischen verschiedenen Modulen automatisieren und Anregungen für die einfache Anpassung und Erweiterbarkeit von Dienstschnittstellen geben.

Wir können in diesem Abschnitt keine vollständige Aufarbeitung von Agententechnologie präsentieren, sondern verweisen dazu auf (Wooldridge & Jennings, 1995) oder (Bradshaw, 2000). Stattdessen werden wir nur kurz die Kerncharakteristika der Idee „Softwareagent" vorstellen und die Aspekte näher beleuchten, die für aktuelle Entwicklungen im Bereich CSCW relevant sind.

10.4.1   Definition und Charakterisierung

Der Begriff „Softwareagent" (*software agent*) wird allgemein benutzt, um das Konzept zu beschreiben, dass eine Softwarekomponente einem menschlichen Akteur Aufgaben abnimmt und dabei an seiner Stelle handelt. Normalerweise werden dabei Aufgaben betrachtet, die nicht nur aus einer sequentiellen Ausführung vorgedachter Aktionen bestehen, sondern die Entscheidungen und damit Wissen über ein Ziel und die Umwelt erfordern. Agenten sind somit autonom agierende Softwarekomponenten, die für den Benutzer Aufgaben erfüllen. Sie empfangen und interpretieren Sensordaten als Eingabe, planen aus diesen Eingaben und ihrem Wissen über das angestrebte Ziel und die Umgebung Aktivitäten und führen diese Aktivitäten schließlich auch aus.

Zur Beschreibung von Agenten wurden verschiedene Modelle vorgeschlagen. Eines der bekanntesten ist dabei das Insektenmodell (siehe Abbildung 10.3), das z.B. in (Haugeneder und Steiner 1996) oder (Deen 1996) genauer vorgestellt wird.

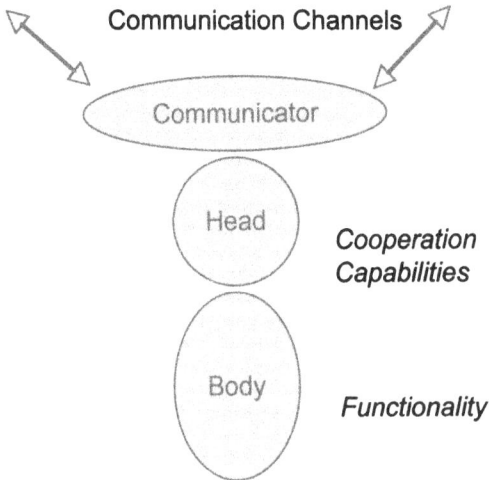

Abb. 10.3   *Insektenmodell für Softwareagenten.*

Ein Agent tauscht über Kommunikationskanäle und seinen Kommunikator Information mit seiner Umgebung (dem Benutzer, anderen Agenten, Diensten, ...) aus. Der Kopf kapselt die Zusammenarbeitsfähigkeit des Agenten. Hierzu gehört auch Wissen über die Fähigkeiten des Agenten, die Fähigkeiten anderer Agenten, die aktuelle Aufgabe und über Kommunikationsprotokolle. Der Körper kapselt schließlich die eigentliche Funktionalität des Agenten, also die Möglichkeiten, seine Umgebung zu beeinflussen.

Als wichtigste Eigenschaft von Agenten wurde bereits genannt, nämlich dass sie autonom handeln können. Die folgende Tabelle fasst dieses und einige weitere im Kontext von Agenten diskutierten relevanten Eigenschaften zusammen (siehe z.B. (Hayzelden et al., 1999) für eine ausführlichere Darstellung von Agenteneigenschaften).

Tab. 10.1 *Ausgewählte Agenteneigenschaften.*

Eigenschaft	Beschreibung
Autonomie	Agenten sollten ohne Intervention externer Steuerung (andere Agenten oder Menschen) ablaufen und Entscheidungen treffen können.
Reaktionsfähigkeit	Agenten nehmen ihre Umgebung war und reagieren auf Änderungen der Umgebung.
Kommunikationsfähigkeit	Ein Softwareagent ist fähig mit anderen Agenten seiner Umgebung zu kommunizieren. Die Agenten können gemeinsam an einem Ziel oder an getrennten individuellen Zielen arbeiten.
Pro-Aktivität	Agenten sollten auch ohne Impulse aus der Umgebung zielgerichtet agieren und Aktivitäten ausführen können.

Neben den genannten Eigenschaften wird vielfach auch die Mobilität als charakterisierende Eigenschaft von Softwareagenten betrachtet. Das bedeutet, dass der Agent selbständig in die Ausführungsumgebung des nächsten Kommunikationspartners wandern kann (d.h. seinen Objektcode und sein Wissen in diese Ausführungsumgebung übertragen und sich dort selbst wieder starten kann).

Trotz der vielfältigen Aktivitäten im Bereich Mobiler Agenten gibt es aber nur wenige Szenarios, in denen Mobilität einen klaren Vorteil gegenüber der Kommunikation über die Grenzen von Ausführungsumgebungen hinweg bietet. Diese Beispiele haben meist mit großen Datenmengen zu tun, die in der Kommunikation übertragen werden müssten (z.B. Agenten, die Bildanalyse durchführen) oder mit Agenten, die in Umgebungen agieren, in denen während einer längeren Laufzeit nicht alle Kommunikationspartner immer online sind.

10.4.2 Agentenkommunikation und Agentenplattformen

Der vielleicht größte Beitrag der Forschung an Softwareagenten zur Praxis der Softwareerstellung (und speziell der Ermöglichung oder Verbesserung von Interoperabilität für CSCW-Systeme) ist der Beitrag zur Realisierung von generischen Schnittstellen zwischen Softwarekomponenten – bzw. die Entwicklung von Agentenkommunikationssprachen.

Agentenkommunikation

Die Art und Weise, wie Agenten untereinander kommunizieren und Information austauschen, wurde von Anfang an intensiv untersucht. Dabei war von Bedeutung, einen Weg zu finden, der flexibler ist als entfernte Prozeduraufrufe und öffentliche Prozeduren in verteilten Objektsystemen. Nach einigen proprietären Entwicklungen wurde dazu in dem von der ARPA geförderten Projekt „Knowledge Sharing Effort" zur Schaffung einer Infrastruktur für

Multiagentensysteme eine standardisierte Agentenkommunikationssprache (*agent communication language, ACL*) entwickelt. Siehe hierzu die Arbeiten von (Neches et al., 1991) und (Finin et al., 1994).

Die vorgeschlagene Lösung bestand aus drei Teilen:

- einem Vokabular (definiert in einer Ontologie),
- einer (Logik-)Sprache zur Kodierung von Wissen (Informationen) – kurz KIF (knowledge interchange format)
- und einer Sprache zur Weitergabe und Veränderung von Wissen und Fakten – kurz KQML (knowledge query and manipulation language)

Kern der Lösung ist dabei die Definition von Agenten-Ontologien zur Sicherstellung eines gemeinsamen Vokabulars zwischen verschiedenen Agenten. Die Ontologie sollte dabei nicht nur eine Sammlung von verwendbaren Schlüsselworten für Konzepte definieren, sondern auch die Bedeutung (Semantik) von Konzepten basierend auf anderen Konzepten definieren können. Damit sollte eine einfache Erweiterbarkeit garantiert werden.

Auf Basis der vorgestellten Architektur wurden Basis-Ontologien für verschiedene Anwendungsdomänen entwickelt. Diese wurde mit Hilfe von KIF kodiert. Als KIF wurde dabei eine erweiterte Version der Prädikatenlogik gewählt, was eine Anwendung der für die Prädikatenlogik entwickelten Beweisführungswerkzeuge für die Zwecke der Agentenkommunikation erlaubte. KIF enthielt folglich eine Zahl von Logik-Operatoren zur Repräsentation quantifizierender Ausdrücke, Negationen, Konjunktionen, Disjunktionen and Ableitungsregeln.

Die dritte Komponente der Agentensprache, KQML, definiert Aktionen, die bei der Interaktion zwischen Agenten möglich sind. So genannte Performative ermöglichen neben dem reinen Austausch von Aussagen, wie der Aussage über die zwei Rechtecke, den Ausdruck dessen, was mit einer Aussage erreicht werden soll. Dabei orientiert sich KQML an der Idee der Sprechakte (siehe Abschnitt 2.3.1). Mit KQML kann ein Kommunikationsakt beispielsweise als Anfrage (evaluate, ask, aks-if, ask-about, ask-one, ask-all etc.) oder als Antwort auf eine Anfrage bzw. Mitteilung (tell, reply, sorry, etc.) klassifiziert werden.

Neben einfachen Kommunikations-Performativen wurden dazu auch Performative definiert, die einzelne Schritte in Kooperationsprotokollen in Multiagentensystemen ausdrücken. So erlaubt es das Performativ „advertise" beispielsweise einem Agenten öffentlich bekannt zu machen, welche KQML-Anfragen er behandeln kann. Die Semantik der Performative ist dabei normalerweise ausführlich beschrieben, soweit möglich formal.

Agentenplattformen

Nachdem Softwareagenten aktive Element sind, benötigen sie eine Plattform, die ihnen Basisdienste zur Verfügung stellt, inklusive der Möglichkeit, untereinander Nachrichten (KQML) auszutauschen. Eine Agentenplattform stellt eine solche Infrastruktur zur Verfügung.

Die Entwicklung von Agentenplattformen lief meist parallel zur Entwicklung oder Standardisierung einer Agentensprache. Das einflussreichste Projekt in diesem Bereich war dabei die FIPA agent platform. Bei der FIPA (Foundation for Intelligent Physical Agents) handelt es sich dabei um eine Organisation, die sich zum Ziel gesetzt hat, Technologien und Interoperabilitätsspezifikationen für die Ende-zu-Ende-Zusammenarbeit von Softwareagenten in kommerziellen und industriellen Szenarien zu fördern (siehe www.fipa.org für weiterführende Information zur FIPA).

Das FIPA agent platform model setzt sich dabei aus einem agent Management system (AMS), agent directories (DF, directory facilitator), einem agent communication channel (ACC) und einer Menge von Agenten zusammen (siehe Abbildung 10.4).

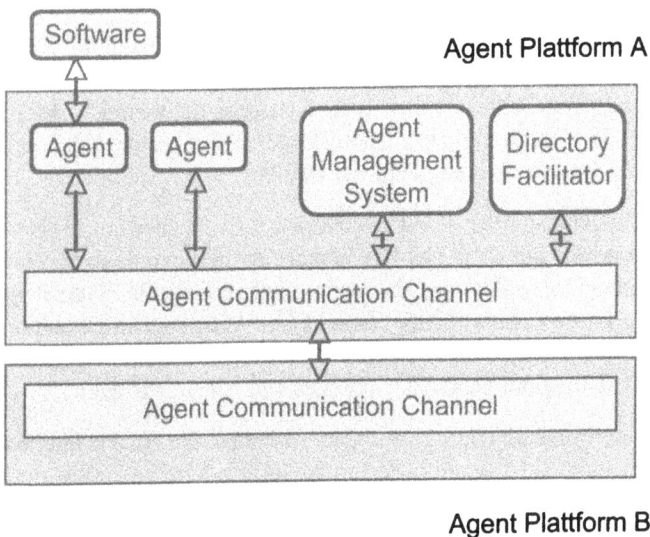

Abb. 10.4   FIPA agent management Referenzmodell.

Der Directory Facilitator (DF) erlaubt es lokalen Agenten, sich zu registrieren und von anderen Agenten anhand der angegebenen Metainformation gefunden zu werden. Das Agent Management System (AMS) ist selbst Agent und behandelt die Erzeugung, das Löschen und die Migration von Agenten. Der Agent Communication Channel (ACC) unterstützt den Austausch von Agentennachrichten in einer Plattform und zwischen verschiedenen Plattformen.

Die Standards der FIPA erlauben dabei insbesondere eine Kommunikation zwischen verschiedenen Plattformen und ein Finden von Agenten und Diensten auf anderen Plattformen. Mit FIPA-OS (FIPA Open Source) gibt es eine Referenzimplementierung des Modells, die auch schon in mehreren großen Projekten eingesetzt worden ist.

10.4.3 Softwareagenten in der Praxis

Obwohl das Konzept der Agenten weit verbreitet ist, finden sich bisher nur in wenigen Bereichen Anwendungen reiner Agentenplattformen wie FIPA-OS. Stattdessen werden Softwareagenten als Architekturkonzept bei der Konzeption von Software benutzt. Darunter verstehen wir die Konzeption von Softwarekomponenten, die

- eigenen Ziele haben (bzw. von Benutzern vorgegeben Ziele verfolgen können)
- mit ihrer Umgebung (Dienste, Framework) und optional anderen Komponenten interagieren – d.h. auf Ereignisse reagieren und Aktivitäten ausführen

Solche agentenbasierte Systeme werden heute in einer breiten Klasse von Anwendungen genutzt, z.B. in Expertensystemen, im Bereich der Robotik und in Systemen zur Informationsfilterung. Im Bereich CSCW gibt es Agenten zum Aushandeln von Terminen (Sen, 1991) oder zur Kontrolle des Informationsflusses in Workflow-Management-Systemen.

Ein weiterer Einsatzbereich ist allgemein die Bereitstellung von Möglichkeiten zur weitreichenden Konfiguration von Komponenten durch den Benutzer. Beispiele sind Lösungen, in denen bestimmte Informationen abonniert werden können oder anderweitig Filter (= Agenten) vom Benutzer beauftragt werden können. Auch E-Mail-Filter in Mail-Clients sind ein klassisches Beispiel für Agenten. In diesem Bereich finden sich auch wieder viele Lösungen, die der Groupware zuzurechnen sind, z.B. die automatische Beantwortung von per E-Mail eingehenden Anfragen zur Terminabstimmung und die automatische Eintragung in den Kalender des Benutzers. Die Implementierung solcher Lösungen erfolgt entweder ad hoc oder mit Hilfe fertiger Regelengines.

Ein weiterer Bereich, in dem Konzepte aus dem Bereich der Softwareagenten in der Praxis angewandt werden, ist die Definition generischer Schnittstellen zu Diensten. Grundlage ist dabei die Idee, Schnittstellen zwischen Komponenten nicht über klare APIs und fest vorgebene Datenstrukturen festzuschreiben, sondern einfache „doWork()" oder „processMessage()" Methoden vorzusehen und darüber auf Ideen der Agentensprachen basierende generische Datenstrukturen auszutauschen. Kern der Umsetzung ist dabei die Nutzung von Ontologien zur dezentralen Definition und Erweiterung der austauschbaren Konzepte.

Eine zukünftige Entwicklung bei der Definition generischer Schnittstellen für CSCW-Dienste könnte die Definition von erweiterbaren Ontologien für die dabei anfallenden Konzepte sein. Dieser Ansatz wird beispielsweise im Projekt Cobricks verfolgt (Koch, 2003). Das Toolkit kennt nur vier Basiskonzepte: Benutzer, Items, Kategorien und Kontexte. Die Basisontologien des Toolkits definieren Attribute für diese Objektklassen sowie einige generische Unterklassen (wie Ankündigung oder Terminankündigung als Unterklassen von Item) und erlauben es den Nutzern des Toolkits, dann diese Ontologien selbst weiterzuentwickeln.

10.5   Zusammenfassung

In diesem Kapitel haben wir verschiedene Möglichkeiten angesprochen, CSCW-Funktionalität besser nutzbar zu machen. Die wichtigsten Konzepte waren dabei

- Portale (Integration verschiedener Funktionalität/Dienste in einer Benutzungsoberfläche)
- CSCW-Dienste (Dienste ohne spezielle Benutzungsschnittstellen, die eine Integration in verschiedene Anwendungen erlauben – Contextual Collaboration)
- Agententechnologien in Form von Regelengines, die eine einfache Anpassung von Anwendungen erlauben, und in Form von Agentensprachen und Ontologien Ansätze zur generischen Definition von Schnittstellen für Collaboration Services bieten. Softwareagenten können in Zukunft wertvolle Beiträge zur besseren Konfiguration (Endbenutzerentwicklung) und zur Entwicklung von erweiterbaren APIs liefern.

Im Zusammenhang mit dem letzten Punkt ist auch der Bereich Semantic Web zu erwähnen. Hier werden gerade Ideen aus der Agentenkommunikation aufgegriffen und für eine bessere Nutzbarmachung der Information im Web eingesetzt. In der Praxis ist aber noch keine Einigung über allgemeine CSCW-Dienste oder gar allgemeine APIs für solche Dienste zu erkennen. De-facto Standards existieren nur für einzelne Hilfsdienste wie den Zugriff auf Dokumente oder auf Benutzerprofile.

Wir sind nur kurz darauf eingegangen, wie Systeme besser an die Anforderungen eines einzelnen Benutzers angepasst werden können. Diese Anpassbarkeit wird in der Literatur als wichtige Eigenschaft von Groupware gesehen (Paetau, 1994; Bentley & Dourish, 1995). Grund für die besondere Bedeutung der Anpassbarkeit ist, dass bei Groupware mehr Faktoren dazu beitragen als bei Einbenutzersoftware:

- *Individuelle Anforderungen*: CSCW-Systeme müssen von allen Mitliedern einer Gruppe akzeptiert (benutzt) werden, um erfolgreich zu sein.
- *Anforderungen der Gruppe*: CSCW-Systeme müssen sich an unterschiedliche und wechselnde Gruppenstrukturen und –Aufgaben anpassen.
- *Anforderungen der Organisation*: CSCW-Systeme werden in unterschiedlichen und sich weiterentwickelnden Organisationen eingesetzt, die im System repräsentiert sind oder sonst wie Einfluss auf das System haben.

Aus diesen Gründen ist es notwendig, CSCW-Systeme auch im laufenden Betrieb oder für individuelle Wünsche/Anforderungen anpassen zu können (Bentley & Dourish, 1995). Verschiedene Arbeiten haben sich in der Vergangenheit diesem Thema angenommen (siehe (Liebermann et al., 2006) für eine verschiedene Übersichten zu Tailorability und Endbenutzerentwicklung – *End-User Development*).

11 Neue Benutzungsschnittstellen

Im vorhergehenden Kapitel haben wir die technische Integration von CSCW-Komponenten behandelt. Eine der Hauptmotivatoren für eine bessere Integration von CSCW-Anwendungen untereinander und mit anderen Anwendungen war dabei die Reduktion des Aufwands für den Benutzer (zur Verbesserung des Nutzen/Aufwand-Verhältnisses) durch Ermöglichung eines nahtloseren Übergangs zwischen verschiedenen Aufgaben. Diese Idee lässt sich nun auf der Ebene der Benutzungsschnittstellen zu einer besseren Integration von CSCW-Anwendungen in den Arbeits- bzw. Wirkungsbereich potentieller Nutzer fortführen. Hintergrund der Überlegungen ist dabei, dass die Verfügbarkeit des Zugriffs auf CSCW-Anwendungen entscheidend die Nutzungshäufigkeit solcher Anwendungen und damit auch den Erfolg solcher Anwendungen beeinflussen kann. Speziell für Community-Unterstützung können durch eine über neue Benutzungsschnittstellen erreichte bessere Verfügbarkeit neue Benutzergruppen und Nutzungsszenarien erschlossen werden.

Bei CSCW-Anwendungen ist dieses Problem der Benutzbarkeit und Verfügbarkeit besonders relevant, da wie schon von Grudin (1990) ausgeführt, für die erfolgreiche Einführung eines CSCW-Systems eine kritische Anzahl an Benutzern erreicht werden muss. Dafür spielen sowohl die Benutzbarkeit des Systems als auch die Verfügbarkeit des Systems an allen Orten, an denen die günstigsten Umstände für die Benutzung vorliegen, eine Rolle.

In diesem Kapitel stellen wir das Spektrum aktueller Entwicklungen im Einsatz von mobilen und ubiquitären Benutzungsschnittstellen für CSCW-Anwendungen vor und setzen die Beispiele mit der Diskussion im Rest des Buches in Verbindung.

11.1 Mobile und Ubiquitous Computing

Wie zuvor motiviert, könnte der Einsatz neuer Benutzungsschnittstellen, die mobil sind oder in die realen Nutzungskontexte integriert sind, die aktuellen Grenzen von CSCW-Anwendungen erweitern. Außerhalb des Desktops könnten Benutzungsschnittstellen besser und nahtloser in Arbeitsprozesse und Arbeitsumgebungen integriert werden und den Zugriff auf CSCW-Anwendungen dann ermöglichen, wenn sie gebraucht werden, jederzeit, an jedem Ort, in jeder Situation. Benutzer sind dann nicht mehr dazu gezwungen, explizit zu allgemeinen Rechnern zu gehen, um mit anderen entfernten Mitgliedern eines Teams oder einer Community zu interagieren.

Die beiden Konzepte, die man unterscheidet sind

- Ubiquitous Computing (bzw. Ambient Computing)
- Mobile Computing

Während man bei Mobile Computing davon ausgeht, dass Benutzer ihre Computer in kleinerer Form und besser an bestimmte Aufgaben angepasst mit sich tragen (im Extremfall in die Kleidung integriert), versteht man unter Ubiquitous Computing die Verfügbarkeit von (öffentlichen) Rechnern an allen Stellen, an denen ein Benutzer mit ihnen interagieren will (z.B. in Wänden, Tischen).

11.1.1   Ubiquitous Computing

Der Begriff „Ubiquitous Computing" wurde von Mark Weiser am Xerox Palo Alto Research Centre (Xerox PARC) geprägt und bezieht sich auf die Situation, in denen die „natürliche" Umgebung mit vielen (unsichtbaren) Computern ausgestattet ist, die den Benutzern verschiedene Dienste zur Verfügung stellen und natürliche Interaktion zwischen Benutzern und Umgebung erlauben. Mark Weiser drückt die wichtigsten Charakteristika folgendermaßen aus (Weiser, 1993):

> *„Ubiquitous computing has as its goal the enhancing of computer use by making many computers available throughout the physical environment, but making them effectively invisible to the user."*

Der Ausdruck „ubiquitous" (engl. für allgegenwärtig) wird benutzt, weil Computer überall sein werden, eingebettet in die Infrastruktur. Die Idee schließt auch die Ausstattung von Alltagsgegenständen mit Computern mit ein, zum Beispiel Kleidung, die weiß, wann sie gereinigt werden muss.

Ubiquitous Computing wird auch als dritte Welle in der Nutzung von Computern bezeichnet. Zuerst gab es nur Großrechner, von denen jeder von einer großen Anzahl Personen benutzt worden ist. Dann kam die Phase des „Personal Computing", in der jeder einen oder mehrere Universalcomputer besitzt, mit denen er oder sie direkt interagiert. Durch die zunehmende Vernetzung wird zwar immer mehr das ganze Netz als Computerressource betrachtet, die Interaktion mit dem Menschen findet jedoch immer noch über dedizierte Geräte (Desktop PCs oder Laptops) statt, an die sich der Benutzer bzw. seine Aufgabe anpassen muss. In der dritten Welle treten die (Universal-)Computer immer mehr in den Hintergrund und werden an der Mensch-Computer Schnittstelle durch „unauffällige Technologie" (calm technology) ersetzt.

Konkret verbergen sich hinter der Idee des Ubiquitous Computing drei Konzepte:

- Computer entwickeln sich von Universalmaschinen zu Spezialmaschinen, sie werden also zusammen mit ihrer Peripherie für eine bestimmte Aufgabe entwickelt. Jeder Mensch besitzt verschiedene Computer für verschiedene Aufgaben. Die Computer haben verschiedene Formen und Größen.

- Die verschiedenen Computer sind vernetzt und tauschen untereinander Daten aus, um ihre Funktion zu erfüllen.
- Computer verschwinden (aus dem Sichtfeld) – sie sind natürlich weiterhin da, der Benutzer nimmt sie aber nicht mehr (als Computer) wahr.

Neben den erwähnten Veröffentlichungen von Weiser kann als Grundlagenwerk zu vielen der Ideen und Herausforderungen der unsichtbaren Computer auf (Norman, 1999) verwiesen werden. Weitere zusammenfassende Ausführungen zu diesen Konzepten (aufgabenspezifische Computer; vernetzte Computer; unsichtbare Computer – Integration mit der Umgebung) finden sich in (Koch & Schlichter, 2001). Im Folgenden gehen wir nur kurz auf drei Herausforderungen beim Einsatz mobiler und ubiquitärer Lösungen in CSCW näher ein (Abschnitte 11.1.2 - 11.1.4) und stellen dann verschiedene Lösungen im Bereich der Team- und Community-Unterstützung vor (Abschnitte 11.2 und 11.3).

11.1.2 Kontextinformation

Zusätzlich zur Möglichkeit, jederzeit und von jedem Ort aus auf Dienste zuzugreifen und überall und zu jeder Zeit erreichbar zu sein, bringt die Ausdehnung der Unterstützung von Zusammenarbeit in die Arbeitsumgebungen mit sich, dass den Diensten vielfältige zusätzliche Kontextinformation (zum Benutzer) zur Verfügung stehen.

Unter dem Kontext eines (mobilen) Benutzers verstehen wir dabei allgemein alle Informationen, die von Sensoren gemessen werden und im Computer zur Verbesserung von Diensten verwendet werden können (Dey, Salber & Abowd, 2001).

Die wichtigste neue Kontextinformation ist dabei die Information darüber, wo sich der Benutzer (aktiv) oder Besitzer (passiv) eines Gerätes gerade aufhält. Weitere relevante Informationstypen sind Informationen darüber, ob ein Benutzer gerade interagiert (und mit wem), die Außentemperatur, die Richtung und Geschwindigkeit eventueller Bewegung, etc. Groh (2005) fasst beispielsweise verschiedene solche Informationen zusammen, um daraus auf ad-hoc Gruppen zu schließen.

11.1.3 Positionierung für Teams und Communities

Wie schon erwähnt, stellt die Information über den Aufenthaltsort von Benutzern eine wichtige neue Informationsquelle für die Unterstützung von Zusammenarbeit dar. Dabei stellen sich allerdings andere Anforderungen an die Positionierung (Ermittelung des Aufenthaltsortes) als im Bereich der „Location-based Services", d.h. (Informations-)diensten, die sich an den Aufenthaltsort anpassen.

Bei klassischen Location-based Services findet sich am Anfang meist eine aktive Anfrage eines Benutzers nach Informationen abhängig von seinem Aufenthaltsort, z.B. den nächstgelegenen Tankstellen. Wegen dieser Pull-Eigenschaft reicht es aus, wenn der Aufenthaltsort des Benutzers zum Abfragezeitpunkt auf dem Abfragegerät ermittelt wird und dann mit der Anfrage an den Dienst übermittelt wird. Hierzu können zum Beispiel in die mobilen Geräte integrierte GPS-Empfänger (Global Positioning System) oder eine Peilung über die Empfangszellen und Empfangsstärken von Mobilfunknetzen genutzt werden.

Team- oder Community-Dienste mit der Nutzung von Information über den Aufenthaltsort stellt meist nicht nur eine Personalisierung auf Basis des Aufenthaltsorts des Nutzers dar, sondern berücksichtigt auch die Positionen der anderen Team- oder Community-Mitglieder. Dazu muss diese Information aber jederzeit (an zentraler Stelle oder dezentral bei allen Benutzern) verfügbar sein. Zusätzlich sollte dem Benutzer eine Kontroll- und/oder Feedbackmöglichkeit zur rausgehenden Information angeboten werden. Siehe hierzu auch die Diskussion zu Awareness in Kapitel 2.

Lösungsmöglichkeiten sind wieder die zuvor angesprochenen endgerätebasierten Methoden, die dann regelmäßig durchgeführt werden, oder aber netzbasierte Methoden, bei denen z.B. im Mobilfunknetz automatisch ermittelt wird, wo sich ein Gerät gerade befindet, ohne über die standardmäßige Einbuchung in Zellen hinausgehende Mitwirkung der mobilen Endgeräte. Eine Alternative dazu ist die Nutzung von direktem Kurzstreckenfunk zwischen den Endgeräten, was allerdings eine globale Sicht nicht möglich macht (siehe z.B. das Projekt Hummingbird (Holmquist et al., 1998; Falk, 1998) oder das Projekt Active Badges (Want et al., 1992, 1995)).

Um die Kosten und Probleme bei Nicht-Erreichbarkeit zu minimieren, sind aber meist hybride Methoden notwendig, die u.a. auch die Nutzung von Regeln auf dem Server einschließen, welche den Aufenthaltsort ohne genaue Messung abhängig von Parametern wie Wochentag, Uhrzeit und eventuell persönlicher Terminkalender festlegen. Siehe Hillebrand et al. (2002) und Reichwald et al. (2005) für weitere Information zur Positionierung für Community-Unterstützung.

11.1.4 Datenschutz und Privatsphäre

Bei der Nutzung von CSCW-Diensten über ubiquitäre und mobile Geräten wird mehr personenbezogene Information elektronisch verfügbar als bei der Nutzung über klassische Benutzungsschnittstellen (z.B. der Aufenthaltsort einer Person) und durch die Vernetzung der Geräte auch potentiell abrufbar. Die Frage nach Datenschutz und Privatsphäre ist hier deshalb noch kritischer als im Bereich der klassischen Awareness-Information.

Bei allen Funktionalitäten, über die Repräsentationen der Community-Mitglieder (Profile oder Identitäten) erfasst und anderen verfügbar gemacht werden, ist die Ermöglichung einer Kontrolle durch den Benutzer essentiell. Kontrolle drückt sich hier erstens durch die Möglichkeit der selbständigen Zusammenstellung und Änderung der Information aus, und zweitens durch die Möglichkeit zur Beeinflussung der Verfügbarkeit.

Mark Weiser schreibt 1993 *„a key problem with ubiquitous computing is preserving privacy of location"* (Weiser, 1993). Im selben Beitrag diskutiert er auch schon die Unterschiede zwischen einer zentralen und einer dezentralen Verwaltung von personenbezogenen Daten. Er argumentiert, dass eine zentrale Verwaltung den Vorteil haben könnte, dass die Berücksichtigung von Privatsphäre an einer Stelle korrekt unter Berücksichtigung aller persönlichen und rechtlichen Anforderungen gemacht wird, solche Lösungen aber vermutlich nie skalieren und es Probleme mit der Sicherung der Übertragung zur zentralen Stelle gibt.

Die Festlegung und Durchsetzung, welche Information für welche Person oder Anwendung verfügbar ist, wird Identitätsmanagement genannt. Identitätsmanagement betreiben wir tagtäglich, wenn wir bei Gesprächen entscheiden, was wir unserem Gesprächspartner über uns selbst erzählen. Wir berücksichtigen dabei die Situation und die Rolle, die wir einnehmen, genauso wie die Beziehung zum Interaktionspartner. Ergebnis sind verschiedene Teilmengen der Information, die verschiedenen Interaktionspartnern zugänglich gemacht werden. So können Personen in verschiedenen Kontexten sogar unter verschiedenen Namen bekannt sein, z.B. durch die Nutzung spezieller Spitznamen oder von Pseudonymen (Clauß & Köhntopp, 2001; Bertold & Köhntopp, 2000). Diese Flexibilität muss auch in Netzwerk-basierten Computersystemen zur Verfügung stehen.

11.2 Mobile und ubiquitäre Unterstützung für Teams

Mobile und ubiquitäre Benutzungsschnittstellen können Teams durch folgende Eigenschaften unterstützen:

* Bereitstellung einer besseren Erreichbarkeit (der Teammitglieder);
* Bereitstellung genauerer Awareness-Information zu Aufenthaltsort und Verfügbarkeit der Team-Mitglieder – zur Unterstützung (impliziter) Koordination;
* Verfügbarmachung von elektronischen Medien in Arbeitssituationen und Meeting-Situationen.

Im folgenden Stellen wir einige Beispiele dafür vor.

11.2.1 Tabs, Pads und Boards

Erste Anwendungen der Ubiquitous Computing Ideen fanden sich im Zusammenhang mit der Unterstützung von Zusammenarbeit in Büros. Am Xerox Palo Alto Research Centre (PARC) wurden hierzu von 1988 bis 1994 „tabs", „pads" und „boards" entwickelt. Diese Geräteklassen haben immer noch Bedeutung und sollen deshalb kurz vorgestellt werden (siehe auch (Weiser, 1993)).

Tabs
Tabs sind Computer in der Größe von Post-It-Notes. Sie bestehen hauptsächlich aus einem berührungssensitiven Bildschirm und Hardware für eine drahtlose Infrarot-Verbindung zu Servern im Hintergrund. Die Geräte können ihre Position innerhalb eines Gebäudes feststellen. Über die Server bieten die Tabs Zugriff auf verschiedene Informationen. Weiterhin sind ein Transport von Informationen und eine beschränkte Eingabe möglich. Weiser (1993) beschreibt die Idee hinter den Tabs mit *„tiny information doorway"*. Erste Prototypen wurden bereits früh geschaffen, z.B. mit dem ParcTab (Want 1995).

Pads

Pads sind tragbare berührungssensitive Bildschirme im Format von Schreibpapier. Über eine Infrarotverbindung können die Pads untereinander oder mit Tabs oder Servern kommunizieren.

Den Unterschied zu Laptops beschreibt Weiser (1991) treffend so:

> „*Whereas portable computers go everywhere with their owners, the pad that must be carried from place to place is a failure. Pads are intended to be ‚scrap computers'* *(analogous to scrap paper) that can be grapped and used anywhere, they have no individualized identity or importance.* "

Die Idee hinter Pads ist, dass jeder mehrere davon besitzt. Statt Fenster in seinem elektronischen Arbeitsbereich zu verschieben, kann man Pads auf dem Schreibtisch wie normales Papier verstreuen und stapeln.

Boards

Boards sind dem Beispiel einer Wandtafel nachgebildet. Sie haben Ausmaße von 1 x 1.5m oder größer und werden mittels Stift bearbeitet. Der erste „Computer" von der Größe einer Tafel war das „Liveboard" und wurde bereits 1992 entwickelt. Nachfolgemodelle werden inzwischen in großen Stückzahlen kommerziell vertrieben.

Getrieben durch fortgeschrittenere Technologie wird der Einsatz von „large screen displays" heute in verschiedenen Kontexten untersucht. Siehe dazu auch Abschnitt 7.3.3 und Kapitel 1.

11.2.2   ambientROOM – Periphere Awareness

ambientROOM wurde als Konzeptstudie zum PersonalHarbor™-System entwickelt. Grundidee ist die Darstellung von digitaler Information (zur Arbeit anderer Team-Mitglieder oder zum Status von Artefakten aus der gemeinsamen Arbeitsumgebung) im peripheren Wahrnehmungsbereich des Benutzers (Ishii & Ullmer, 1997). Die Lösung unterstützt also die Kommunikation von Awareness-Information (Koexistenz).

Im Rahmen von ambientROOM wurden verschiedene Beispiele für die subtile Präsentation von Awarenress-Information entwickelt (Wisneski et al. 1998). „Water Ripples" zeigt die Nutzungsintensität an einem entfernten Ort (Server oder physikalischer Ort) durch Wellen mit unterschiedlicher Geschwindigkeit an der Decke des Raumes. Je intensiver die Aktivität an dem entfernten Ort ist, umso kleiner und schneller sind die projizierten Wellen. „Ambient Sound" und „Audible Soundtracks" projizieren Hintergrundgeräusche als Repräsentationen von Aktivitäten an einem entfernten Whiteboard und als Indikator des aktuellen Status der persönlichen Mailbox. Dabei werden Geräusche von Vögeln und Regenfall genutzt.

Der Benutzer kann die Anzeigegeräte mit realen Einstellhebeln manipulieren. So kontrolliert beispielsweise eine kleine Flasche die Hintergrundgeräusche. Wenn die Flasche geöffnet ist, werden Geräusche abgespielt, ein Schließen der Flasche schaltet die Geräusche aus. Eine Uhr an der Wand zeigt nicht nur die aktuelle Zeit, sondern erlaubt auch eine Navigation durch die Zeit (Anzeige der Awareness-Information zu einem früheren Zeitpunkt) durch direktes Bewegen der Zeiger.

Andere Lösungen zur Präsentation peripherer Awareness wurden beispielsweise im Tower-Projekt erarbeitet (siehe Kapitel 1).

11.2.3   AwareMedia – Unterstützung von (impliziter) Koordination

Hintergrund der Entwicklung von AwareMedia waren verschiedene ethnographische Studien in Krankenhäusern (z.B. Bardram & Bossen 2005; Reddy & Dourish, 2002), die gezeigt haben, dass die Koordination zwischen Mitarbeitern und Patienten in Krankenhäusern mit vorhandenen Mitteln nur unzureichend unterstützt wird. Das Problem wurde in der Komplexität der Situation gesehen, die meist die gleichzeitige Koordination mehrere Mitarbeiter, mehrerer Patienten, mehrerer Räume, Geräte und anderer Ressourcen mit einschließt.

AwareMedia ist ein System, das zur Unterstützung der Koordination in Krankenhäusern entwickelt worden ist (Bardram et al., 2006). Die Lösung besteht in einer Kombination aus Media Space und Planungsanwendung. Der wichtigste Aspekt der Lösung ist, dass neben der direkten Unterstützung von Planungsaufgaben durch die Anwendung soziale Awareness über den Aufenthaltsort und die Verfügbarkeit der anderen Mitarbeiter vermittelt wird. Außerdem wird der gemeinsame Arbeitsplan auf einem großen Display im Arbeitsumfeld dargestellt, was eine periphere Wahrnehmung und auch unbewusste Reaktion darauf ermöglicht.

Ein anderes Beispiel zur Unterstützung der (impliziten) Koordination in Arbeitsteams durch große Wandbildschirme wurde von Laborie et al. (2005) für Arbeitsteams bei der Montage von Flugzeugen vorgestellt.

11.2.4   i-LAND

Die i-LAND-Umgebung integriert Informationstechnologie und Architektur, um neue Konzepte für rechnergestützte Gruppenarbeit in Teams, die sich am selben Ort aufhalten, umzusetzen (Streitz et al., 1999; Streitz et al., 2005). Dabei geht es hauptsächlich um die Verfügbarmachung von elektronischen Medien in Arbeits- und Meeting-Situationen.

Die i-LAND-Umgebung besteht als mehreren gut vernetzten so genannten „Roomware"-Komponenten. Eine davon ist die DynaWall. Dabei handelt es sich um einen interaktiven Wandbildschirm, d.h. sie integriert einen großen Touch-Screen in die Wand eines Raumes und erlaubt es Benutzern darauf elektronische Dokumente anzuzeigen und einzeln oder kollaborativ mit den elektronischen Dokumenten zu arbeiten. Der CommChair ist ein mobiler Stuhl mit integriertem Computer – entweder mit einer fest integrierten Lösung oder durch den Anschluss von Laptops. Die Besonderheit besteht dabei in der Integration mit dem gemeinsamen Arbeitsbereich und darüber mit den anderen Roomware-Komponenten, was einen nahtlosen Übergang von individueller Arbeit und gemeinsamer Arbeit an der Dyna-Wall oder am InteracTable ermöglicht. Der InteracTable ist ein mobiler interaktiver Tisch mit Rückprojektion auf die Tischfläche und einer berührungsempfindlichen Oberfläche, die es den Benutzern, die um den Tisch stehen, erlaubt, gemeinsam an den dargestellten Dokumenten zu arbeiten. So genannte Bridges runden das Setup schließlich ab und bieten eine einfache Möglichkeit, Objekte von einer Roomware-Komponente auf eine andere zu verschieben.

11.2.5   Cooperative Media Space (CMS) – Kommunikation, Awareness und Zusammenarbeit zwischen zwei Räumen

Das Projekt Cooperative Media Space (Gross, 2006) greift verschiedene Ideen aus dem Bereich der Verbindung von entfernten Räumen über Kommunikationskanäle (Media Spaces, siehe Abschnitt 5.4.2) auf und verbindet sie mit Ideen aus dem Bereich Awareness und der Unterstützung von Gruppeninteraktion bei der Kopplung von zwei Räumen in unterschiedlichen Gebäuden. So unterstützt die Lösung nicht nur informelle Awareness und direkte Kommunikation wie klassische Media Space Installationen, sondern integriert Awareness, Kommunikation und Gruppeninteraktion zwischen den Benutzern in einem Raum und zwischen den beiden Räumen.

Das konkrete Design sieht dabei folgende Komponenten vor (Gross, 2006):

- *Pervasive Presence and Communication (PPC)*: Zur Unterstützung zufälliger Begegnungen und Ad-hoc Kommunikation werden Benutzer identifiziert sobald sie den Raum betreten. Dies führt dazu, dass der Anwesenheitsstatus (für die Presence-Awareness) automatisch gesetzt wird. Außerdem meldet das System die Benutzer automatisch auf ihrem bevorzugten Desktop-Computer an. Die Benutzer haben dort dann ein Instant-Messaging-System mit zwei Kommunikationmodi verfügbar. Sie können entweder einen öffentlichen Kanal nutzen, der auch in jedem der Räume auf einem großen Bildschirm angezeigt wird, oder sie können normale 1:1 Kommunikation mit anderen Benutzern aufnehmen.
- *Smart Roomstates (SR)*: Um Benutzer, die einen der Räume betreten wollen über die aktuelle Aktivität im Raum zu informieren, wird entsprechende Information vor der Eingangstür angezeigt. Verschiedene Sensoren sammeln im Raum Information von den Computern und der Umgebung (laufende Anwendungen, geöffnete Dokumente, Geräusche, Bewegung) und leiten daraus über Heuristiken einen „Raumstatus" ab. Wenn der Sensor beispielsweise feststellt, dass auf einem Computer Präsentationssoftware läuft und im Bereich dieses Computer Bewegung und Geräusche festgestellt werden können, dann wird angenommen, dass gerade eine Präsentation stattfindet.
- *Seamless Group Interaction (SGI)*: Um Kooperation über alle Computer und Displays in beiden Räumen zu ermöglichen, haben die Benutzer die Möglichkeit, den Cursor auf ihrem aktuellen Display auf jedes andere Display zu bewegen und damit dieses Display mit anderen Benutzern zu teilen. Dazu können Benutzer einfach eine Seite ihres Displays als Teleport zu bestimmten anderen Displays definieren.

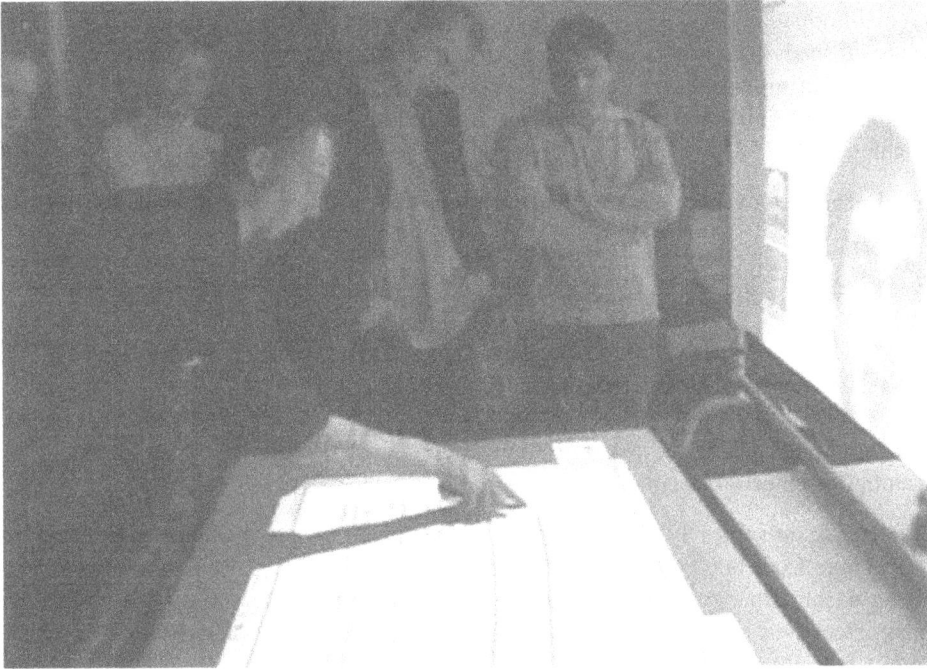

Abb. 11.1 *Erster Mockup zum Cooperative Media Space (CMS).*

11.3 Mobile und ubiquitäre Unterstützung für Communities

Zu Community-Unterstützung haben wir in Kapitel 9 ausgeführt, dass die Funktionen in

- (direkte und indirekte) Kommunikationsunterstützung und
- Awareness/Matchmaking-Unterstützung

zusammengefasst werden können. Aus diesem Grund betrachten wir in diesem Kapitel die Beispiele zur Veranschaulichung der Möglichkeiten von mobilen und ubiquitären Benutzungsschnittstellen auch entsprechend dieser Gliederung.

11.3.1 Dienste für Matchmaking und Awareness

Unter Matchmaking verstehen wir den Prozess des Zusammenbringens oder Bekanntmachens von Personen (z.B. in Partner-Diensten, Expertenfinder etc). Das kann proaktiv geschehen, indem ohne Nachfrage Vorschläge von Personen gemacht werden, die es vielleicht interessant ist zu kontaktieren (mit einer Erklärung, warum das System zum Schluss kommt, dass das so ist) oder nicht-proaktiv durch Ermöglichung von Suche oder durch Anzeige von

Awarnessinformation dazu, wer sich gerade in der Gegend aufhält. Die Gegend kann dabei ein physikalischer Platz sein, aber auch ein abstraktes Konzept wie ein Thema oder Interessensgebiet. Neben dem Nutzen für das Matchmaking können Awareness-Dienste auch für die implizite Koordination mit bekannten Mitgliedern von Gruppen von Nutzen sein (Schlichter et al., 1998).

Mobile Endgeräte erweitern die Möglichkeiten von Matchmaking- und Awareness-Diensten in folgender Weise

- Es ist möglich, von jedem Ort aus anzufragen bzw. an jedem Ort über Anfragen informiert zu werden
- Der Aufenthaltsort der Nutzer und andere Kontextattribute können bei der Auswahl von Kontaktvorschlägen mit in Betracht gezogen werden.

Damit kann Matchmaking für spontane Aktivitäten und zur Unterstützung von direkten Zusammentreffen eingesetzt werden.

Erste Beispiele für solche Systeme waren die sogenannten Lovegetys von denen in Japan im Jahr 1998 über 1.000.000 Stück verkauft worden sind. Die Geräte gab es in einer männlichen und einer weiblichen Version mit der Möglichkeit, den Grad der Beziehung einzustellen, an der man interessiert ist (Chat, Fun, Friend). Die Geräte erkennen über Radiowellen, sobald sich ein Gerät des anderen Geschlechts mit derselben Einstellung in der Nähe (<= 4,5m) befindet und melden dies dem Besitzer.

Aktuelle Lösungen finden sich im Bereich der Konferenz- und Messeunterstützung, z.B. die Charmed Badges von Charmed Technology (www.charmed.com) oder die nTAGs von nTAG Interactive (www.ntag.com).

11.3.2   Dienste für synchrone Kommunikation

Synchrone (Sprach-)Kommunikation stellt momentan das Hauptnutzungsszenario für mobile Geräte dar.

Einen ersten Bereich aktueller Arbeiten zu diesem Bereich stellt das Erreichbarkeitsmanagement dar (das eigentlich dem Bereich Awareness zuzuordnen ist). Durch Erhebung und Anzeige von Information über den Aufenthaltsort und die Erreichbarkeit potentieller Kommunikationspartner kann viel zielgerichteter kommuniziert werden als bisher (implizite Koordination).

Weitere Arbeiten beschäftigen sich mit der Implementierung neuer Möglichkeiten der Sprachkommunikation, z.B. mit Zwei-Wege-Funk oder anderen Informationskanälen (außer Sprache) für mobile Geräte. Beispiele für letzteres sind mobile Chat-Anwendungen sowie neue Wege SMS und Awareness-Information einzugeben und anzuzeigen.

11.3.3 Unterstützung asynchroner Kommunikation

Asynchrone Kommunikation (über E-Mail, SMS, etc.) stellt eine sehr effektive Kommunikationsmöglichkeit dar, die von einer Einbettung in Communities und von mobilen und ubiquitären Endgeräten profitieren kann. Ein Beispiel dafür ist das Senden von Nachrichten an eine Gruppe von Personen, die durch Kontextattribute bestimmt sind, z.B. an die Gruppe der Personen, die sich gerade in der Nähe aufhalten. Zu dieser Klasse von Funktionalitäten gehört auch die Möglichkeit, eine elektronische Nachricht an einen Ort zu hängen, also an Personen zuzustellen, die sich zukünftig an einem bestimmten Ort aufhalten werden.

Ein anderes Beispiel für die Unterstützung asynchroner (indirekter) Kommunikation, also des Informationsaustausches in Communities ist das Projekt Campiello (Agostini et al., 2000; Grasso et al., 2000). Ziel war die Entwicklung eines Community-Systems, das Touristen darin unterstützt, sich zu ihrem Zielort auszutauschen. Dabei sollte vor allem das Problem adressiert werden, dass auch wenn schon viele (Web-basierte) Tourismus-Community-Plattformen exisitieren, diese nicht in die Handlungsumgebung von Touristen integriert sind. So möchten Touristen Informationen abrufen und auch Feedback geben, wenn sie gerade unterwegs sind und nicht erst nach ihrem Ausflug zurück am Desktop.

In diesem Bereich der mobilen und ubiquitären Benutzungsschnittstellen für gemeinsame Informationsräume für Communities wird momentan auch an anderen Stellen intensiv gearbeitet. Dabei ist zu bemerken, dass im Unterschied zu einfachen mobilen Informationssystemen wie man sie schon in vielen Museen findet, bei Community-Unterstützungssystemen auch ein Rückkanal vorgesehen ist, d.h. die Community-Mitglieder die Information die sie abfragen auch selbst produzieren bzw. zumindest annotieren können.

Beispiele sind Lösungen wie Plasma Poster (Churchill et al., 2003) und Community Wall (Grasso et al., 2003).

11.4 Zusammenfassung

Die definierende Charakteristik von Ubiquitous Computing ist der Versuch, mit dem traditionellen Desktop-Computer-Paradigma zu brechen. Computernutzung wird erleichtert, indem vielfältige Computer in der natürlichen Umgebung „unsichtbar" für den Benutzer verfügbar gemacht werden. Der Benutzer soll sich dadurch auf die Aufgabe konzentrieren können und nicht auf den Computer. Computer wie wir sie heute kennen, werden ersetzt durch eine Menge vernetzter Computergeräte, die in unsere Umgebung integriert sind. Das Paradigma für die Interaktion zwischen Benutzern und Computern wird sich grundlegend ändern.

Mit dem Ziel, Computer „benutzbar" zu machen und in die Arbeitsumgebung zu integrieren, könnte ein großer Schritt für die Akzeptanz bzw. kritische Masse bei CSCW Anwendungen, die auf einer Ubiquitous Computing-Infrastruktur aufsetzen, erreicht werden. Es kann die Reichweite von CSCW-Anwendungen erhöht werden und es können durch geringere Nutzungshürden bzw. neue Nutzungsszenarien neue Zielgruppen erschlossen werden. Ein Beispiel, das die Anfänge von Ubiquitous Computing markiert, ist der Einsatz von PDAs als Backends für Gruppenkalender. Erst durch die Verfügbarkeit und einfache Handhabbarkeit der PDAs wird erreicht, dass Termine durchgehend elektronisch erfasst werden, was Voraussetzung für die Nützlichkeit des Gruppenkalenders ist.

Anstatt also den Arbeitsablauf festzuschreiben, nicht nur durch den Aufbau von Programmen, sondern auch durch die Tatsache, dass ein Computer sich physisch an einem Ort befindet und deshalb auch nur dort damit gearbeitet werden kann, wird der situative Charakter von Arbeit berücksichtigt.

Genauso verhält es sich mit der Unterstützung von Gruppenarbeit. Anstatt mittels CSCW-Systemen zu versuchen, Kommunikationsabläufe und Datenaustausch zu modellieren, können Ubiquitous Computing-Geräte durch ihre Vernetzung und Portabilität gemeinsam benutzt und ausgetauscht werden.

Ubiquitous Computing zeigt eine neue Art und Weise auf, über Computer nachzudenken. Die Ideen, die unter dem Titel Ubiquitous Computing entstanden sind, wurden inzwischen von vielen Gruppen aufgegriffen und unter anderen Namen weiterentwickelt. Gebiete, welche sich hauptsächlich mit dem „Verschwinden" der Computer beschäftigen, sind:

- Mobile Computing, Handheld Devices
- Roomware
- Mensch-Computer-Interaktion und Ergonomie
- Calm Technology
- Augmented Reality, Wearable Computers

Diese Teilbereiche behandeln häufig einzelne Punkte aus dem Gesamtprogramm von Ubiquitous Computing, wie z.B. die Übertragungstechnik bei Mobile Computing oder das Design von Benutzerschnittstellen für neue Gerätegrößen im Mensch-Computer-Interaktions-Bereich. Die Ideen sind aber mehr oder weniger genau die, welche Mark Weiser schon 1988 formuliert hat.

Konkret stellen die mobilen und ubiquitären Geräte in CSCW-Systemen meist nur zusätzliche Interaktionsmöglichkeiten zur Verfügung. D.h., dass neben den mobilen und ubiquitären Zugriffsmöglichkeiten meist auch klassische Zugriffsmöglichkeiten angeboten werden bzw. die neuen Systeme mit klassischen CSCW-Systemen integriert werden (insbesondere zur Eingabe von klassischen Daten).

Als wichtiger Aspekt hat sich bei bisherigen Beispielen von ubiquitären Benutzungsschnittstellen für CSCW-Systeme die Verfügbarkeit von neuer Kontextinformationen gezeigt – insbesondere von Information über den Aufenthaltsort und über den aktuellen Erreichbarkeitsstatus – für die Personalisierung von CSCW-Diensten und als Awareness-Information.

Wegen dieser neuen Kontext-Information werden Themen wie Privatsphäre oder Datenschutz bei den neuen Benutzungsschnittstellen noch wichtiger als sie bisher waren.

Abbildungsverzeichnis

Abb. 1.1 Technische und soziale Stimuli für CSCW. Nach: (Johansen, 1991). 2

Abb. 1.2 Forschungskontext von CSCW (CMC: Computer-Mediated Communication; CHI: Computer-Human Interaction; SE: Software Engineering; OA: Office Automation; MIS: Management Information System). Nach: (Grudin, 1994, S. 21).......3

Abb. 1.3 Die verschiedenen Ebenen von Groupware. Nach: (Grudin, 1991, S. 96). 6

Abb. 1.4 Übersicht der für CSCW relevanten Konzepte...9

Abb. 3.1 Benutzerorientierter Gestaltungsprozess. Nach: (Jokela, 2002, S. 25)....................33

Abb. 3.2 Erweiterter Benutzerorientierter Gestaltungsprozess. Nach: (Jokela,(2002, S. 28). 34

Abb. 3.3 Die Mediationsstruktur eines Aktivitätensystems. Nach: (Hasu & Engeström, 2000, S. 64). 37

Abb. 4.1 Klassifikation von Groupware nach Raum und Zeit. Nach: (Johansen, 1991)........50

Abb. 4.2 Personen-Artefakt Rahmenwerk. Nach: (Dix et al., 1993)......................................51

Abb. 4.3 Klassifikation von Groupware nach den Interaktionstypen. Nach: (Teufel et al., 1995)...53

Abb. 4.4 Klassifikation von CSCW-Unterstützung. 58

Abb. 5.1 Awareness-Informationsverarbeitung. 60

Abb. 5.2 Die Awareness-Pipeline. 61

Abb. 5.3 Die TowerWorld: Überblick aus der Distanz (links); Details aus der Nähe (rechts)..73

Abb. 5.4 Das Schichtenmodell eines Sens-ation Service-Anbieters. Nach: (Gross, T., Egla, T. & Marquardt, N. 2006)..76

Abb. 6.1 E-Mail-Architektur. Angepasst Nach: (Cole und Nast-Cole 1992, S. 87). 80

Abb. 6.2 E-Mail-Architektur im detail. Angepasst. Nach: (Cole und Nast-Cole, 1992, S. 88). 80

Abb. 7.1 Workflow Referenzmodell der Workflow Management Coalition.
Nach: (Hollingsworth 1994)..95

Abb. 8.1 BSCW Arbeitsbereich...108

Abb. 8.2 SharePoint Arbeitsbereich...110

Abb. 9.1 Allgemeine Gestaltungselemente von virtuellen Gemeinschaften.
Nach: (Hummel & Becker, 2001, S. 26, Hummel, 2005, S. 148). 119

Abb. 10.1 Möglichkeiten zur Bereitstellung von Portlets
über standardisierte Schnittstellen. Nach: (JSR168 und WSRP)....................136

Abb. 10.2 Verschiedene Dienste in einer potentiellen zukünftigen Arbeitsumgebung........141

Abb. 10.3 Insektenmodell für Softwareagenten..143

Abb. 10.4 FIPA agent management Referenzmodell...146

Abb. 11.1 Erster Mockup zum Cooperative Media Space (CMS).............................157

Tabellenverzeichnis

Tab. 7.1 Beispiele für Koordinationsmechanismen. Nach: (Malone & Crowston, 1994). 90

Tab. 7.2 Vergleich von Workflow Management und Groupware..94

Tab. 10.1 Ausgewählte Agenteneigenschaften. 144

Literatur

Ackerman, M. S. (1994): Augmenting the organizational memory: a field study of answer garden. In: *Proc. Intl. Conf. on Computer-Supported Cooperative Work* (Chapel Hill, NC), ACM Press, S. 243–252.

Ackerman, M. S. & McDonald, D. W. (1996): Answer Garden 2: Merging Organizational Memory with Collaborative Help. In: *Proc. Intl. Conf. on Computer-Supported Cooperative Work* (Boston, MA), ACM Press, S. 97–105.

Agostini, A.; De Michelis, G. & Susani, M. (1998): A methodology for the design of innovative user oriented systems. *i3 magazine (2)*: S. 4–7.

Agostini, A.; Giannella, V.; Grasso, A.; Koch, M.; Snowdon, D. & Valpiani, A. (2000): Reinforcing and Opening Communities Through Innovative Technologies. In: *Community Informatics*. Gurstein, M. (Hrsg.), Hershey: Idea Group Publishing, S. 380–403.

Agresti, W. W. (1986): The conventional software life cycle model. In: *New Paradigms in Software Development*, Washington: IEEE Press, S. 2–5.

Ahuja, S. R. (1988): The Rapport multimedia conferencing system. In: *Proc. IEEE Conf. on Computer Workstations*, Washington: IEEE Press, S. 52–58.

Alexander, C. (1979): *The Timeless Way of Building*. New York: Oxford University Press.

Alexander, C.; Ishikawa, S.; Silverstein, M.; Jacobson, M. & Fiksdahl-King, I. (1977): *A Pattern Language – Towns Buildings Construction*. New York: Oxford University Press.

Allen, C. (1990): Definitions of Groupware. *Applied Groupware 1*: S. 1–2.

America Online Inc. (2006): *AIM.com*. http://www.aim.com/ (letzter Zugriff 1.3.2006)

American Heritage Dictionary (1981): *American Heritage Dictionary*. Boston: Houghton Mifflin.

Appelt, W. (1999): WWW Based Collaboration with the BSCW System. *Proc. Of SOFSEM'99* (Milovy, Czech Republic), Lecture Notes in Computer Science 1725, Springer, S. 66–78.

Apple Computer (2006): *Apple – Mac OS X – iChat AV*. Apple Computer, http://www.apple.com/macosx/features/ichat/ (letzter Zugriff 5.1.2006)

Applegate, L. M.; Konsynski, B. R. & Nunamaker, J. F. (1986): A Group Decision Support System for Idea Generation and Issue Analysis in Organisation Planning. In: *Proc. Conf. on Computer-Supported Collaborative Work (CSCW)* (Austin, TX), ACM Press, S. 16–34.

Araujo, R. B.; Coulouris, G. F.; Onions, J. P. & Smith, H. T. (1988): The Architecture of the Prototype COSMOS Messaging System. In: *Proc. EUTECO'88 Research into Networks and Distributed Applications* (Vienna, Austria), Amsterdam: Elsevier Science, S. 157–170.

Argyris, C. (1982): *Reasoning, Learning and Action: Individual and Organizational.* San Francisco: Jossey-Bass.

Auramäki, E.; Robinson, M.; Aaltonen, A.; Kovalainen, M.; Liinamaa, A. & Tuuna-Väiskä, T. (1996): Paperwork at 78 k.p.h. In: *Proc. Conf. on Computer-Supported Cooperative Work (CSCW)* (Boston, MA), ACM Press, S. 370–379.

Austin, J. (1962): *How to Do Things with Words.* London: Oxford University Press.

Avrahami, D. & Hudson, S. E. (2004): QnA: Augmenting an Instant Messaging Client to Balance User Responsiveness and Performance. In: *Proc. Conf. on Computer-Supported Collaborative Work (CSCW)* (Chicago, IL), ACM Press, S. 515–518.

Bannon, L. (1996): Ethnography and design. In: *The Design of Computer-Supported Cooperative Work and Groupware Systems.* Shapiro, D.; Tauber, M. & Traunmüller, R. (Hrsg.), Amsterdam: Elsevier Science, S. 13–16.

Bannon, L. J. & Schmidt, K. (1989): CSCW: Four Characters in Search of a Context. In: *Proceedings of the First European Conference on Computer-Supported Cooperative Work – ECSCW'89* (Gatwick, UK), Amsterdam: Elsevier Science, S. 358–372.

Bardram, J. E. (1996): The role of workplace studies in the design of CSCW systems. In: *Proc. of Information Systems Research Seminar in Scandinavia (IRIS)*, Gothenburg Studies of Informatics, Report 8, June 1996. S. 613–629.

Bardram, J. E. & Bossen, C. (2005): A web of coordinative artifacts: collaborative work at a hospital ward. In: *Proc. Conf. on Supporting Group Work (GROUP)* (Sanibel Island, FL), ACM Press, S. 168–176.

Bardram, J. E.; Hansen, T. R. & Soegaard, M. (2006): Large Interactive Displays in Hospitals – Motivation, Examples, and Challenges. In: *Workshop on Information Visualization and Interaction Techniques for Collaboration across Multiple Displays at CHI2006* (Montreal, Canada).

Barnard, C. I. (1938): *The Functions of the Executive.* Cambridge: Harvard University Press.

Bartle, R. (1990): *Interactive Multi-User Computer Games.* Research Report. MUSE Ltd., ftp:// ftp.lambda.moo.mud.org/pub/MOO/papers/mudreport.txt (letzter Zugriff 1.5.2006)

Beard, D.; Palaniappan, M.; Humm, A.; Banks, D. & Nair, A. (1990): A visual calendar for scheduling group meetings. In: *Proc. Conf. on Computer-Supported Collaborative Work (CSCW)*, ACM Press, S. 279–290.

Beaudouin-Lafon, M. & Karsenty, A. (1992): Transparency and Awareness in a Real-Time Groupware System. In: *Proceedings of the 5th annual ACM symposium on User interface software and technology* (Monteray, CA), ACM Press, S. 171–180.

Becks, A.; Reichling, T. & Wulf, V. (2004): Expertise Finding: Approaches to Foster Social Capital. In: *Social Capital and Information Technology*. Huysman, M. & Wulf, V. (Hrsg.), Cambridge: MIT Press, S. 333–354.

Begole, J.; Rosson, M. B. & Shaffer, C. A. (1999): Flexible Collaboration Transparency: Supporting Worker Independence in Replicated Application-Sharing Systems. *ACM Transactions on Computer-Human Interaction 6(6)*: S. 95–132.

Begole, J.; Tang, J. C.; Smith, R. B. & Yankelovich, N. (2002): Work rhythms: analyzing visualizations of awareness histories of distributed groups. In: *Proc. Conf. on Computer-Supported Collaborative Work (CSCW)*, S. 334–343.

Benford, S. & Fahlen, L. (1993): A Spatial Model of Interaction in Large Virtual Environments. In: *Proc. Europ. Conf. on Computer-Supported Cooperative Work* (Milan, Italy). S. 109–124.

Benford, S.; Greenhalgh, C.; Rodden, T. & Pycock, J. (2001): Collaborative Virtual Environments. *Communications of the ACM 44(7)*: S. 79–85.

Bentley, R.; Appelt, W.; Busbach, U.; Hinrichs, E.; Kerr, D.; Sikkel, K.; Trevor, J. & Woetzel, G. (1997): Basic Support for Cooperative Work on the World-Wide Web. *International Journal of Human Computer Studies 46*: S. 827–846.

Bentley, R. & Dourish, P. (1995): Medium versus Mechanism: Supporting Collaboration through Customisation. In: *Proceedings of the 4th European Conference on Computer Supported Cooperative Work* (Stockholm, Sweden), Dordrecht: Kluwer Academic Publishers, S. 133–148.

Bertanlanffy, K. L. v. (1968): *General System Theory: Foundations, Development, Applications*. New York: George Braziller Incorporated.

Berthold, O. & Köhntopp, M. (2000): Identity Management Based On P3P. In: *Proceedings Workshop on Design Issues in Anonymity and Unobservability*, Berkeley: International Computer Science Institute.

Blythin, S.; Rouncefield, M. & Hughes, J. A. (1997): Ethnography in the commercial world. *interactions*: S. 38–47.

Bobrow, D. G. & Whalen, J. (2002): Community Knowledge Sharing in Practice: The Eureka Story. *Journal of the Society for Organizational Learning 4(2)*.

Boehm, B. W. (1976): Software Engineering. *IEEE Transactions on Computers C-25(12)*: S. 1226–1241.

Boehm, B. W. (1979): Guidelines for Verifying and Validating Software Requirements and Design Specifications. In: *Euro IFIP 79*, North Holland, S. 711–719.

Borchers, J. (2001): *A Pattern Approach to Interaction Design*, Wiley Computer Publishing.

Borenstein, N. S. & Thyberg, C. A. (1991): Power, Ease of Use, and Cooperative Work in a Practical Multimedia Message System. *International Journal of Man-Machine Studies 34(2)*: S. 229–259.

Borghoff, U. M. & Schlichter, J. H. (2000): *Computer-Supported Cooperative Work*. Berlin: Springer.

Borning, A. & Travers, M. (1991): Two Approaches to Casual Interaction Over Computer and Video Networks. In: *Proc. Conf. on Human Factors in Computing Systems (CHI)* (New Orleans, LA), ACM Press, S. 13–20.

Bowers, J. & Benford, S. D. (Hrsg.) (1991): *Studies in Computer-Supported Cooperative Work: Theory, Practice, and Design. Human Factors in Information Technology*. Amsterdam: Elsevier Science.

Bradshaw, J. M. (Hrsg.) (2000): *Software Agents*. Menlo Park: AAAI Press/The MIT Press.

Brooks, F. P. (1987): No silver bullet: essence and accidents of software engineering. *IEEE Computer 4*: S. 10–19.

Brügge, B. & Dutoit, A. H. (2000): *Object-Oriented Software Engineering – Conquiering Complex and Changing Systems*. Upper Saddle River: Prentice-Hall.

Bullen, C. V. & Bennett, J. L. (1990): Learning From User Experience with Groupware. In: *Proc. Conf. on Computer-Supported Collaborative Work (CSCW)* (Los Angeles, CA), ACM Press, S. 291–302.

Bush, V. (1945): As we may think. *The Atlantic Monthly 176(1)*: S. 101–108.

Cabitza, F.; Sarini, M.; Simone, C. & Telaro, M. (2005): When Once is Not Enough: The Role of Redundancy in a Hospital Ward Setting. In: *Intl. ACM SIGGROUP Conf. on Supporting Group Work (GROUP)* (Sanibel Island, FL), ACM Press.

Carotenuto, L.; Wenger, E.; Fontaine, M.; Friedman, J.; Newberg, H.; Muller, M.; Simpson, M.; Slusher, J. & Stevenson, K. (1999): CommunitySpace: Towards flexible support for voluntary knowledge communities. In: *Proc. Workshop "Changing Places"* (London, UK). S. 1–8.

Chandler, A. (1962): *Strategy and structure. Chapters in the history of the industrial enterprise*. Cambridge: MIT Press.

Churchill, E.; Girgensohn, A.; Nelson, L. & Lee, A. (2004): Blending Digital and Physical Spaces for Ubiquitous Community Participation. *Communications of the ACM 47(2)*: S. 39–44.

Churchill, E. F.; Nelson, L.; Denoue, L.; Murphy, P. & Helfman, J. (2003): The Plasma Poster Network. In: *Public and Situated Displays – Social and Interactional Aspects of Shared Display Technologies*. O'Hara, K.; Perry, E.; Churchill, E. F. & Russel, D. M. (Hrsg.), Dordrecht: Kluwer Academic Publishers, S. 233–260.

Ciborra, C. U. (Hrsg.) (1997): *Groupware and Teamwork*. New York: Wiley Computer Publishing.

Clark, H. H. (1996): *Using Language*. Cambridge: Cambridge University Press.

Clark, H. H. & Brennan, S. E. (1991): Grounding in Communication. In: *Perspectives on Socially Shared Cognition*. Resnick, L. B. & Levine, J. M. (Hrsg.), Washington: American Psychological Association, S. 127–149.

Clauß, S. & Köhntopp, M. (2001): Identity Management and its support of multilateral security. *Computer Networks 37(2)*: S. 205–219.

Clement, A. & van den Besselaar, P. (1993): A Retrospective Look ad PD Projects. *Communications of the ACM 36(4)*: S. 29–39.

Coates, T. (2005): *An addendum to a definition of Social Software*. http://www.plasticbag.org /archives/2005/01/an_addendum_to_a_definition_of_social_software/ (letzter Zugriff 1.5.2006)

Cole, P. & Nast-Cole, J. (1992): A Primer on Group Dynamics for Groupware Developers. In: *Groupware: Software for Computer-Supported Cooperative Work*. Marca, D. & Bock, G. (Hrsg.), Los Alamitos: IEEE Computer Society Press, S. 44–57.

Coleman, D. (1997): *Collaborative Strategies for Corporate LANs and Intranets*. Englewood Cliffs: Prentice Hall.

Conklin, J. & Begemann, M. (1988): gIBIS – A Hypertext Tool for Exploratory Policy Discussion. *ACM Transactions on Office Information Systems 6*: S. 303–331.

Crabtree, A. (2003): *Designing Collaborative Systems – A Practical Guide to Ethnography*, London: Springer.

Crowley, T.; Milazzo, P.; Baker, E.; Forsdick, H. & Tomlinson, R. (1990): MMConf: An Infrastructure for Building Shared Multimedia Applications. In: *Proc. Conf. on Computer-Supported Cooperative Work (CSCW)*, ACM Press, S. 329–342.

Crowston, K.; Rubleske, J. & Howison, J. (2005): Coordination Theory. In: *Human-Computer Interaction in Management Information Systems*. Zhang, P. & Galletta, D. (Hrsg.), Armonk: M. E. Sharpe.

Cunningham, W. (2005): *Wiki Design Principles*. http://c2.com/cgi/wiki?WikiDesignPrinciples (letzter Zugriff 2.12.2005)

Curtis, P. (1992): Mudding: Social Phenomena in Text-Based Virtual Realities. In: *Proc. Conf. on the Directions and Implications of Advanced Computing* (Berkeley, CA), Palo Alto: Computer Professionals for Social Responsibility.

Curtis, P. (1996): *LambdaMOO Programmer's Manual - For LambdaMOO Version 1.8.0p5*. Palo Alto: Xerox PARC.

de Cindio, F.; De Michelis, G. & Simone, C. (1988): The Communication Disciplines of CHAOS. In: *Concurrency and Nets*. de Cindio, F.;De Michelis, G. & Simone, C. (Hrsg.), Heidelberg: Springer, S. 115–139.

de Cindio, F.; de Michelis, G.; Simone, C.; Vassallo, R. & Zanaboni, A. M. (1986): Chaos as coordination technology. In: *Proc. Conf. on Computer-Supported Collaborative Work (CSCW)*, ACM Press.

Deen, S. M. (1996): An Architectural Framework for CKBS Applications. *IEEE Transactions on Knowledge and Data Engineering 8(4)*: S. 663–671.

DeSanctis, G.; Staudenmayer, N. & Wong, S. S. (1999): Interdependence in Virtual Organizations. In: *Trends in Organizational Behavior*. Cooper, C. & Rousseau, D. (Hrsg.), New York: Wiley Computer Publishing.

Dewan, P. & Shen, H. (1998): Controlling Access in Multiuser Interfaces. *ACM Transactions on Computer-Human Interaction 5(1)*: S. 34–62.

Dey, A., Salber, D. and Abowd, G. (2001): A Conceptual Framework and a Toolkit for Supporting the Rapid Prototyping of Context-Aware Applications. *Human-Computer Interaction 16(2–4):* S. 97–167.

Dieberger, A.; Dourish, P.; Höök, K.; Resnick, P. & Wexelblat, A. (2000): Social Navigation – Techniques for Building More Usable Systems. *interactions 6(7)*: S. 36.

Dix, A. J. (1997): Challenges for cooperative work on the web: an analytical approach. *Computer Supported Collaborative Work 6*: S. 135–156.

Dix, A. J.; Finley, J.; Abowd, G. D. & Beale, R. (1993): *Human-Computer Interaction*. New York: Prentice Hall.

Dorros, I.; Davis, C. G.; Harris, J. R.; Williams, R. D.; Korn, F. A.; Ritchie, A. E.; Nast, D. W.; Andrews, F. T.; Hardaway, H. Z.; Eckstrand, S. O. & Spencer, A. E. (1969): Picturephone. *Bell Laboratories Record 47(5)*: S. 131–193.

Dourish, P. & Bellotti, V. (1992): Awareness and Coordination in Shared Workspaces. In: *Proc. Intl. Conf. on Computer-Supported Cooperative Work*, ACM Press, S. 107–114.

Dourish, P. & Bly, S. (1992): Portholes: Supporting Awareness in a Distributed Group. In: *Proc. Conf. on Human Factors in Computing Systems (CHI)*.

DU (2006): *Diversity University East Campus – Web Gateway*. Diversity University, http://moo.du.org:8888/ (letzter Zugriff 5.1.2006)

Eco, U. (1977): *A Theory of Semiotics*. London: Macmillan.

Ehn, P. & Kyng, M. (1991): Cardboard Computers: Mocking-it-up or Hands-on the Future. In: *Design at Work: Cooperative Design of Computer Systems*. Greenbaum, J. & Kyng, M. (Hrsg.), Hillsdale: Lawrence Erlbaum Associates, S. 169–195.

Ehrlich, S. F. (1987): Social and Psychological Factors Influencing the Design of Office Communiation Systems. In: *Proc. Conf. on Human Factors in Computing Systems (CHI)*, ACM Press. S. 323–329.

Ehrlich, S. F. (1987): Strategies for Encouraging Successful Adoption of Office Communication Systems. *ACM Transactions on Office Information Systems 5(4)*: S. 340–357.

Elliot, K. & Carpendale, S. (2005): *Awareness and Coordination: A Calendar for Families*. Technical Report 2005-791-22, Calgary: University of Calgary, Department of Computer Science.

Ellis, C. & Bernal, M. (1982): OfficeTalk-D: An Experimental Office Information System. In: *Proc. 1st ACM SIGOA Conf.* (Philadelphia, PA), S. 131–140.

Ellis, C. A.; Gibbs, S. J. & Rein, G. L. (1991): Groupware – Some Issues and Experiences. *Communications of the ACM 34(1)*: S. 38–58.

Endsley, M. R. & Jones, W. B. (2001): A Model of Inter- and Intrateam Situational Awareness: Implications for Design, Training, and Measurement. In: *New Trends in Cooperative Activities: Understanding System Dynamics in Complex Environments*. McNeese, M.; Salas, E. & Endsley, M. R. (Hrsg.), Santa Monica: Human Factors & Ergonomics Society, S. 46–67.

Engelbart, D. & English, W. K. (1968): A Research Centre for Augmenting Human Intellect. In: *Proceedings of the Fall Joint Computing Conference – FJCC'68* (Montvale, NY), AFIPS Press. S. 395–410.

Engeström, Y. (1991): Developmental work research: Reconstructing expertise through expansive learning. In: *Human Jobs and Computer Interfaces*. Nurminen, M. J. & Weir, G. R. S. (Hrsg.), Amsterdam: Elsevier Science.

Ensor, B. (1990): How can we make Groupware practical (Panel). In: *Proc. Conf. on Human Factors in Computing Systems (CHI)*, S. 87–89.

Erickson, T.; Huang, W.; Danis, C. & Kellogg, W. A. (2004): A Social Proxy for Distributed Tasks: Design and Evaluation of a Working Prototype. In: *Proc. Conf. on Human Factors in Computing Systems (CHI)* (Vienna, Austria), ACM Press, S. 559–566.

Erickson, T. & Kellogg, W. A. (2003): Social Translucence: Using Minimalist Vizualizations of Social Activity to Support Collective Interaction. In: *Designing Information Spaces: The Social Navigation Approach*. Höök, K.;Benyon, D. & Munro, A. J. (Hrsg.), Berlin: Springer, S. 17–42.

Erickson, T.; Smith, D. N.; Kellogg, W. A.; Laff, M.; Richards, J. T. & Bradner, E. (1999): Socially Translucent Systems: Social Proxies, Persistent Conversation, and the Design of "Babble". In: *Proc. Conf. on Human Factors in Computing Systems (CHI)*, ACM Press.

Etzioni, A. (1964): *Modern Organisations*. Englewood Cliffs: Prentice-Hall.

Falk, J. (1998): *Mobile Awareness*. Master Thesis, Göteborg University, Göteborg.

Figallo, C. (1998): *Hosting Web Communities – Building Relationships, Increasing Customer Loyalty, and Maintaining a Competitive Edge*. New York: Wiley Computer Publishing.

Finin, T.; Fritzson, R.; McKay, D. & McEntire, R. (1994): KQML: A Language and Protocol for Knowledge and Information Exchenage. In: *Knowledge Building and Knowledge Sharing*. Fuchi, K. & Yokoi, T. (Hrsg.), Amsterdam: IOS Press.

Fish, R. S.; Kraut, R. E. & Chalfonte, B. L. (1990): The VideoWindow System in Informal Communications. In: *Proc. Conf. on Computer-Supported Collaborative Work (CSCW)* (Los Angeles, CA), ACM Press, S. 1–11.

Fish, R. S.; Kraut, R. E. & P. Lel, M. D. (1988): Quilt: A Collaborative Tool for Cooperative Writing. *SIGOIS Bulletin 9(2–3)*: S. 30–37.

Fitzpatrick, G. (1998): *The Locales Framework: Understanding and Designing for Cooperative Work*. Ph.D. Thesis, University of Queensland.

Fitzpatrick, G. (2003): *The Locales Framework: Understanding and Designing for Wicked Problems*. Dordrecht: Kluwer.

Fitzpatrick, G.; Kaplan, S. M.; Mansfield, T.; Arnold, D. & Segall, B. (2002): Supporting Public Availability and Accessibility with Elvin: Experiences and Reflections. *Computer Supported Cooperative Work: The Journal of Collaborative Computing 11(3–4)*: S. 447–474.

Fitzpatrick, G.; Mansfield, i.; Kaplan, S.; Arnold, D.; Phelps, T. & Segall, B. (1999): Augmenting the workaday world with Elvin. In: *Proc. Europ. Conf. on Computer-Supported Cooperative Work* (Copenhagen, Denmark), Dordrecht: Kluwer, S. 431–450.

Flores, F.; Graves, M.; Hartfield, B. & Winograd, T. (1988): Computer systems and the design of organizational interaction. *ACM Transactions on Office Information Systems 6(2)*: S. 153–172.

Forrer, U. (2005): Die Komplexität der Interoperabilität. In: *Proc. Interoperability 2005 – Interoperabilität für die breite Nutzung von Geoinformation* (Zürich, Schweiz), ETH Zürich, Institut für Geodäsie und Photogrammetrie.

Fowler, H. W.; Fowler, F. G. & Thompson, D. (1995): *The Concise Oxford Dictionary of Current English*. Oxford: Clarendon Press.

Fuchs, L. (1999): AREA: A cross-application notification service for groupware. In: *Proc. Europ. Conf. on Computer-Supported Cooperative Work* (Copenhagen, Denmark), Dordrecht: Kluwer Academic Publishers, S. 61–80.

Fussell, S.; Kiesler, S.; Seetlock, L. D.; Scupelli, P. & Weisbrand, S. (2004): Effects of Instant Messaging on the Management of Multiple Project Trajectories. In: *Proc. Conf. on Human Factors in Computing Systems (CHI)* (Vienna, Austria), ACM Press, S. 191–198.

Gamma, E.; Helm, R.; Johnson, R. & Vlissides, J. (1995): *Design Patterns*. Reading: Addison-Wesley.

Garfinkel, H. (1967): *Studies in Ethnomethodology*. Englewood Cliffs: Prentice Hall.

Garton, L.; Haythornthwaite, C. & Wellman, B. (1997): Studying Online Social Networks. *Journal of Computer Mediated Communication (JCMC) 3(1)*.

Gaver, W.; Dunne, A.; Hooker, B.; Kitchen, S. & Walker, B. (2001): *The Presence Project.* London: Interaction Design Research Department, Royal College of Art.

Gaver, W. & Martin, H. (2000): Alternatives: Exploring Information Appliances through Conceptual Design Proposals. In: *Proc. Conf. on Human Factors in Computing Systems (CHI)*, ACM Press, S. 209–216.

Gaver, W. W.; Moran, T.; MacLean, A.; Lövstrand, L.; Dourish, P.; Carter, K. A. & Buxton, W. (1992): Realising a Video Environment: EUROPARC's RAVE System. In: *Proc. Conf. on Human Factors in Computing Systems (CHI)* (Monterey, CA), ACM Press, S. 27–35.

Gibbs, S. J. (1989): LIZA: An Extensible Groupware Toolkit. In: *Proc. Conf. on Human Factors in Computing Systems (CHI)* (Austin, TX), ACM Press, S. 29–35.

Glance, N.; Arregui, D. & Dardenne, M. (1998): Knowledge Pump: Supporting the Flow and Use of Knowledge in Networked Organizations. In: *Information Technology for Knowledge Management.* Borghoff, U. M. & Pareschi, R. (Hrsg.), Berlin: Springer.

Glance, N.; Arregui, D. & Dardenne, M. (1999): Making Recommender Systems Work for Organizations. In: *Proc. Intl. Conf. on the Practical Application of Intelligent Agents and Multi-Agents (PAAM)* (London, UK).

Goebel, A. & Ritthaler, D. (2004): *SAP Enterprise Portal – Technologie und Programmierung.* Walldorf: SAP Press.

Grasso, A. (2003): Supporting communities of practice with large screen displays. In: *Public and Situated Displays – Social and Interactional Aspects of Shared Display Technologies.* O'Hara, K.;Perry, E.;Churchill, E. & Russel, D. M. (Hrsg.), Kluwer, S. 261–282.

Grasso, A.; Snowdon, D. & Koch, M. (2000): Extending the Services and the Accessibility of Community Networks. In: *Digital Cities – Technologies, Experiences, and Future Perspectives.* Ishida, T. & Isbister, K. (Hrsg.), Berlin: Springer, S. 401–415.

Greenbaum, J. & Kyng, M. (1991): Situated Design. In: *Design at Work: Cooperative Design of Computer Systems.* Greenbaum, J. & Kyng, M. (Hrsg.), Hillsdale: Lawrence Erlbaum Associates, S. 1–24.

Greenhalgh, C. & Benford, S. (1995): Virtual Reality Tele-conferencing: Implementation and Experience. In: *Proc. Europ. Conf. on Computer-Supported Cooperative Work* (Stockholm, Sweden), Kluwer. S. 165–180.

Greif, I. (1988): *Computer-supported cooperative work: A book of readings*, Los Altos: Morgan Kaufmann.

Grinter, R. E. (1996): Supporting articulation work using software configuration management systems. *Computer Supported Collaborative Work 5*: S. 447–465.

Groh, G. (2005): *Ad-Hoc-Groups in Mobile Communities-Detection, Modeling and Applications*. Dissertation, Fakultät für Informatik, Technische Universität München.

Gross, T. (2002): Ambient Interfaces in a Web-Based Theatre of Work. In: *Proc. Euromicro Workshop on Parallel, Distributed, and Network-Based Processing (PDP)* (Gran Canaria, Spain), Lost Alamitos: IEEE Press, S. 55–62.

Gross, T. (2006): Towards Cooperative Media Spaces. In: *Proc. Intl. Information Management Talks (IDIMT)* (Budweis, Czech Republic), Linz: Universitätsverlag Rudolf Trauner.

Gross, T., Egla, T. & Marquardt, N. (2006): Sens-ation: A Service-Oriented Platform for Developing Sensor-Based Infrastructures. *International Journal of Internet Protocol Technology (IJIPT)* 1(3). pp. 159–167.

Gross, T. & Oemig, C. (2005): PRIMInality: Towards Human-Centered Instant Messaging Infrastructures. In: *Proc. Mensch und Computer 2005* (Linz, Österreich), München: Oldenbourg, S. 71–80.

Gross, T. & Prinz, W. (2003): Awareness in Context: A Light-Weight Approach. In: *Proc. Europ. Conf. on Computer-Supported Cooperative Work* (Helsinki, Finland), Dordrecht: Kluwer Academic Publishers, S. 295–314.

Gross, T.; Stary, C. & Totter, A. (2005): User-Centered Awareness in Computer-Supported Cooperative Work-Systems: Structured Embedding of Findings from Social Sciences. *Intl. Journal of Human-Computer Interaction 18(3):* S. 323–360.

Gross, T. & Traunmüller, R. (1996): Methodological Considerations on the Design of Computer-Supported Cooperative Work. *Cybernetics and Systems: An International Journal 27(3):* S. 279–303.

Gruban, P. (Hrsg.) (2001): *Business Communities*. München: Markt und Technik.

Grudin, J. (1988): Why CSCW Applications Fail: Problems in the Design and Evaluation of Organizational Interfaces. In: *Proc. Conf. on Computer-Supported Cooperative Work (CSCW)*, ACM Press, S. 85–93.

Grudin, J. (1989): Why groupware applications fail: Problems in design and evaluation. *Office: Technology and People 4(3)*: S. 245–264.

Grudin, J. (1990): The computer reaches out: The historical continuity of interface design. In: *Conf. on Human Factors in Computing Systems (CHI)* (Seattle, WA), ACM Press, S. 261–268.

Grudin, J. (1991): CSCW: The Convergence of Two Development Contexts. In: *Proc. Conf. on Human Factors in Computing Systems (CHI)* (New Orleans, LA), ACM Press, S. 91–97.

Grudin, J. (1994): Groupware and social dynamics: eight challenges for developers. *Communications of the ACM 37(1)*: S. 93–105.

Grudin, J. & Palen, L. (1995): Why Groupware Succeeds: Discretion or Mandate? In: *Proc. Europ. Conf. on Computer-Supported Cooperative Work* (Stockholm, Sweden), Kluwer. S. 85–93.

Gutwin, C. & Greenberg, S. (1995): Support for Group Awareness in Real-Time Desktop Conferences. In: *Proc. Second New Zealand Computer Science Research Students' Conference* (Waikato, Hamilton, NZ).

Gutwin, C. & Greenberg, S. (1996): Workspace Awareness for Groupware. In: *Conf. on Human Factors in Computing Systems* (Vancouver, BC), ACM Press, S. 208–209.

Gutwin, C. & Greenberg, S. (1998): Design for Individuals, Design for Groups: Tradeoffs Between Power and Workspace Awareness. In: *Proc. Conf. on Computer-Supported Collaborative Work (CSCW)* (Seattle, WA), ACM Press, S. 207 216.

Gutwin, C.; Greenberg, S. & Roseman, M. (1996): Workspace Awareness in Real-Time Distributed Groupware: Framework, Widgets, and Evaluation. In: *Proc. Conf. on Human-Computer Interaction: People and Computers (HCI)* (London, UK), Springer, S. 281–298.

Habermas, J. (1984): *The Theory of Communicative Action – Reason and the Rationalisation of Society (Vol I)*. Boston: Beacon Press.

Hafner, K. & Lyon, M. (1996): *Where Wizards Stay Up Late: The Origins of the Internet*. New York: Simon and Schuster.

Hagel, J. & G. Armstrong, A. (1997): *net gain – expanding markets through virtual communities*, Harvard Business School Press.

Hall, H. & Graham, D. (2004): Creation and recreating: motivating collaboration to generate knowledge capital in online communities. *Intl. Journal of Information Management 24(3)*: S. 235–246.

Hammond, T.; Hannay, T.; Lund, B. & Scott, J. (2005): Social Bookmarking Tools (I) – A General Review. *D-Lib Magazine 11(4)*.

Hasu, M. & Engeström, Y. (2000): Measurement in Action: An Activity-Theoretical Perspective on Producer-User Interaction. *International Journal of Human Computer Studies 53*: S. 61–89.

Haugeneder, H. & Steiner, D. (1996): Multi-Agent Cooperation – Concepts and Applications. In: *Design and Implementation of Symbolic Computation Systems, International Symposium, DISCO '96* (Karlsruhe, Germany), Berlin: Springer, S. 195–197.

Hayzelden, A. L. G.; Bigham, J.; Wooldridge, M. & Cuthbert, L. (1999): Future Communication Networks using Software Agents. In: *Software Agents for Future Communication Systems*. Hayzelden, A. L. G. & Bigham, J. (Hrsg.), Berlin: Springer, S. 1–57.

Heiner, J. M.; Hudson, S. E. & Tanaka, K. (1999): The Information Percolator: Ambient Information Display in a Decorative Object. In: *Proc. ACM Symp. on User Interface Software and Technology (UIST)* (Asheville, NC), ACM Press, S. 141–148.

Herczeg, M. (2006): *Interaktionsdesign – Gestaltung interaktiver und multimedialer Systeme*. München: Oldenbourg.

Herczeg, M. (2005): *Software-Ergonomie – Grundlagen der Mensch-Computer-Kommunikation*, 2. Auflage. München: Oldenbourg.

Herrmann, T. (2003): Learning and Teaching in Socio-Technical Environments. In: *Informatics and the Digital Society. Social, Ethical and Cognitive Issues*. Van Weert, T. J. & Munro, R. K. (Hrsg.), Boston: Kluwer, S. 59–72.

Herrmann, T.; Hoffmann, M.; Jahnke, I.; Kienle, A.; Kunau, G.; Loser, K.-U. & Menold, N. (2003): Concepts for usable patterns of groupware applications. In: *Proc. of the 2003 ACM SIGGroup Intl. Conf. on Sipporting Group Work* (Sanibel Island, FL).

Herrmann, T.; Kunau, G.; Loser, K.-U. & Menold, N. (2004): Socio-Technical Walkthrough: Designing Technology along Work Processes. In: *Proc. Participatory Design Conference (PDC)*, S. 132–141.

Hillebrand, C.; Groh, G. & Koch, M. (2002): Mobile Communities – Extending Online Communities into the Real World. In: *Mobile and Collaborative Business – Multikonferenz Wirtschaftsinformatik* (Nürnberg, Germany), S. 7–18.

Hillery, G. A. (1955): Definitions of Community: Areas of Agreement. *Rural Sociology 20*: S. 111–123.

Hollingsworth, D. (1994): *The workflow reference model*. TC00-1003, Brussels, Belgium: Workflow Management Coalition.

Holmquist, L. E.; Joakim, W. & Falk, J. (1998): The Hummingbird: Mobile Support for Group Awareness. In: *Proc. Conf. on Computer-Supported Collaborative Work (CSCW) – Demo* (Seattle, WA), ACM Press.

Holt, A. W. (1988): Diplans: A new language for the study and implementation of coordination. *ACM Transactions on Office Information Systems 6(2)*: S. 109–125.

Holtzblatt, K. (2002): Contextual Design. In: *The Human-Computer Interaction Handbook*. Jacko, J. A. & Sears, A. (Hrsg.), Mahwah: Lawrence Erlbaum Associates, S. 941–963.

Höök, K.; Benyon, D. & Munro, A. J. (2003): *Designing Information Spaces: The Social Navigation Approach*, London: Springer.

Horvitz, E.; Koch, P. & Apacible, J. (2004): BusyBody: Creating and Fielding Personalised Models of the Cost of Interruption. In: *Proc. Conf. on Computer-Supported Collaborative Work (CSCW)* (Chicago, IL), ACM Press, S. 507–510.

Hudson, S. E. & Smith, I. (1996): Techniques for Addressing Fundamental Privacy and Disruption Tradeoffs in Awareness Support Systems. In: *Proc. Conf. on Computer-Supported Collaborative Work (CSCW)* (Boston, MA), ACM Press, S. 248–257.

Hummel, J. (2005): *Online-Gemeinschaften als Geschäftsmodell – Eine Analyse aus sozioökonomischer Perspektive*. Wiesbaden: Deutscher Universitäts Verlag.

Hummel, J. & Becker, K. (2001): *Die sozio-ökonomischen Profile verschiedener virtueller Gemeinschaften: Eine empirische Untersuchung von 50 virtuellen Gemeinschaften.* Technischer Bericht, St. Gallen, Schweiz: Universität St. Gallen, MCM Institut.

Ishida, T. (1998): *Community Computing.* New York: John Wiley and Sons.

Ishii, H.; Kobayashi, M. & Arita, K. (1994): Iterative Design of Seamless Collaboration Media. *Communications of the ACM 37(8):* S. 83–97.

Ishii, H.; Kobayashi, M. & Grudin, J. (1993): Integration of Inter-Personal Space and Shared Workspace: ClearBoard Design and Experiments. *ACM Transactions on Office Information Systems 11(4):* S. 349–375.

Ishii, H. & Ullmer, B. (1997): Tangible Bits: Towards Seamless Interfaces between People, Bits and Atoms. In: *Proc. Conf. on Human Factors in Computing Systems (CHI)* (Atlanta, GA), ACM Press. S. 234–241.

Jahnke, I. (2006): Dynamik sozialer Rollen beim Wissensmanagement -Soziotechnische Anforderungen an Communities und Organisationen. Wiesbaden: Deutscher Universitäts Verlag.

Jablonski, S.; Böhm, M. & Schulze, W. (Hrsg.) (1997): *Workflow Management – Entwicklung von Anwendungen und Systemen.* Heidelberg: dpunkt.verlag.

Johansen, R. (1991): Teams for Tomorrow. In: *Proc. IEEE Hawaii Intl. Conf. on System Sciences,* Los Alamitos: IEEE Computer Society Press, S. 520–534.

Johnson-Lentz, P. & Johnson-Lentz, T. (1982): Groupware: The Process and Impacts of Design Choices. In: *Computer-Mediated Communication Systems: Status and Evaluation.* Kerr, E. B. & Hiltz, S. R. (Hrsg.), New York: Academic Press.

Jokela, T. (2002): Assessment of User-Centred Design Processes – Lessons Learnt and Conclusions. In: *Proc. Intl. Conf. PROFES – Product Focused Software Process Improvement* (Rovaniemi, Finland), Springer, S. 232–246.

Jordan, B. & Henderson, A. (1995): Interaction Analysis: Foundations and Practice. *The Journal of the Learning Sciences 4(1):* S. 39–103.

Kahler, H. (1996): Developing Groupware with Evolution and Participation – A Case Study. In: *Proc. Participatory Design Conference (PDC),* S. 173–182.

Kaiser, G. E.; Kaplan, S. M. & Micallef, J. (1987): Multiuser, Distributed Language-Based Environments. *IEEE Software 4(6):* S. 58–67.

Kaplan, S. M.; Carroll, K. M. & MacGregor, A. J. (1991): Supporting Collaborative Processes with ConversationBuilder. In: *Proc. Conf. on Orginizational Computing Systems* (Atlanta, GA), S. 69–79.

Karbe, B.; Ramsperger, N. & Weiss, P. (1990): Support of Cooperative Work by Electronic Circulation Folders. In: *Proc. Conf. on Supporting Group Work* (Cambridge, MA), ACM Press, S. 109–117.

Keller, R. M.; Wolfe, S. R.; Chen, J. R.; Rabinowitz, J. L. & Mathe, N. (1997): A bookmark-ing service for organizing and sharing URLs. *Computer Networks and ISDN Systems 29 (September)*: S. 1103–1114.

Kennsing, F. & Blomberg, J. (1998): Participatory Design: Issues and Concerns. *Computer Supported Collaborative Work 7*: S. 167–185.

Kieser, A. & Kubicek, H. (1977): *Organisation*. Berlin: De Gruyter.

Klöckner, K.; Mambrey, P.; Solenkamp, M.; Prinz, W.; Fuchs, L.; Kolvenbach, S.; Pankoke-Babatz, U. & Syri, A. (1995): POLITeam – Bridging the Gap between Bonn and Berlin for and with the Users. In: *Proc. Europ. Conf. on Computer-Supported Cooperative Work*, Dordrecht: Kluwer Academic Publishers, S. 17–32.

Koch, M. (1997): *Kooperation bei der Dokumentenbearbeitung – Entwicklung einer Grup-peneditorumgebung für das Internet*. Wiesbaden: Deutscher Universitätsverlag DUV.

Koch, M. (2001): Kollaboratives Filtern. In: *CSCW-Kompendium*. Schwabe, G.; Streitz, N. & Unland, R. (Hrsg.), Berlin: Springer, S. 351–296.

Koch, M. (2003): *Community-Unterstützungssysteme – Architektur und Interoperabilität*. Habilitationsschrift, Technische Universität München.

Koch, M. (2005): Supporting Community Awareness with Public Shared Displays. In: *Proc. Bled eCommerce Conference* (Bled, Slowenia).

Koch, M. (2006): Generic Community Management Functionality for the Cobricks Commu-nity Platform Toolkit. In: *Proc. CollECTeR Europe* (Basel, Switzerland), University of Ap-plied Sciences Nothwestern Switzerland (FHBB), Institute for Business Economics. S. 185 190.

Koch, M.; Monaci, S.; Cabrera, A. B.; Huis in't Veld, M. & Andronico, P. (2004): Commu-nication and Matchmaking Support for Physical Places of Exchange. In: *Proc. Intl. Conf. on Web-based Communities 2004* (Lisbon, Portugal), Lisbon: IADIS Press, S. 3–10.

Koch, M. & Schlichter, J. H. (2001): Ubiquitous Computing. In: *CSCW-Kompendium*. Schwabe, G.;Streitz, N. & Unland, R. (Hrsg.), Berlin: Springer-Verlag, S. 507–517.

Konradt, U., Hertel, G. and Herczeg, M. (2007): *Telekooperation und virtuelle Teamarbeit*. München, Oldenbourg.

Kovalainen, M.; Robinson, M. & Auramäki, E. (1998): Diaries at Work. In: *Proc. Conf. on Computer-Supported Collaborative Work (CSCW)*, ACM Press, S. 49–58.

Kreifelts, T.; Hinrichs, E.; Klein, K. H.; Seuffert, P. & Woetzel, G. (1991): Experiences with the DOMINO Office Procedure System. In: *Proc. Europ. Conf. on Computer-Supported Cooperative Work*, Dordrecht: Kluwer Academic Publishers, S. 117–130.

Kreifelts, T.; Hinrichs, E. & Woetzel, G. (1993): Sharing To-do-lists with a distributed task manager. In: *Proc. Europ. Conf. on Computer-Supported Cooperative Work*, Dordrecht: Kluwer Academic Publishers, S. 31–46.

Kumar, V. (1995): *Performance of Concurrency Control Mechanisms in Centralized Database Systems*. Englewood Cliffs: Prentice Hall.

Kuutti, K. (1991): Activity Theory and its application to information systems research and development. In: *Information Systems Research: Contemporary Approaches and Emergent Traditions*. Nissen, H.; Klein, H. & Hirschheim, R. (Hrsg.), Amsterdam: Elsevier Science, S. 529–549.

Laborie, F.; Chatty, S. & Reyterou, C. (2005): Coordination and collaboration environments for production lines: a user acceptance issue. In: *European Conf. on Computer-Supported Cooperative Work (ECSCW)* (Paris, France), Springer. S. 407–426.

Lai, K.-Y.; Malone, T. W. & Yu, K.-C. (1988): Object Lens: A "Spreadsheet" for Cooperative Work. *ACM Transactions on Office Information Systems 6(4)*: S. 332–354.

Langenscheidt (2006): *Langenscheidt Fremdwörterbuch Online*. http://www.langenscheidt.de /fremdwb/fremdwb.html.

Lave, J. & Wenger, E. (1991): *Situated learning – Legitimate Peripheral Participation*. Cambridge: Cambridge University Press.

Lee, J. (1990): Sibyl: A qualitative descision management system. In: *Artificial Intelligence at MIT: Expanding Frontiers*. Winston, P. (Hrsg.), Cambridge: MIT Press.

Lehman, M. M. & Belady, L. A. (1985): *Program Evolution: Processes of Software Change*. London: Academic Press.

Leland, P.; D., M.; Fish, R. S. & Kraut, R. E. (1988): Collaborative Document Production Using Quilt. In: *Proc. Conf. on Computer-Supported Cooperative Work (CSCW)*, ACM Press, S. 206–215.

Licklider, J. C. R. & Taylor, R. (1968): The Computer as a Communication Device. *Science and Technology*.

Lieberman, H.; Paterno, F. & Wulf, V. (Hrsg.) (2006): *End User Development*. Human-Computer Interaction Series. Dordrecht: Kluver.

Ljepoja, B. (2005): *Community-Management in Cobricks-2*. Diplomarbeit, Fakultät für Informatik, Technische Universität München.

Loevstrand, L. (1991): Being Selectively Aware with the Khronika System. In: *Proc. Europ. Conf. on Computer-Supported Cooperative Work* (Amsterdam), Dordrecht: Kluwer Academic Publishers, S. 265–278.

Ludford, P. J.; Cosley, D.; Frankowski, D. & Terveen, L. (2004): Think Different: Increasing Online Community Participation Using Uniqueness and Group Dissimilarity. In: *Proc. Conf. on Human Factors in Computing Systems (CHI)* (Vienna, Austria), ACM Press, S. 631–638.

Lynch, K. J.; Snyder, J. M.; Vogel, D. M. & McHenry, W. K. (1990): The Arizona Analyst Information System: Supporting Collaborative Research on International Technological

Trends. In: *Multi-User Interfaces and Applications*. Gibbs, S. & Verrijn-Stuart, A. A. (Hrsg.), Amsterdam: Elsevier Science, S. 159 174.

Malinowski, B. (1922): *Argonauts of the Western Pacific*. London: Routledge and Kegan Paul.

Malone, T. W. (1988): *What is coordination theory?* Working paper #2051-88, Cambridge, MA: MIT Sloan School of Management.

Malone, T. W. & Crowston, K. (1990): What is Coordination Theory and How Can It Help Design Cooperative Work Systems? In: *Conf. on Computer-Supported Cooperative Work (CSCW)*, ACM Press, S. 357–370.

Malone, T. W. & Crowston, K. (1992): *Towards an Interdisciplinary Theory of Coordination*. Technischer Bericht CCS TR#120, Cambridge: Centre for Coordination Science, Sloan School of Management, Massachusetts Institute of Technology.

Malone, T. W. & Crowston, K. (1994): The interdisciplinary study of coordination. *ACM Computing Surveys 26(1)*: S. 87–119.

Malone, T. W.; Gant, K. R.; Lai, K.-Y.; Rao, R. & Rosenblitt, D. A. (1989): The Information Lens: An Intelligent System for Information Sharing and Coordination. In: *Technological Support for Work Group Collaboration*. Olson, M. H. (Hrsg.), Hillsdale: Lawrence Erlbaum Associates, S. 65–88.

Malone, T. W.; Grant, K. R. & Turbak, F. A. (1986): The Information Lens: An Intelligent System for Information Sharing in Organisations. In: *Proc. Conf. on Human Factors in Computing Systems (CHI)* (Boston, MA), ACM Press, S. 1–8.

Manohar, N. R. & Prakash, A. (1994). Replay by Re-Execution: A Paradigm for Asynchronous Collaboration via Record and Replay of Interactive Multimedia Streams. *SIGOIS Bulletin 15(2)*: S. 32–34.

Mansfield, T.; Kaplan, S. M.; Fitzpatrick, G.; Phelps, T.; Fitzpatrick, M. & Taylor, R. (1997): Evolving Orbit: A Progress Report on Building Locales. In: *Proc. Conf. on Supporting Group Work (GROUP)* (Phoenix, AZ), ACM Press, S. 241–250.

Marais, H. & Bharat, K. (1997): Supporting cooperative and personal surfing with a desktop assistant. In: *Proc. Annual ACM Symp. on User Interface Software and Technology* (Banff, Alberta, Canada), ACM Press, S. 129–138.

Marca, D. & Bock, G. (Hrsg.) (1992): *Groupware: Software for Computer-Supported Cooperative Work*. Los Alamitos: IEEE Press.

Marca, D. A. (1989): Specifying Coordinators: Guidelines for Groupware Developers. *Software Engineering Notes 14*: S. 235–237.

March, J. G. & Simon, H. A. (1958): *Organizations*. New York: John Wiley & Sons.

Mark, G.; Haake, J. M. & Streitz, N. A. (1995): The Use of Hypermedia in Group Problem Solving: An Evaluation of the DOLPHIN Electronic Meeting Room Environment. In: *Proc.*

Europ. Conf. on Computer-Supported Cooperative Work, Dordrecht: Kluwer Academic Publishers, S. 197–213.

Marshak, D. S. & Seybold, P. (2003): *An Executive's Guide to Portals*. Boston: Patricia Seybold Group.

Mathes, A. (2004): *Folksonomies – Cooperative Classification and Communication Through Shared Metadata*. Technischer Bericht LIS590CMC, Graduate School of Library and Information Science, University of Illinois Urbana-Champaign.

Maturana, H. R. (1975): The organization of the living: A theory of the living organization. *International Journal of Man-Machine Studies 7*: S. 313–332.

Maturana, H. R. (1981): Autopoiesis. In: *Autopoiesis: A Theory of Living Organization*. Zeleny, M. (Hrsg.), New York: North Holland, S. 21–30.

Maturana, H. R. & Varela, F. J. (1987): *The Tree of Knowledge: Biological Roots of Human Understanding*. Boston: Shambhala.

Mauldin, M. L. (1994): Chatterbots, TinyMUDs, and the Turing Test: Entering the Loebner Prize Competition. In: *Proc. National Conference on Artificial Intelligence (AAAI)* (Seattle, WA), AAAI Press/The MIT Press, S. 16–21.

McCarthy, J. C. & Bluestein, W. M. (1991): *The Computing Strategy Report: Workflow's Progress*. Cambridge: Forrester Research Inc.

McDonald, D. W. & Ackerman, M. S. (1998): Just Talk to Me: A Field Study of Expertise Location. In: *Proc. Intl. Conf. on Computer-Supported Cooperative Work* (Seattle, WA), ACM Press, S. 315–324.

McGrath, J. E. (1984): *Groups: Interaction and Performance*. Englewood Cliffs: Prentice-Hall.

McGuffin, L. & Olson, G. (1992): *ShrEdit: A Shared Electronic Workspace*. Technical Report 45, Ann Arbor: Cognitive Science and Machine Intelligence Laboratory, University of Michigan.

Merholz, P. (2004): *Metadata for the Masses*. adaptive path: http://www.adaptivepath.com /publications/essays/archives/000361.php.

Millen, D. R.; Feinberg, J. & Kerr, B. (2005): Social Bookmarking in the Enterprise. *ACM Queue 3(9)*: S. 28–35.

Mintzberg, H. (1979): *The Structuring of Organizations*. Englewood Cliffs: Prentice Hall.

Misch, A. (2001): Context-oriented communication support in a collaborative learning environment – Kolumbus is born. In: *Proc. 24th Information Systems Research Seminar in Scandinavia Vol. 2*. S. 48–58.

Morris, C. W. (1988): *Grundlagen der Zeichentheorie*. Frankfurt a. M.: Fischer.

Möslein, K. (1993): *CSCW als Arbeitssystem-Gestaltung*. Diplomarbeit. Fakultät für Informatik, Technische Universität München.

Mumford, E. (1987): Sociotechnical Systems Design – Evolving theory and practice. In: *Computers and Democracy: A Scandinavian Challenge*. Bjerknes, G.; Ehn, P. & Kyng, S. (Hrsg.), Aldershot: Avebury, S. 59–77.

Mumford, E. (2000): A Socio-technical Approach to Systems Design. *Requirements Engineering 5*: S. 125–133.

Mynatt, E. D.; Adler, A.; Ito, M. & L. Oday, V. (1997): Design for Network Communities. In: *Proc. ACM SIGCHI Conf. on Human Factors in Compting Systems*, ACM Press, S. 210–217.

Mynatt, E. D.; O'Day, V. L.; Adler, A. & Ito, M. (1998): Network Communities: Something Old, Something New, Something Borrowed. *Computer Supported Collaborative Work 7*: S. 123–156.

Nardi, B. A.; Schiano, D. J.; Gumbrecht, M. & Swartz, L. (2004): Why We Blog. *Communications of the ACM 47(12)*: S. 41–46.

Nardi, B. A.; Whittaker, S. & Bradner, E. (2000): Interaction and Outeraction: Instant Messaging in Action. In: *Proc. Conf. on Computer-Supported Collaborative Work (CSCW)* (Philadelphia, PA), ACM Press, S. 78–88.

Nardi, B. A.; Whittaker, S. & Schwarz, H. (2002): NetWORKers and their Activity in Intensional Networks. *Computer Supported Collaborative Work 11(1–2)*: S. 205–242.

Neches, R.; Fikes, R. & Finin, T. (1991): Enabling Technology for Knowledge Sharing. *AI Magazine 12(3)*: S. 36–56.

Neuwirth, C. M. (1995): Collaborative Writing: Practical Problems and Prospective Solutions. *Europ. Conf. on Computer-Supported Cooperative Work*, Tutorial Notes #11.

Nichols, D. M. (1997): Implicit Rating and Filtering. In: *Proc. Fifth DELOS Workshop on Filtering and Collaborative Filtering*.

Nietzer, P. (1991): Telekonferenzsystem mit graphischer Dialogsteuerung. In: *Computergestützte Gruppenarbeit (CSCW)*. Friedrich, J. & Roediger, K.-H. (Hrsg.), Stuttgart: Teubner, S. 197–206.

Norman, D. A. (1999): *The Invisible Computer*. Cambridge, MA: MIT Press.

Nöth, W. (2000): *Handbuch der Semiotik*. Stuttgart: Metzler.

Nunamaker, J. F.; Dennis, A. R.; Valacich, J. S.; Vogel, D. R. & George, J. R. (1991): Electronic Meeting Systems to Support Group Work. *Communications of the ACM 34(7)*: S. 40–61.

Orlikowski, W. J. (1997): Evolving with Notes: Organizational change around groupware technology. In: *Groupware and Teamwork*. Ciborra, C. U. (Hrsg.), New York: Wiley Computer Publishing, S. 23–60.

Paetau, M. (1994): Configurative Technology: Adaption to Social Systems Dynamism. In: *Adaptive User Support – Ergonomic Design of Manually and Automatically Adaptable Software*. Oppermann, R. (Hrsg.), Hillsdale: Lawrence Erlbaum Associates, S. 194–234.

Patterson, J. F.; Day, M. & Kucan, J. (1996): Notification Servers for Synchronous Groupware. In: *Proc. Conf. on Computer-Supported Collaborative Work (CSCW)* (Boston, MA), ACM Press, S. 122–129.

Pedersen, E. & Sokoler, T. (1997): Aroma: Abstract representation of presence supporting mutual awareness. In: *Proc. ACM SIGCHI Conf. on Human Factors in Comp. Syst.*, ACM Press, S. 51–58.

Picot, A. & Fischer, T. (Hrsg.) (2006): *Weblogs professionell – Grundlagen, Konzepte und Praxis im unternehmerischen Umfeld*. Heidelberg: dpunkt.verlag.

Pioch, N.; Rasmussen, O.; Hoyle, M. A. & Lo, J. A. (1997): *A Short IRC Primer*. http://www.irchelp.org/irchelp/ircprimer.html (letzter Zugriff 1.5.2006)

Plowman, L.; Rogers, Y. & Ramage, M. (1995): What are workplace studies for? In: *European Conf. on Computer-Supported Cooperative Work (ECSCW)* (Stockholm, Sweden), Dordrecht: Kluwer Academic Publishers, S. 309–324.

Postel, J. B. (1982): *Simple Mail Transfer Protocol – RFC 821*. The Internet Engineering Task Force.

Prakash, A. (1999): Group Editors. In: *Computer-Supported Cooperative Work*. Beaudouin-Lafon, M. (Hrsg.), Chichester: Wiley Computer Publishing, S. 103–133.

Preece, J. (2000): *Online Communities – Designing Usability, Support Sociability*. Chichester: Wiley Computer Publishing.

Preece, J.; Rogers, Y. & Sharp, Helen (2002): *Interaction Design – Beyond Human-Computer Interaction*. New York: John Wiley & Sons.

Prinz, W. (1989): Survey of Group Communication Models and Systems. In: *Computer Based Group Communication – The AMIGO activity model*. Pankoke-Babatz, U. (Hrsg.), Chichester: Ellis Horwood Ltd., S. 127–180.

Prinz, W.; Graether, W.; Gross, T.; Kolvenbach, S.; Klein, K.-H.; Pankoke-Babatz, U. & Schäfer, L. (2002): TOWER: Presenting Activity Information in a Theatre of Work. In: *Supplement Proc. Conf. on Computer-Supported Cooperative Work (CSCW)* (New Orleans, LA), ACM Press, S. 91–94.

Putnam, R. D. (2000): *Bowling alone: Te collapse and Revival of American Community*. New York: Simon and Schuster.

Reddy, M. C. & Dourish, P. (2002): A finger on the pulse: temporal rhythms and information seeking in medical work. In: *Proc. Conf. on Computer-Supported Collaborative Work (CSCW)* (New Orleans, LA), ACM Press, S. 344–353.

Reddy, M. C.; Dourish, P. & Pratt, W. (2006): Temporality in Medical Work: Time also Matters. *Computer-Supported Cooperative Work 15(1):* S. 29–53.

Reichling, T. & Veith, M. (2005): Expertise sharing in a heterogeneous organizational environment. In: *European Conf. on Computer-Supported Cooperative Work (ECSCW)* (Paris, France), Springer, S. 325–346.

Reichwald, R.; Krcmar, H.; Schlichter, J. & Baumgarten, U. (2005): *Community Services: Lifestyle.* Lohmar: Eul Verlag.

Rein, G. L. & Ellis, C. A. (1991): rIBIS: A Real-Time Group Hypertext System. *International Journal of Man Machine Studies 34(3)*: S. 349–368.

Resnick, P.; Iacovou, N.; Suchak, M.; Bergstrom, P. & Riedl, J. (1994): GroupLens – An Open Architecture for Collaborative Filtering of Netnews. *In: Proc. Conf. on Computer-Supported Cooperative Work (CSCW)*, ACM Press, S. 175–186.

Rheingold, H. (1993): *The Virtual Community.* Reading: Addison-Wesley.

Rittel, H. & Kunz, W. (1970*): Issues as Elements of Information Systems.* Report #131, Stuttgart, Germany, University of Stuttgart, Institut für Grundlagen der Planung.

Rittenbruch, M. (1999): Atmosphere: Towards Context-Selective Awareness Mechanisms. In: *Proc. Conf. on Human-Computer Interaction: Communication, Cooperation and Application Design (HCII)* (Munich, Germany), Hillsdale: Lawrence Erlbaum Associates.

Robinson, M. (1991a): Computer-Supported Cooperative Work: Cases and Concepts. In: *Proc. Conf. on Groupware* (Utrecht, NL), Software Engineering Research Centre (SERC), Utrecht, S. 59–75.

Robinson, M. (1991b): Double Level Language and Co-operative Working. *AI & Society 5*: S. 34 60.

Rogers, Y. (1994): Exploring Obstacles: Integrating CSCW in Evolving Organizations. In: *Conf. on Computer-Supported Cooperative Work (CSCW)* (Chapel Hill, NC), ACM Press, S. 67–78.

Rogers, Y. & Bellotti, V. (1997): Grounding blue-sky research: How can ethnography help? *interactions*: S. 58–63.

Rohde, M. & Shaffer, D. W. (2003): Us, Ourselves, and We: Thoughts about Social (Self-) Categorization. *SIGGROUP Bulletin 24(3):* S. 19–24.

Ropohl, G. (1979): *Eine Systemtheorie der Technik: Zur Grundlegung der Allgemeinen Technologie.* München: Hanser.

...erman, M. & Greenberg, S. (1996): Building Real-Time Groupware with GroupKit, A Groupware Toolkit. *ACM Transactions on Computer-Human Interaction 3(1):* S. 66–106.

Rosenstiel, L. (1978): Arbeitsgruppe. In: *Organisationspsychologie.* Mayer, A. (Hrsg.) Stuttgart: Poeschl, S. 236–271.

Ross, S.; Ramage, M. & Rogers, Y. (1995): PETRA: Participatory Evaluation Through Redesign And Analysis. *Interacting with Computers 7(4):* S. 335–360.

Sandor, O.; Bogdan, C. & Bowers, J. (1997): Aether: An Awareness Engine for CSCW. In: *Proc. Europ. Conf. on Computer-Supported Cooperative Work* (Lancaster, UK), Dordrecht: Kluwer Academic Press, S. 221–236.

Schlichter, J.; Koch, M. & Xu, C. (1998): Awareness – The Common Link Between Groupware and Community Support Systems. In: *Community Computing and Support Systems.* Ishida, T. (Hrsg.), Berlin: Springer, S. 77–93.

Schmidt, J. (2006): *Social Software: Definitionsversuche.* http://www.bamberg-gewinnt.de/wordpress/archives/426 (letzter Zugriff 27.7.2006)

Schmidt, K. & Rodden, T. (1996): Putting it all together: Requirements for a CSCW platform. In: *The Design of Computer-Supported Cooperative Work and Groupware Systems.* Shapiro, D.;Tauber, M. & Traunmüller, R. (Hrsg.), Amsterdam: North Holland Elsevier, S. 157–176.

Schmidt, K. & Simone, C. (1996): Coordination Mechanisms: Towards a Conceptual Foundation of CSCW Systems Design. *Computer Supported Cooperative Work: The Journal of Collaborative Computing 5:* S. 155–200.

Schulz von Thun, F. (1981): *Miteinander Reden 1 – Störungen und Klärungen.* Hamburg: Rowohlt.

Schwall, J. (2003): *The Wiki Phenomenon.* http://www.schwall.de/dl/20030828_the_wiki_way.pdf (letzter Zugriff 2.12.2005)

Searle, J. (1969): *Speech Acts: An Essay in the Philosophy of Language.* New York: Cambridge University Press.

Sen, S. & Durfee, E. H. (1991): A Formal Study of Distributed Meeting Scheduling: Preliminary Results. In: *Proc. Conf. on Orginizational Computing Systems* (Atlanta, GA), ACM Press, S. 55–68.

Shapiro, D. (1994): The limits of ethnography: Combining social sciences for CSCW. In: *Proc. Conf. on Computer-Supported Cooperative Work (CSCW)* (Chapel Hill, NC), ACM Press, S. 417–439.

Sharples, M. (Hrsg.) (1993): *Computer-Supported Collaborative Writing.* Heidelberg: Springer.

Sikkel, K. (1997): A Group-based Authorization Model for Cooperative Systems. *Proc. Europ. Conf. on Computer-Supported Cooperative Work* (Lancaster, UK), Kluwer.

Simon, B. (1999): A place in the world – Self and social categorization. In: *The psycholog of the social self*. Tyler, T. R.;Kramer, R. M. & John, O. P. (Hrsg.), Mahwah: Erlbaum.

Simone, C. & Bandini, S. (1997): Compositional Features for Promoting Awareness within and across Cooperative Applications. In: *Proc. Intl. Conf. on Supporting Group Work (GROUP)* (Phoenix, AZ), ACM Press, S. 358–367.

Simone, C. & Schmidt, K. (1993): *The COMIC Project – Computational Mechanisms of Interaction for CSCW*. Esprit Basic Research Project 6225 – Deliverable D3.1, Milan, Italy: Department of Information Science, University of Milan and Cognitive Systems Group, Risoe National Laboratory.

Singh, B. & Rein, G. L. (1992): *Role Interaction Nets (RIN): A process description formalism*. Technischer Bericht CT-083-92, Austin, TX, MCC Advanced Computer Architecture Group.

Singh, M. P. & Huhns, M. N. (2005): *Service-Oriented Computing: Semantics, Processes, Agents*. New York: Wiley Computer Publishing.

Skype (2006): *Skype – The Whole World Can Talk for Free*. http://www.skype.com/ (letzter Zugriff 5.1.2006)

Snowdon, D.; Churchill, E. F. & Frecon, E. (Hrsg.) (2004*): Inhabited Information Spaces – Living with your data*. London: Springer.

Sohlenkamp, M. & Chwelos, G. (1994): Integrating Communiation, Cooperation, and Awareness: The DIVA Virtual Office Environment. In: *Proc. Conf. on Computer-Supported Collaborative Work (CSCW)* (Chapel Hill, NC), ACM Press, S. 331–343.

Sohlenkamp, M.; Mambrey, P.; Prinz, W.; Fuchs, L.; Syri, A.; Pankoke-Babatz, U.; Klöckner, K. & Kolvenbach, S. (2000): Supporting the Distributed German Government with POLITeam. *Multimedia Tools and Applications 12*: S. 39–58.

Sohlenkamp, M.; Prinz, W. & Fuchs, L. (1998): POLIAwaC – Design und Evaluierung des POLITeam Awareness-Clients. In: *Proc. Deutsche Computer-Supported Cooperative Work Konferenz (D-CSCW)* (Dortmund, Germany), Springer, S. 181–194.

Sommerville, I. (2001): *Software Engineering*. Reading: Addison-Wesley.

Sommerville, I. & Sawyer, P. (1997): *Requirements Engineering*. New York: Wiley Computer Publishing.

Stefik, M.; Foster, G.; Bobrow, D. G.; Kahn, K.; Lanning, S. & Suchman, L. (1987): Beyond the Chalkboard: Computer Support for Collaboration and Problem Solving in Meetings. *Communications of the ACM 30(1)*: S. 32–47.

Strauss, A. (1985): Work and the Division of Labour. *The Sociological Quaterly 26(1)*: S. 1 19.

Streitz, N.; Geißler, J.; Holmer, T.; Konomi, S.; Müller-Tomfelde, C.; Reischl, W.; Rexroth, P.; Seitz, P. & Steinmetz, R. (1999): i-LAND: An interactive Landscape for Creativity and

Innovation. In: *Conf. on Human Factors in Computing Systems (CHI)*, ACM Press, S. 120–127.

Streitz, N.; Prante, T.; Röcker, C.; van Alphen, D.; Stenzel, R. & Magerkurth, C. (2005): Smarte Arbeitsumgebungen zur Unterstützung verteilter sozialer Prozesse. In: *Proc. Mensch und Computer 2005* (Linz, Österreich), München: Oldenbourg, S. 111–120.

Streitz, N. A.; Geißler, J.; Haake, J. M. & Hol, J. (1994): DOLPHIN: Integrated Meeting Support across Local and Remote Desktop Environments and LiveBoards. In: *Proc. Conf. on Computer-Supported Cooperative Work (CSCW)*, ACM Press, S. 345–358.

Suchman, L. (1987): *Plans and Situated Actions: The problem of human-machine communication*. Cambridge University Press.

Suchman, L. (1995): Making Work Visible. *Communications of the ACM 38(9)*: S. 56–64.

Sundstrom, E.; De Meuse, K. P. & Futrell, D. (1990): Work Teams – Applications and Effectiveness. *American Psychologist 45(2)*: S. 120–133.

Svensson, M. & Höök, K. (2003): Social Navigation of Food Recipes: Designing Kalas. In: *Designing Information Spaces: The Social Navigation Approach*. Höök, K.; Benyon, D. & Munro, A. J. (Hrsg.), Berlin: Springer, S. 2001–222.

Sydow, J. (1985): *Organisationsspielraum und Büroautomation*. Berlin: De Gruyter.

Tajfel, H. (Hrsg.) (1978): *Differentiation between Social Groups: studies in the social psychology of intergroup relations*. London: Academic Press.

Tang, J. C. & Rua, M. (1994): Montage: Providing Teleproximity for Distributed Groups. In: *Proc. Conf. on Human Factors in Computing Systems (CHI)* (Boston, MA), ACM Press, S. 37–43.

Teufel, S.; Sauter, C.; Muehlherr, T. & Bauknecht, K. (1995): *Computerunterstützung für die Gruppenarbeit*. Bonn: Addison-Wesley.

The LEGO Group (2005): *LEGO Mindstorms*. http://mindstorms.lego.com/ (letzter Zugriff 23.8.2005)

TheCodingMonkeys (2005): *SubEthaEdit*. http://www.codingmonkeys.de/subethaedit/ (letzter Zugriff 27.2.2006)

Thomas, R. H.; Forsdick, H. C.; Crowley, T.; Schaaf, R. W.; Tomlinson, R.; Travers, V. M. & Robertson, G. G. (1985): Diamond: A Multimedia Message System Built on a Distributed Architecture. *IEEE Computer 18(12)*: S. 65–78.

Thompson, J. D. (1967): *Organizations in Action: Social Science Bases of Administrative Theory*. New York: McGraw-Hill.

Trist, E. & Bamforth, K. (1951): Some social and psychological consequences of the long wall method of coal getting. *Human Relations 4*: S. 3–38.

Turkle, S. (1995): *Life on the Screen: Identity in the Age of the Internet*, New York: Simon and Schuster.

Twidale, M. B.; M. Nichols, D. & D. Paice, C. (1997): Browsing is a Collaborative Process. *Information Processing and Management 33(6):* S. 761–783.

Ulich, E. (2001): *Arbeitspsychologie*. Stuttgart: Schäffer-Poeschel.

Ungeheuer, G. (1982): Vor-Urteile über Sprechen, Mitteilen, Verstehen. In: *Kommunikationstheoretische Schriften 1*. Ungeheuer, G. (Hrsg.), Aachen: Rader, S. 228–338.

Vossen, G. & Becker, J. (Hrsg.) (1996): *Geschäftsprozessmodellierung und Workflow-Management*. Menlo Park: International Thomson Computer Press.

Vygotsky, L. S. (1978): *Mind in Society*. Cambridge: Harvard University Press.

Walsh, J. & Ungson, G. (1991): Organizational Memory. *Academy of Management Review 16(1):* S. 57–91.

Want, R.; Hopper, A.; Falcao, V. & Gibbons, J. (1992): The Active Badge Location System. *ACM Transactions on Information Systems 10:* S. 91–102.

Want, R.; Schilit, B. N.; Adams, N. I.; Gold, R.; Petersen, K.; Goldberg, D.; Ellis, J. R. & Weiser, M. (1995): *The PARCTAB Ubiquitous Computing Experiment*, Technischer Bericht, Xerox Palo Alto Research Center.

Watabe, K.; Sakata, S.; Maeno, K.; Fukuoka, H. & Ohmori, T. (1990): Distributed multiparty desktop conferencing system: Mermaid. In: *Proc. Conf. on Computer-Supported Cooperative Work (CSCW)*, ACM Press, S. 27–38.

Watzlawick, S.; Beavin, J. H. & Jackson, D. D. (1990): *Menschliche Kommunikation: Formen, Störungen, Paradoxien*. Bern: Huber.

Weber, M. (1964): *Basic Concepts in Sociology*. New York: The Citadel.

Weber, M. (1997): *The Theory of Social and Economic Organization*. New York: Free Press.

Wegner, H. (2002): *Analyse und objektorientierter Entwurf eines integrierten Portalsystems für das Wissensmanagement*. Dissertation, Universität Hamburg, Hamburg.

Weigand, H.; van der Poll, F. & de Moor, A. (2003): Coordination through communication. In: *Proc. Intl. Working Conf. on the Language-Action Perspective on Communication Modelling* (Tilburg, The Netherlands).

Weiser, M. (1991): The Computer for the Twenty-First Century. *Scientific American 265(3):* S. 94–110.

Weiser, M. (1993): Some Computer Science Problems in Ubiquitous Computing. *Communications of the ACM 36(7):* S. 74–84.

Wellman, B. (1997): An Electronic Group is Virtually a Social Network. In: *Culture of the Internet*. Kiesler, S. (Hrsg.), Mahwah: Lawrence Erlbaum Associates, S. 179–205.

Wellman, B. (2001): Computer networks as social networks. *Science 293*: S. 2031–2034.

Wenger, E. (1998): *Communities of Practice: Learning, Meaning and Identity.* Cambridge: Cambridge University Press.

Wenger, E. (2001): *Supporting Communities of Practice: A Survey of Community-oriented Technologies.* http://www.ewenger.com/tech (letzter Zugriff 10.5.2006).

Wenger, E.; McDermott, R. & Snyder, W. M. (2002): *Cultivating Communities of Practice - A guide to managing knowledge.* Boston: Harvard Business School Press.

White, R. B. (1977): A Prototype for the Automated Office. *Datamation*: S. 83–90.

Whitehead, E. J., Jr. & Goland, Y. Y. (1999): WebDAV: A network protocol for remote collaborative authoring on the Web. In: *Proc. Europ. Conf. on Computer-Supported Cooperative Work* (Copenhagen, Denmark), Kluwer. S. 291–310.

Winograd, T. (1988): A Language/Action Perspective on the Design of Cooperative Work. *Human Computer Interaction 3(1):* S. 3–30.

Winograd, T. & Flores, F. (1986): *Understanding Computers and Cognition: A New Foundation for Design.* Norwood: Ablex.

Wisneski, C.; Ishii, H.; Dahley, A.; Gorbet, M.; Brave, S.; Ullmer, B. & Yarin, P. (1998): Ambient Displays: Turning Architectural Space into an Interface between People and Digital Information. In: *Proc. Intl. Workshop on Cooperative Buildings: Integrating Information, Organisation, and Architecture Workshop (CoBuild)* (Darmstadt, Germany), Springer.

Wittenburg, K.; Das, D.; Hill, W. C. & Stead, L. (1998): Group asynchronous browsing on the World Wide Web. In: *Proc. Intl. World Wide Web Conference* (Boston, MA).

Wooldridge, M. & Jennings, N. R. (1995): Intelligent Agents: Theory and Praactice. *The Knowledge Engineering Review 10(2):* S. 115–152.

Yahoo! Inc. (2006): *Yahoo! Messenger.* http://messenger.yahoo.com/ (letzter Zugriff 1.3.2006)

Yakemovic, C. K. B. & Conklin, E. J. (1990): Report on a Development Project Use of an Issue-Based Information System. In: *Proc. Conf. on Computer-Supported Collaborative Work (CSCW)* (Los Angeles, CA), ACM Press, S. 105–118.

Zaltman, G.; Duncan, R. & Holbek, J. (1973): *Innovations and Organizations.* New York: Wiley Computer Publishing.

Zhang, J. & Ackerman, M. S. (2005): Searching for expertise in social networks: a simulation of potential strategies. In: *Proc. ACM SIGGROUP Conf. on Supporting Group Work* (Sanibel Island, FL), ACM Press, S. 71–80.

Abkürzungen

3K .... Kommunikation, Koordination, Kollaboration

ACL .... Access Control List

BPEL4WS .... Business Process Execution Language for WebServices

BSCW .... Basic Support for Cooperative Work

CHI .... Computer Human Interaction

CMS .... Content Management System

CSCL .... Computer-Supported Cooperative Learning

CSCP .... Computer-Supported Cooperative Playing

CMS .... Cooperative Media Space

CoP .... Community of Practice

CSCW .... Computer-Supported Cooperative Work

EAI .... Enterprise Application Integration

ECF .... Electronic Circulation Folder

EMS .... Electronic Meeting System

ERP .... Enterprise Ressource Planing

EUD .... End-User Development

FhG .... Fraunhofer Gesellschaft

GCS .... Groupware Calendar Systems

GMD .... Gesellschaft für Mathematik und Datenverarbeitung

GPS .... Global Positioning System

IBIS .... Issue-Based Information System

IM .... Instant Messaging

IRC .... Internet Relay Chat

LAN ....Local Area Network

MCI ....Mensch-Computer Interaktion

MIME ....Multipurpose Internet Mail Extensions/Multimedia Internet Message Extensions

NSTP ....Notification Service Transfer Protocol

OA ....Office Automation

RPC ....Remote Procedure Call

RSS ....Really Simple Syndication

SAML ....Security Assertion Markup Language

SE ....Software Engineering

SMTP ....Simple Mail Transport Protocol

STWT ....Sociotechnical Walkthrough

WAN ....Wide Area Network

WFMC ....Workflow Management Coalition

WSRP ....WebServices for Remote Portlets

WYSIWIS ....What You See Is What I See

WYSNIWIST .....What You See Now Is What I Saw Then

XML ....Extensible Markup Language

XMPP ....Extensible Messaging and Presence Protocol

Glossar

Die Erklärung der nachfolgend beschriebenen Begriffe erfolgt hinsichtlich ihrer Verwendung im Bereich Computer-Supported Cooperative Work. In anderen Bereichen können die Begriffe auch andere Bedeutungen besitzen. *Kursiv* gedruckte Begriffe sind selbst wieder im Glossar beschrieben.

3K-Modell
Im Allgemeinen kann man mit Blick auf die Interaktion die drei Bereiche Kommunikation, Koordination und Kooperation unterscheiden – also 3 Ks. Das 3K-Modell strukturiert und gruppiert Groupware-Systeme entsprechend der jeweiligen Unterstützung dieser Bereiche.

Activity Theory
Ein theoretischer Ansatz, welche von Wissenschaftlern im Bereich des CSCW verwendet wird, um Arbeitssituationen verstehen zu können. Sie basiert auf der kultur-historischen Tradition.

Agent
Softwarekomponente, die von einem Benutzer Aufträge entgegennimmt und diese dann an seiner Stelle (selbständig ohne weitere Intervention des Benutzers) ausführt.

Agentenplattform
Infrastruktur zur Ausführung von *Agenten*, die Agenten Basisdienste zum Beispiel zur Kommunikation zur Verfügung stellt.

Anforderungsanalyse
Phase in der Software-Entwicklung, in welcher die Benutzeranforderungen an das System erfasst und aufbereitet werden.

Awareness
Gewahrsein über die Aktivitäten (und den Status) der Personen, mit denen man zusammenarbeitet (siehe auch *Koexistenz).*

Awareness-Modell
Modell zur Strukturierung von Awareness-Informationen mit dem Ziel der Vereinfachung/Ermöglichung der Filterung von Awareness-Information.

Benutzerorientierte Gestaltung Methode zur Gestaltung von Groupware-Systemen, bei der die Benutzerinnen und Benutzer in den Gestaltungsprozess einbezogen werden.

Blog
Website, auf der einfach Einträge gemacht, kommentiert und verlinkt werden können, die dann in umgekehrter chronologischer Reihenfolge angezeigt werden (als Tagebuch).

Community   Gemeinschaft von Benutzerinnen und Benutzern mit gleichen oder ähnlichen Interessen.

Contextual Collaboration   Bereitstellung von an die Arbeitssituation (Kontext) angepasster Funktionalität zur Zusammenarbeit mit anderen Gruppenmitgliedern (inklusive jeweils benötigter *Awareness*-Information) in den Anwendungen, in denen die individuelle Arbeit erledigt wird.

Computer-Supported Cooperative Work (CSCW)   Multidisziplinäres Arbeitsgebiet, das sich damit beschäftigt, soziale Interaktion zu verstehen und (technische) Systeme zur Unterstützung der sozialen Interaktion zwischen Benutzerinnen und Benutzern zu entwerfen, entwickeln und evaluieren. (Dt. Übersetzung: Rechnergestützte Gruppenarbeit)

Electronic Meeting Room   Elektronische Besprechungszimmer sind mit Informations- und Kommunikationstechnik ausgestattete Räume, welche oft auch spezielle Unterstützung für die Ideenfindung und Entscheidungsunterstützung bieten.

End-User Development (EUD)   Entwicklung (Programmierung) von Software durch den Endbenutzer der Software bzw. weitgehende Anpassung von Softwaresystemen an die Bedürfnisse des Endbenutzers durch diesen selbst.

Entscheidungsunterstützung   Systeme, welche den Prozess der Generierung von Ideen zu spezifischen Fragestellungen sowie der Strukturierung und Auswahl unterstützen.

Entwurfsmuster   Generalisierte wiederholbare Lösung für ein allgemeines Problem im Entwurf von (Software/Soziotechnischen-)Systemen.

Ethnographie   Methode zur Erhebung und Aufzeichnung von Informationen über soziale Organisation, bei der der Beobachter ins Feld eintaucht.

Evaluierung   Systematischer Test und Bewertung von Systemen mit dem Ziel, verbesserungswürdige Eigenschaften zu identifizieren.

Expertisemanagement   Bereich des Knowledge Managements in dem das menschliche Wissen der beteiligten Akteure im Zentrum steht.

Folksonomie   Methode zur (gemeinsamen) Anreicherung von Inhalten auf dem Internet mit Meta-Informationen durch die Zuordnung von beliebigen Beschriftungen (Schlüsselworten) durch viele unterschiedliche Benutzer.

Forum	Groupware-System, welches es den Benutzern erlaubt, Meinungen zu einer Sammlung von Informationen und anderen Meinungen hinzuzufügen.
Gelbe Seiten	Im Bereich der Expertenverzeichnisse sind dies Dienste, mittels derer nach spezifischen Qualifikationen gefragt werden kann und dann entsprechend Experten vermittelt werden.
gemeinsame Arbeitsbereiche	Um Kooperationsuntestützung erweiterte gemeinsame Informationsräume.
gemeinsame Informationsräume	Systeme zur gemeinsamen Ablage von Artefakten (zur *indirekten Kommunikation*).
Groupware	Technische Systeme (Software, Hardware und Services), die zur Unterstützung der sozialen Interaktion zwischen Benutzern entwickelt worden sind, wobei die Interaktion räumlich oder zeitlich verteilt sein kann.
Gruppe	Personen mit direkter Interaktion, Rollendifferenzierung, Normen und Wir-Gefühl.
Gruppeneditor	Editor zum gemeinsamen synchronen oder asynchronen Bearbeiten von Dokumenten in Gruppen.
Gruppenkalender	Kalender zur gemeinsamen Verwaltung und Vereinbarung von Terminen.
Indirekte Kommunikation	Kommunikation zwischen Personen über die Erstellung und den Zugriff auf Informationsartefakte (ohne dass das Artefakt speziell für den Empfänger erstellt worden ist).
Instant Messaging (IM)	Nachrichtensysteme, welche den Benutzern Informationen über die Präsenz und Verfügbarkeit anderer Benutzer bieten und mittels derer Nachrichten versandt werden können.
Integration	Prozess der Kombination von Softwarekomponenten durch spezielle Software oder Computer-Architekturprinzipien.
Interoperabilität	Fähigkeit von Systemen möglichst nahtlos zusammen zu arbeiten, also sich einfach integrieren zu lassen bzw. allgemein zusammen zu arbeiten (z.B. Daten auszutauschen).
Koexistenz	Anwesenheit von mehreren Benutzern und Informationen über die anwesenden Benutzer (siehe auch *Awareness*).
Kommunikation	Austausch von Nachrichten zwischen zwei oder mehr Kommunikationspartnern.

Konversationsnetz	Graph zur Repräsentation des (wechselseitigen) Austausches von Kommunikationsakten (Nachrichten) in einer Konversation zwischen zwei oder mehr Konversationspartnern.
Koordination	Abstimmung von wechselseitigen Abhängigkeiten zwischen Aktivitäten.
Locales Modell	Spezifisches Modell zur Strukturierung von Awareness-Informationen, in dem die virtuelle Welt in Räume aufgeteilt wird.
Mailingliste	System zum Versenden von Nachrichten an Personengruppen.
Media Space	System zur Unterstützung von Präsenzinformation und spontaner Video-Kommunikation.
Mobile Computing	Nutzung von mobilen Endgeräten zum Zugriff auf zentrale Dienste oder Datenbasen bzw. zum Austausch von Daten und Diensten mit anderen mobilen Endgeräten. Mobile Endgeräte schließen dabei Laptops, Mobiltelephone und PDA mit ein.
Nebenläufigkeitskontrolle	Methode bzw. Subsystem zur Sicherstellung, das gleichzeitig (nebenläufig) ablaufende Änderungen einer Datenbank zu einem konsistenten Ergebnis führen.
Ontologie	Daten- und Regelmodell, das eine Domäne repräsentiert und verwendet wird, um Objekte aus der Domäne zu beschreiben und Schlussfolgerungen dazu zu treffen.
partizipative Gestaltung	Systemgestaltungsprozess mit Einbeziehung und Mitsprache der künftigen Benutzer.
Pervasive Computing	Integration von Computern in die Umgebung der Nutzer (im Gegensatz zu Mobile Computing).
Person-Artefakt Framework	Modell zur Darstellung von direkter und indirekter Kommunikation.
Portal	Rahmenwerk für die Integration von Informationsbereitstellung und Diensten in einer einheitlichen Benutzungsoberfläche (normalerweise Web-basiert – Web-Portal).
Präsenz Awareness	Informationen über die Anwesenheit anderer Benutzer.
Privatsphäre	Möglichkeit eines Individuums, den Fluss von bzw. die Verfügbarkeit von Informationen zu seiner Persönlichkeit (persönliche Attribute und Aktivitäten) zu kontrollieren. Hierzu gehört sowohl das Gewahrsein darüber, welche Information verfügbar ist als auch die Einflussnahme auf die Verfügbarkeit.

Social Bookmarking	(Web-basierter) Dienst zum gemeinsamen Sammeln und Kategorisieren von Internet Bookmarks (also Verweisen auf Web-Seiten) über *Folksonomien*.
Social Navigation	Filterung und Sortierung von Information anhand von Informationen, die durch andere Benutzer bereitgestellt worden sind. Unterstützung des direkten und indirekten gegenseitigen Empfehlens durch (Web-basierte) Software.
Social Probe	Hilfsmittel, um ohne persönliche Anwesenheit mit Hilfe der untersuchten Personen Beobachtungen über das Lebens- und Arbeitsumfeld machen zu können.
Social Proxy	Visualisierung von Information über den Zustand (die Aktivität) in einer Gruppe (einem sozialen System) zum Zweck der Unterstützung der Awareness und somit der impliziten Koordination.
Social Software	Software, die die soziale Interaktion zwischen Personen unterstützt und daraus Mehrwert für die Beteiligten generiert - in den Bereichen Informationsmanagement, Identitätsmanagement und Beziehungsmanagement.
Soziale Entität	Komponente eines sozialen Systems bzw. komplettes soziales System, beispielsweise Person, Dyade, Gruppe, Team, Organisation, Community.
Soziale Interaktion	Interaktion zwischen Personen.
Soziales Netzwerk	Graph, dessen Knoten normalerweise Individuen oder Organisationen (soziale Entitäten) darstellen. Verbindungen zwischen Knoten repräsentieren soziale Interaktion oder andere Verbindungen zwischen den durch die Knoten repräsentierten Entitäten.
Soziotechnisches System	Ansatz, bei dem davon ausgegangen wird, dass soziale und technische Systeme gemeinsam und gegenseitig zu optimieren sind, um ein effektives und effizientes Gesamtergebnis zu erzielen.
Sprechakt	Repräsentation von Nachrichten in der Kommunikation als Aktivitäten, die mit Hilfe von Sprache ausgeführt werden – insbesondere mit einer Absicht hinter den Aktivitäten.
Team	Gruppen von Personen, die ein gemeinsames Ziel verfolgen.
Teamraum	Virtueller Raum (z.B. Website) in dem verschiedene Werkzeuge zur synchronen und asynchronen Kommunikation, Koordination und Kooperation in *Teams* zusammengefasst werden. Meistens sind das Möglichkeiten zum Zugriff auf gemeinsame Dateien, *Gruppenkalender* und *Foren*.

Telepointer	Mauszeiger, welcher auf dem Bildschirm anderer Rechner dargestellt wird.
Videokonferenz	System zur Übertragung von Videosignalen zwischen zwei oder mehr Benutzern.
Wiki	System zum schnellen und einfachen gemeinsamen Aufbau von Web-Seiten durch Ermöglichung des einfachen Editierens der Seiten durch alle Benutzer.
Workflow	Strukturierter Geschäftsprozess.
Workflow Management	Systematische Organisation und Veranlassung von Geschäftsprozessen.
Workspace Awareness	Informationen über den gemeinsamen Arbeitsbereich und seine Inhalte.

Index

3K-Modell 53, 193

ACL 145

Active Badges 152

Activity Theory 37, 193

AETHER Modell 62

Agent 56, 99, 142, 193
  Definition 142
  Eigenschaften 144
  Insektenmodell 143
  Kommunikation 143, 144
  Plattform 145, 193

Agentenkommunikation *Siehe* Agent -
  Kommunikation

Aktionsforschung 38

Ambient Interfaces 70

ambientROOM 154

AmbientROOM 70

Anforderungsanalyse 31, 34, 193
  Dateninterpretation 36
  Ethnographie 36
  Methoden 35

Anonymität 118

Answer Garden 125

Anthropologie 36

Arbeitsplatzgestaltung 40

Arbeitsplatzstudien 39

Arbeitssystem 15

AREA 62

AROMA 70

ARPANet 1, 117

Atmosphere Modell 63

Aura 62

Autopoiese 15

AwareMedia 155

Awareness 21, 59, 97, 107, 111, 126, 152,
  157, 193
  Anforderungen 26
  Definition 25
  informell 25
  Kontextmodelle 63
  Modell 61, 193
  peripher 60
  Pipeline 61
  Präsentation 60
  Präsenz *Siehe* Präsenz Awareness
  räumlich 62
  sozial 25
  Toolkit 66
  über Arbeitsbereich *Siehe* Workspace
Awareness
  Widgets 66
  Zweck 25

Awareness-Unterstützung 27, 59, 78, 111

Awarenex 68

Benutzerorientierte Gestaltung 32

Benutzungskontext 33

Benutzungsschnittstellen 149
  mobil 149
  ubiquitär 149

BibSonomy 123

Blickkontakt 65

Blog 10, 101, 122, 124, 193

BPEL4WS 140

BSCW 64, 72, 106, 107, 114, 140, 142

Büro-Automatisierung 3

BusyBody 68

Campiello 43, 159

Chaos 82

Charmed Badge 158

citeUlike 123

ClearBoard 65

CMS 156

Cobricks 147

CoLab 113

CommChair 155

Common Ground 126

Community 3, 18, 115, 194
  Definition 19
  Eigenschaften 19

Community Management 83, 128

Community of Practice 100, 115, 120
  Definition 116

Community Wall 100, 159

Community-Unterstützung 115, 117, 157

Content-Management-System 10, 134, 137

Contextual Collaboration 139, 194

COORDINATOR 82

Cosmos 82

CSCL IX

CSCP IX

CSCW
  Definition IX, 4
  Evaluierung 46
  Geschichte 1
  Konzeptübersicht 9
  Rückwärtsinterpretation 5
  Vorwärtsinterpretation 5

Datenbanken 7

Datenschutz 42, *Siehe* Privatsphäre

del.icio.us 123

DIVA 71, 107

DIVE 65

Dokumentenmanagement 110

Dolphin 113

DynaWall 155

E-Commerce 124

Electronic Meeting Room 55, 113, 194

Electronic-Circulation-Folder 57, 109

Elvin 62, 72

E-Mail 7, 78, 79, 147

End-User Development 148, 194

Enterprise Application Integration 93

Entscheidungsunterstützung 55, 105, 113, 194

Entwurfsmuster 45, 194

ERP-System 139

Ethnographie 36, 38, 39, 43, 194

Ethomethodologie 36

Eureka 116

Evaluierung 46, 194

Expertensuche 120, 125

Expertensysteme 147

Expertisemanagement 125, 194

FidoNet 117

FIPA 146

FIPA-OS 147

flickr 123

Fokus 62

Folksonomie 123, 194

Foren 124

Forum 107, 137, 195

Friendster 126

Gaim 67

Gelbe Seiten 125, 195

gemeinsame Artefakte 18, 59, 90, 97

gemeinsamer Arbeitsbereich 2, 8, 105, 107, 195

gemeinsamer Informationsraum 24, 56, 105,
  107, 120, 195

gIBIS 105

Gleichzeitigkeit 90

GPS 152

Groove 106

Grounded Theory 36

GroupDesign 64

GroupKit 66

GroupSystems 113

Groupware
  Anforderungen 7
  Anwendungsklassen 54

Charakteristika 7
Definition IX, 6, 16
Entwurfsmuster *Siehe* Entwurfsmuster
Fehlschlag 98
Geschichte 3
Klassifikation 49

Grove 101, 112

Gruppe 17, 195
Definition 17
Konventionen 19
Mitgliedschaft 17
Normen 17, 19
Rollen 17
Wir-Gefühl 17

Gruppeneditor 24, 54, 63, 195
asynchron 64, 104
synchron 64, 111

Gruppenkalender 1, 97, 107, 160, 195

Gruppenprozess 27, 59

Hummingbird 152

Hypertext 104, 113

IBM WebSphere 140

iCalendar 141

iChat 67, 85

ICQ 67

i-LAND 155

Information Lens 82

Information Percolator 70

Informationsfilterung 147

Innovation 42

Instant Messaging 67, 76, 86, 140, 195

Integration IX, 131, 195
Definition 132

Intelligent Collaborative Transparency 64

InteracTable 155

Interaktionsdesign 42

Interaktionsmodus 24

Interoperabilität 131, 195
Definition 132

IRC 83

Iris 54

ISO13407 33

Issue-Based Information System 105

Jabber 67, 140

JSR168 136

Kalas 124

Kalendersysteme *Siehe* Gruppenkalender

Khronika 72

KIF 145

Koexistenz 8, 20, 154, 195

Kolab 114

Kommunikation 8, 20, 53, 79, 195
Appell 23
asynchron 81, 159
Audio 66
Beziehung 23
Deixis 52
direkt 52, 79
Feedback 52
Feedthrough 52
indirekt 79, 195
Kontext 21, 26
Selbstoffenbarung 23
spontan 24, 69
synchron 158
Video 66
vier Seiten 23
zweigleisig 24

Kommunikationsunterstützung 79, 100

Konferenzunterstützung 55
Audio 62, 84
Video 85

Konsensfindung 8

Kontext 21, 26, 27, 63, 151
Ort 151

Konversationsanalyse 37

Konversationsnetz 22, 196

Konversationssysteme 96

Kooperation 8, 23, 53

Koordination 8, 53, 87, 196
Definition 88
implizit 25, 98, 139
implizite 155

Koordinationstheorie 87

Koordinationsunterstützung 57, 87
explizit 91

implizit 91
  Klassifizierung 90
KQML 145
Kultur 36
LambdaMOO 84
LDAP 109, 140
LibertyAlliance 140
Library Mirror 100
LinkedIn 126
LinkWorks 41
Liza 56
Locales 72
Locales Modell 62, 196
Lotus Notes 106
LoveGety 158
Mailingliste 196
Mailinglisten 81, 117
Management-Informationssystem 3
MASSIVE 65
Matchmaking 157
MBone 84
Media Space 69, 85, 156, 196
Mediation 38
Meeting Mirror 100
Memex 4
Mensch-Computer-Interaktion IX, 3, 5, 45
MERMAID 85
MIME 81
MMConf 85
Mobile Computing 150, 196
Mockup 45
Moderation 129
Montage 69
Motivation 129
MSNP **67**
MUD 84
Nachrichtensysteme 54
Nebenläufigkeitskontrolle 24, 97, 101, 104,
  109, 111, 112, 196
NetMeeting 85

NSTP 62
nTAG 158
Object Lens 82
OfficeTalk-D 93
Online Community 117
oNLine System 4
Ontologie 145, 147, 196
OpenBC 126
OpenGroupware 114
OpenSource 114
Orbit 71
Organisation 19
Organizational Memory 99
Orkut 126
ParcTab 153
partizipative Gestaltung 40, 196
PDA 81, 137, 160
periphere Wahrnehmung 100
Personalisierung 133
Person-Artefakt Framework 51, 196
Pervasive Computing IX
Petri-Netze 88
phpBB 129
phpGroupWare 114
PICTUREPHONE 85
Plasma Poster 100, 159
Plone 137
POLITeam 41, 45
Polyscope 69
Portal 133, 196
  adaptiv 134
  Architektur 135
  Collaboration 137
  Definition 133
  Geschichte 133
  Portlet 135
  Unternehmensportal 134
Portholes 69
Portlet 135, 136
Pragmatik 22
Präsenz Awareness 66, 78, 86, 139, 140, 196

Presence 43

PRIMInality 68

Privacy *Siehe* Privatsphäre

Privatsphäre 28, 59, 61, 152, 196

PROFS 1

Prototyping 44

Quilt 104

Raum-Zeit Taxonomie 49

Ravenscroft Audio Video Environment 69

Rechnergestützte Gruppenarbeit IX

rIBIS 113

Robotik 147

Rolle 18

Roomware 155

RSS 76

SAML 140

SAP NetWeaver 137

Scoop 93

Semantik 22

Semiotik 22

Sens-ation 74

SharePoint Team Services 106, 110, 114

ShrEdit 112

Situated Action 2

situatives Handeln 24

Skype 84

SMTP 80

Social Bookmarking 122, 197

Social Navigation 123, 197

Social Probe 43, 197

Social Proxy 126, 197

Social Software 122, 197

Softwareagent *Siehe* Agent

Softwaretechnik 3, 31
  evolutionäres Vorgehen 41
  V-Modell 31
  Vorgehensmodelle 31
  Wasserfallmodell 31

Soziale Entität 197

Soziale Entitäten 16
  Community *Siehe* Community
  Dyade 17
  Gemeinschaften *Siehe* Community
  Gruppe *Siehe* Gruppe
  Netzwerke *Siehe* Soziale Netzwerke
  Organisation *Siehe* Organisation
  Team *Siehe* Team

Soziale Interaktion 20, 21, 197

Soziale Navigation *Siehe* Social Navigation

Soziale Netzwerke 18, 120, 125, 197

Soziotechnischer Walkthrough 44

soziotechnisches System 16

Soziotechnisches System 13, 15, 197
  Definition 13
  für CSCW 16

Sperren 97

Sprechakt 21, 82, 88, 96, 197

Strukturelle Koppelung 14

SubEthaEdit 112

Syntaktik 22

System
  soziales 14
  technisch 19
  technisches 14
  Theorie 13

Szenarien 43

Tagebücher 99, 122

Tailorability 148

Taxonomie 123

Team 3, 197
  Definition 18

Teamraum 64, 105, 107, 197

Teamunterstützung 103, 153
  asynchron 104
  synchron 111

Telepointer 64, 198

The Well 117

TOWER 70, 71, **72**, 109

Typo3 137

Ubiquitous Computing IX, 150

Unified Communications 86

Usenet 124

vCalendar 99

verteilte Dateisysteme 7

Videokonferenz 55, 70, 198

Vignette Collaboration 138

Virtuelle Gemeinschaft *Siehe* Online
  Community

Virtuelle Realität 65

Vrooms 69

Wandbildschirme 100, 154, 155

Web Service 136, 140

Web2.0 123

WebDAV 106, 109, 140, 142

WebService 140

Wiki 10, 56, 101, 121, 198

Wirtschaftsinformatik IX, 5

Wissen 119

Wissensmanagement IX, 101, 115, 119

Wizard of Oz 45

Workflow 109, 140, 198
  Definition 92

Workflow Management 92, 109, 198
  Ad hoc Workflow 94
  Definition 92
  Geschichte 93
  Production Workflow 93
  Standardisierung 94

Workflow Management Coalition 94

Workflow Management Systeme 10, 91

Workspace Awareness 26, 59, 198

wOrlds 72, 107

WSRP 136

WYSIWIS 56

WYSNIWIST 64

XML-RPC 106, 142

XMPP 67

Yahoo Groups 130

Yellow Pages 125

Zugriffskontrolle 24, 105

www.ingramcontent.com/pod-product-compliance
Lightning Source LLC
Chambersburg PA
CBHW081103220326
41598CB00038B/7212